Friedhelm Decher

Die Schule der Philosophen

Friedhelm Decher

Die Schule der Philosophen

Große Denker über Bildung und Erziehung

Die Deutsche Nationalbibliothek verzeichnet diese Publikation
in der Deutschen Nationalbibliografie;
detaillierte bibliografische Daten sind im Internet über
http://dnb.d-nb.de abrufbar.

Der Lambert Schneider Verlag ist ein Imprint der WBG
(Wissenschaftliche Buchgesellschaft), Darmstadt.

Die Herausgabe des Werkes wurde durch
die Vereinsmitglieder der WBG ermöglicht.
Lektorat: Tina Koch
Satz: Janß GmbH, Pfungstadt
Einbandgestaltung: Peter Lohse, Heppenheim
Einbandabbildung: Raffael, Die Schule von Athen.
Gedruckt auf säurefreiem und alterungsbeständigem Papier
Printed in Germany

Besuchen Sie uns im Internet: www.lambertschneider.de

ISBN 978-3-650-24937-1

Elektronisch sind folgende Ausgaben erhältlich:
eBook (PDF): 978-3-650-72733-6
eBook (epub): 978-3-650-72734-3

Inhalt

Vorwort

Angesichts der aktuellen Bildungsdebatte lohnt es sich, einen Blick auf das Panorama der Geschichte des Bildungskonzeptes zu werfen. Seit jeher haben sich Philosophen Gedanken über das gute Leben und damit auch darüber gemacht, wie man den Menschen zu einem guten Leben anleiten kann, wie man ihn bilden, wie man ihn erziehen soll. Auf diese Frage gibt es ganz unterschiedliche Antworten. Doch es fällt auf, dass – ebenfalls seit jeher – immer die Formung der menschlichen Seele als ein breit angelegtes Projekt verstanden wurde. Nicht der Broterwerb, nicht die Spezialisierung, sondern eine möglichst umfassende Formung wurde als Ideal gesetzt. Diese Einsicht scheint in heutigen Debatten etwas aus dem Blick geraten zu sein. Die Beschäftigung mit Philosophen, die nicht nur Kulturgeschichte geschrieben haben, sondern auch maßgeblich unseren Bildungsbegriff mit geformt haben, drängt sich daher geradezu auf. Sich auf diese Wurzeln zu besinnen, sie wieder fruchtbar zu machen – dies ist ein Anliegen des vorliegenden Buchs.

Und tatsächlich lässt sich in der Gegenwartsphilosophie schon seit geraumer Zeit eine Rückbesinnung auf das feststellen, was die abendländische Philosophie seit ihren Anfängen schon immer war: eine Theorie der Lebenskunst, eine Reflexion auf die Bedingungen, Formen und Gestaltungsmöglichkeiten menschlicher Existenz.[1] In der griechischen Antike gilt das Gebot, sich um sich selbst zu kümmern, sich um sich selbst zu sorgen – die *Epimeleia Heautou*, wie es im Griechischen heißt und was im Lateinischen mit *cura sui* wiedergegeben wurde – als zentraler Bestandteil der *Paideia*, der eminent philosophisch ausgerichteten Bildung und Erziehung, und zieht sich wie ein roter Faden durch die unterschiedlichsten philosophischen Schulen und Traditionen. So gesehen ist dieses Gebot einer der ältesten Imperative, den die sich herausbildende lebenspraktisch und pädagogisch ausgerichtete europäische Philosophie formulierte. Und in der Tat: Was eigentlich liegt einem näher als die eigene

Existenz, das Interesse daran, dass diese Existenz gelingt, dergestalt, dass man nicht nur halbwegs mit ihr zufrieden ist, sondern mit gutem Grund behaupten kann, das Leben sei geglückt? Entsprechend keimt der Gedanke der Sorge um sich in der griechischen Antike – insbesondere in der Anthropologie der Sophisten – auf und wird, wie Michel Foucault einmal geschrieben hat, durch Sokrates geradezu „geheiligt";[2] gleichwohl handelt es sich hierbei um ein Prinzip, das, wie Foucault schreibt, „für alle gilt, für alle Zeit und für das ganze Leben".[3] Solche Sorge um sich richtete sich, wie Foucault im dritten Band seines Werks *Sexualität und Wahrheit*, der den Titel *Die Sorge um sich* trägt, herausgearbeitet hat, seit alters her sowohl auf den Körper als auch auf den Geist und die Seele. Eine gute und sinnvolle *Paideia* hatte sich mithin um beide Sphären in gleicher Weise zu kümmern: um die physische ebenso wie um die mentale und psychische. So standen Selbstsorge und Bildung einerseits in enger Verbindung mit medizinischem Denken und Handeln,[4] schlossen andererseits zugleich aber auch immer eine „Arbeit des Denkens an ihm selbst" ein,[5] die sich als Sorge um die eigene Seele, die Beherrschung der Leidenschaften, das Streben nach Seelenruhe gestaltete. Ziel bei all dem war es, ein Leben zu führen, das sowohl in physischer als auch in psychisch-geistiger Hinsicht als gelingendes empfunden wird. Die Kunst der Existenz kreist, um noch einmal Foucault zu bemühen, „um die Frage nach sich [...], nach seiner Abhängigkeit und seiner Unabhängigkeit, nach seiner allgemeinen Form und nach dem Band, das man zu den anderen knüpfen kann und muß, nach den Prozeduren, durch die man Kontrolle über sich ausübt, und nach der Weise, in der man die volle Souveränität über sich herstellen kann".[6]

Bereits die Sophisten des fünften und vierten vorchristlichen Jahrhunderts, die einer solchen Kunst der Existenz die entscheidenden Impulse gaben, verstanden sich hinsichtlich dieser Themen als sachkundige Führer, als Pädagogen und Psychagogen. Im Vordergrund stand dabei für sie – wie in der Folge dann etwa auch für Sokrates und Platon – weniger die Kultur des Körpers, sondern mehr die Kultivierung von Geist und Seele. Anders gesagt: Diejenige *Paideia*, die sie anstrebten, war in erster Linie eine *philosophische* Erziehung, eine *philosophische* Bildung. Genau das macht bis heute den Reiz und die Aktualität ihrer Reflexionen aus, finden sich doch ihre Ansichten in gegenwärtigen Diskussionen über philosophische Bildung und Erziehung sowie deren Ziele wieder. Beispielsweise betont Bärbel Frischmann, Bildung müsse verstanden werden als Behandlung des Menschen als Selbstzweck, nicht als Mittel. Dementsprechend bestehe Bildung nicht in einer bloßen Anhäufung von Kenntnissen, dem Erwerb bestimmter definierter Qualifikationen oder der Vorbereitung auf das Berufsleben. Vielmehr sei Bildung allgemeiner zu verstehen „als der vielschichtige Prozess der Selbstkonstitution des Menschen". In dieser Sicht unterliegt sie „keinen fremden Zwecken, sondern hat ihren Maßstab und ihren Zweck in dem sich bildenden Menschen selbst".[7] Hieraus lassen sich ihrer Ansicht nach dann konkrete Ziele einer philosophischen Bildung und Erziehung ableiten, als da etwa wären: „die kritische Distanz gegenüber dem Alltagsdenken, die Fähigkeit zur Reflexion von Werten, Zielen, Möglichkeiten menschlichen Daseins und ihre Umsetzung für ein gutes, tugendhaftes Leben und nicht zuletzt der Stellenwert für ein intaktes politisches Gemeinwesen und eine gerechte politische Verfassung".[8]

Bei diesen Zielen handelt es sich um genuine Themen der hier vorgestellten, für die abendländische Geistes- und Kulturgeschichte äußerst relevanten Denker. Zwar ist ihre Auswahl zahlenmäßig begrenzt – zudem mag sie dem einen oder anderen willkürlich erscheinen: Wo bleibt beispielsweise Erasmus von Rotterdam?, wo Michel de Montaigne?, wo Wilhelm von Humboldt?, dessen Bildungstheorie ja, zumindest in Deutschland, nachhaltig gewirkt hat. Gleichwohl bemisst die vorliegende Auswahl sich mit ihren Stationen daran, dass sie sich vorrangig auf Persönlichkeiten konzentriert, die unsere abendländische Geistes- und Kulturgeschichte im Sinne einer philosophischen Bildung, Erziehung und Aufklärung entscheidend geprägt haben. Zudem repräsentiert sie eben jene Vielfalt an Reflexionen, die sich an Zielen wie den genannten entzünden. Exemplarisch etwa findet sich bei ihnen allen eine kritische Distanz gegenüber dem Alltagsdenken – bereits die Sophisten begriffen sich in dieser Hinsicht als Aufklärer. Zudem waren sie es, die den Blick von der Natur weg und hin zum Menschen und seiner Kultur lenkten. Zugleich waren sie im Rahmen ihrer Bildungstheorie ebenso wie Sokrates und Platon an der Umsetzung der Möglichkeiten menschlicher Existenz in ein ‚tugendhaftes' Handeln interessiert, was bei Platon einherging mit dem Entwurf eines idealen Staatswesens, das die Rahmenbedingungen hierfür bereitstellen sollte. Bei Seneca dann finden sich alle relevanten Fragen einer Kultur der Existenz und philosophischen Bildung in ihrer ganzen Bandbreite entfaltet, und Giovanni Pico della Mirandola wagt im Zeitalter der Renaissance einen kühnen Neuanfang mit seiner These, der Mensch verfüge über kein vorgegebenes, kein fertiges Wesen und er sei aufgrund seiner Freiheit selbst der Modelleur und Gestalter seines Lebens. John Locke, der sich nicht nur als einer der ersten Philosophen der Neuzeit explizit zu Fragen der Erziehung geäußert hat, klärt uns auch darüber auf, wie seiner Ansicht nach unser Bild von der Welt entsteht, wie wir überhaupt zu Erkenntnissen gelangen. Darüber hinaus erarbeitet er Vorschläge, wie wir unsere gesellschaftliche Lebenspraxis sinnvoll und vernünftig gestalten können – Vorschläge, ohne welche moderne Demokratien nicht vorstellbar sind. Und – nicht zu vergessen – er wagt es als Denker der Aufklärung, Toleranz in allen den Glauben und die Religion betreffenden Fragen einzufordern. Das Erziehungsthema wird aufgegriffen von Jean-Jacques Rousseau, der als der große Erziehungstheoretiker im Zeitalter der Aufklärung schlechthin gilt. Ziel seines Bildungsprojekts ist die Sorge um die Existenz des Einzelnen auf allen Ebenen: der des Kindes, des in der Gesellschaft lebenden Menschen, welcher sich, wie Rousseau seiner Zeit die Diagnose stellt, mehr und mehr von der Natur entfremdet, und schließlich der des Staatsbürgers. Inspiriert durch Rousseaus Erziehungsroman *Emile* sagt Immanuel Kant vom Menschen, er sei dazu bestimmt, sich selbst zu bestimmen. Dieser Kerngedanke hat Konsequenzen sowohl für die Erkenntnistheorie als auch für die Ethik sowie die Überlegungen hinsichtlich einer übernationalen Friedensordnung. Kant wiederum wurde zum Anreger für Friedrich Schiller, welcher das Konzept einer ästhetischen Erziehung des Menschen vorstellt, wonach sich Menschwerdung und Selbstkonstitution, Bildung und Formung des Menschen mit Hilfe und im Zuge der Beschäftigung mit dem ‚schönen Schein', sprich der Kunst, vollziehen. Arthur Schopenhauer tritt in kritische Distanz zum Alltagsdenken, indem er uns darüber aufklärt, dass wir insofern von einem aus seiner Sicht verfehlten Menschenbild verführt werden, als wir meinen, wir seien Wesen, die sich primär von ihrer Vernunft leiten lassen. Demgegenüber unternimmt er es, aufzuzeigen, dass und wie wir von dunklen und dumpfen Trieben, von vielfältigen Regungen eines Willens zum Leben und von uns oftmals nicht bewussten Antrieben gesteuert werden, was alles bei dem Bemühen um ein gelingendes Leben zu berücksichtigen ist. Als zunächst gelehriger, dann immer kritischer werdender ‚Schüler' Schopenhauers hat Friedrich Nietzsche dessen Lehre vom Willen zum Leben zum Willen zur Macht radikalisiert. Spannender als das ist im Blick auf seine Funktion als philosophischer Erzieher seine grundsätzliche Reflexion auf die Werte und Wertvorstellungen, die in den letzten zweitausend Jahren das Abendland geprägt haben. Folgt man seiner Diagnose, dann sind diese Werte gegenwärtig dabei, mehr und mehr entwertet zu werden, sodass wir uns einer Epoche nähern – beziehungsweise uns bereits in ihr befinden –, die Nietzsche als „nihilistische" bezeichnet, was für uns eine Besinnung auf diejenigen Werte erforderlich macht, an denen sich unsere Lebensgestaltung und Bildungsbemühungen orientieren. Im Werk Bertrand Russells schließlich finden sich so gut wie alle Themen wieder, an denen philosophische Bildung und Erziehung seit jeher interessiert war und gegenwärtig immer noch ist. Noch einmal wirft er die Grundfrage einer Kultur der Existenz auf – was ist das glückliche Leben, das zugleich ein im ethischen Sinn gutes ist? – und entwirft bildungstheoretische Leitlinien, wie sie zu beantworten wäre.

Mit diesen insgesamt zwölf Bildungskonzepten gewinnt das Projekt einer philosophischen Bildung, die ja seit alters her immer auch eine Kultur der Existenz, eine Kultur der Sorge um sich im Blick hat, Kontur, sodass trotz der notwendigen Auswahl am Ende ein Panorama philosophischer Reflexion über die anthropologisch begründete und insofern unaufgebbare Aufgabe der Selbstsorge und mithin der Bildung und Erziehung entsteht.

Bildung verstanden als Selbst-Bildung ist nicht erst seit der Aufklärung, sondern schon in der Antike ein roter Faden, der sich durch alle Bildungskonzepte zieht. Und dieses Verständnis ist auch heute noch von enormer Aussagekraft.

I

Die Sophisten: Die Ausbildung der Areté

Wir beginnen unseren Gang durch die Geschichte des Bildungskonzeptes bei den Sophisten. Der griechische Geschichtsschreiber Herodot, der aus dem an der Südwestküste Kleinasiens, an der Stelle des heutigen Bodrum, gelegenen Halikarnassos stammte und etwa zwischen 485 und 425 v. Chr. lebte, hat die damalige Szenerie in seinem Geschichtswerk eindrucksvoll beschrieben: Im Jahre 490 v. Chr. stehen sich die verfeindeten Heere der Griechen und Perser bei Marathon und – ein Jahrzehnt später – 480 v. Chr. bei Salamis gegenüber. Beide Male endete die kriegerische Auseinandersetzung mit einem triumphalen Sieg der Griechen. Die Perser, hält Herodot fest, hätten bei Marathon 6400 Krieger verloren, während es auf griechischer Seite vergleichsweise wenige Opfer, nämlich nur 192, zu beklagen gab.[9] Und seinen Bericht über die Schlacht von Salamis beendet er mit der lakonischen Feststellung, als der persische Großkönig Xerxes gesehen habe, dass er die Schlacht verloren hatte, habe er sich zum Rückzug entschlossen.[10]

Mit diesen beiden Siegen wurde der griechischen Seele die Angst vor einem scheinbar unbesiegbaren Gegner, die wie ein Alb auf ihr gelastet haben mag, genommen. Befreit von diesem Druck konnte sie sich nun Anderem, Neuem, zuwenden. Vielleicht ist es übertrieben, zu behaupten, die Siege bei Marathon und Salamis hätten zu einer Revolution der griechischen Psyche geführt. Aber immerhin verschafften sie ihr einen enormen Entwicklungsschub, der zu einem veränderten Selbstverständnis der damals lebenden Menschen und ihrem Verhältnis zur Welt, insbesondere auch der Mit-Welt, führte.

Was war geschehen? Um diese mentalitätsgeschichtlich gesehen enorm bedeutsame Veränderung, die sich nach den Siegen über die Perser feststellen lässt, angemessen nachvollziehen zu können, ist eine kurze Rückblende zu den Anfängen der abendländischen Geistesgeschichte erforderlich, soweit sie uns in den erhaltenen Kulturgütern wie Kunstwerken, Mythen, Religionen und schriftlichen Aufzeichnungen überliefert sind.

Alle uns bekannten Hochkulturen – wie etwa Ägypten, Babylonien, Indien, China und eben auch Griechenland – weisen eine Gemeinsamkeit auf: Für sie alle ist ein Nachdenken über die Welt und das Schicksal der Menschen charakteristisch. Das bedeutet ganz konkret: Die Menschen unternahmen es, die Naturkräfte zu begreifen. Zudem versuchten sie, in ihrem Dasein einen Sinn zu entdecken. Und sie entwickelten Vorstellungen, um die Macht des Todes zu brechen, sei es beispielsweise dadurch, dass man an eine Seelenwanderung durch eine im Prinzip unabsehbare Reihe von Wiederverkörperungen glaubt, oder aber indem man Konzepte von einem Leben in einem Totenreich entwickelt.

Die älteste Form der Weltdeutung – auch und vor allem in Hochkulturen wie den genannten – ist der *Mythos*. Unangesehen der spezifischen Unterschiede stimmen die Mythen dieser Kulturen in zentralen Merkmalen überein. So werden alle bedeutenden Ereignisse im Lebensbereich und -umfeld der Menschen – wie zum Beispiel der Lauf der Gestirne, Blitz und Donner, Fruchtbarkeit und Dürre, Geburt und Tod, Gesundheit und Krankheit, Liebe und Hass – auf *göttliche* Mächte und Einflüsse zurückgeführt. Dies ist nun aber nicht nur symbolisch zu verstehen, sondern der Mythos gibt zu bedenken: Die Götter existieren tatsächlich und wirken – geradezu handgreiflich – in die Natur und das Leben der Menschen hinein. Das wiederum hat seinerseits ein bestimmtes Verhalten der Menschen den Göttern gegenüber zur Folge, ein Verhalten, das sich im Laufe der Zeit zu Riten und kultischen Handlungen verfestigt. In den Mythen, die solches Mit-, Gegen- und Ineinander von göttlichem Wirken und menschlichem Handeln und Verhalten konkret-anschaulich, bisweilen auf fantastische Weise schildern, herrschen bildhaftes Denken und zumeist unbewusstes Gestalten vor. Zwar besitzen die mythischen Erzählungen eine eigene Art innere Logik, jedoch kennen sie kein im engeren Sinn logisches, das will sagen: abstrakt-begriffliches Denken.

Im sechsten Jahrhundert vor der Zeitenwende nun beginnt sich in Griechenland eine neue Sichtweise, eine neue Art des Denkens, ein neuer Zugang zur Welt durchzusetzen. Dieses neue Denken lässt sich als Ablösung vom Mythos, als Zurückdrängung der mythischen Weltdeutung und einer damit Hand in Hand gehenden Hinwendung zu einer *rationalen* Erfassung der Wirklichkeit beschreiben. Rationale Erfassung der

Wirklichkeit, das bedeutet: Die Menschen begreifen ihre eigene Vernunftfähigkeit und versuchen in der Folge, sich die Wirklichkeit mit Hilfe eben dieser Vernunft, des *Logos*, zu erschließen. Der Altphilologe und Philosophiehistoriker Wilhelm Nestle hat für diese Verschiebung die griffige Formel „vom Mythos zum Logos" geprägt.[11]

Dieses neue Denken, dieser neue Geist, diese neue Form der Weltzuwendung ist durch eine Reihe von Merkmalen gekennzeichnet. Zunächst ist hier das selbstständige Nachdenken herauszuheben, das durch die *Verwunderung* über die Existenz von Welt und Kosmos, ja auch die *Erschütterung* über die Fragilität der Welt und der Stellung des Menschen in ihr ausgelöst wird. Wie uns Autoren wie Platon und Aristoteles überliefert haben, wurde solch selbstständiges Nachdenken ausgelöst und initiiert durch Fragen wie: Warum gibt es diesen Kosmos? Warum gibt es diese Welt mit ihrem Formenreichtum? Warum gibt es überhaupt etwas? Warum gibt es nicht Nichts?

Gekoppelt war die Suche nach Antworten auf solche Fragen mit dem Problem: Gibt es einen letzten einheitlichen Grund aller Dinge, der sich mittels der dem Menschen zur Verfügung stehenden Erkenntniskräfte erfassen lässt? (Das ist, nebenbei gesagt, heute immer noch Ziel der Naturwissenschaften, suchen doch auch sie nach der viel beschworenen „Weltformel" und streben sie in ihrer avanciertesten Form die Formulierung einer „Theory of everything" an.) Die Suche nach diesem letzten Grund hat eine Verabschiedung von mythischen Personifizierungen und religiösen Zwängen zur Folge. Das aber schließt bereits ein Moment von Aufklärung ein.

Ein weiterer bemerkenswerter Zug jener Tendenzen um die Mitte des ersten vorchristlichen Jahrtausends ist die methodische Suche nach Wissen um seiner selbst willen. Zu dem Zweck berufen sich die Menschen, wie gesagt, auf die ihnen eigene Vernunftfähigkeit, den Logos, das heißt die Fähigkeit, rational und begrifflich zu denken und zu argumentieren. Dazu ist es erfordert, Gründe für seine Überzeugungen anzugeben und Begründungs- und Beweisverfahren zu entwickeln. Geleitet ist diese rationale Zuwendung zur Welt von der Hoffnung, die wahre Wirklichkeit zu entdecken und zum Urgrund aller Dinge durchzustoßen.

Die Frage nach dem Urgrund aller Dinge wurde von einer Gruppe von Philosophen und Naturforschern zu beantworten versucht, die mit einer Sammelbezeichnung als „Vorsokratiker" bezeichnet werden und die all diejenigen Autoren, die sich der Natur und dem Kosmos zuwandten, umgreift, die vor Sokrates (469–399 v. Chr.) lebten. Zu diesen zählen solch illustre Figuren wie etwa Thales, Pythagoras, Heraklit, Parmenides, Demokrit und Empedokles. Dem Forschen dieser Vorsokratiker eignet eine gemeinsame Grundtendenz: Der Mensch ist ihrer Ansicht nach so sehr Teil des Kosmos, dass es überflüssig ist, ihn eigens zum Thema zu machen. Folglich lagen den vorsokratischen Denkern praktische, gar lebenspraktische und erzieherische Gedanken in der Regel fern.

Neue Impulse nun erhielt die neue, rationale Herangehensweise – und damit kommen wir zu dem Punkt zurück, von dem wir ausgegangen sind – nach den Siegen über die Perser und mit dem Beginn des sogenannten ‚Perikleischen Zeitalters', welches das halbe Jahrhundert zwischen 480 und 430 v. Chr. umfasst und das als ein ‚goldenes Zeitalter' in die griechische Geschichte eingegangen ist. Seit Perikles standen allen – das heißt freilich zum damaligen Zeitpunkt: allen *männlichen* – Bürgern selbst die höchsten Staatsämter offen. Dadurch wurde ein Bedürfnis nach höherer Bildung und nach Möglichkeiten der Einflussnahme auf das Leben in der Polis, der Stadtgemeinschaft, wach. Zugleich wurde der Weg für die Entfaltung des einzelnen Menschen, des Einzelbürgers geebnet. Diese Entwicklung führte zur Ausbildung des Ideals vom *freien Individuum*, das, auf seine rationalen Kräfte vertrauend, sich zunehmend seiner selbst bewusst wurde und eigenverantwortlich, da unbeeinflusst von mythisch-göttlichen Mächten, Entscheidungen traf. In eins damit wurde immer deutlicher: Nur diejenigen gewannen Einfluss und konnten sowohl in politischer als auch ökonomischer Hinsicht Karriere machen, die in den Volksversammlungen und bei Rechtsstreitigkeiten vor Gericht die besten Argumente vorbringen und mit ihrer Redekunst überzeugen konnten. Vor allem in Athen hingen so gut wie alle wichtigen Entscheidungen von den Mitgliedern der Polis und ihren Ausschüssen und Gremien ab. Folglich wurde die Fähigkeit, gut, das heißt überzeugend reden und argumentieren zu können, das entscheidende Mittel, um sich auf der politischen Bühne behaupten und Erfolg haben zu können. Daher ist es kein Wunder, dass die *Rhetorik* alsbald zur wichtigsten Bildungsdisziplin avancierte.

Diese Marktlücke nun entdeckten die sogenannten ‚Sophisten' für sich, insofern sie beanspruchten, in ausgezeichneter Weise nicht nur selbst über die geforderten ‚Schlüsselqualifikationen', wie man heute sagen würde, zu verfügen, sondern sie auch anderen lehren, sie mit den gewünschten Fertigkeiten und Techniken ausstatten zu können. Die

Sophisten dominierten seit dem fünften und vierten vorchristlichen Jahrhundert weithin die intellektuelle Szene in Griechenland. Wenn wir heutzutage jemanden als ‚Sophisten' und seine Ansichten und Argumentationen als ‚sophistisch' bezeichnen, dann meinen wir damit, der Betreffende sei spitzfindig, verdrehe einem die Worte im Mund, versuche einen mit windigen Schlüssen hinters Licht zu führen oder gar aufs Kreuz zu legen. Ohne Frage hat das Wort ‚Sophist' im Laufe der Jahrtausende eine Bedeutungsverschlechterung erfahren.

Das griechische Wort ‚Sophistes' bezeichnet ursprünglich jemanden, der ein Meister seines Fachs ist. Seiner originären Bedeutung nach war der Begriff also nicht auf Rede- und Argumentationskompetenz eingeschränkt, sondern wurde generell auf jeden angewandt, von dem man mit gutem Grund annehmen konnte, er sei ‚sophos', beziehungsweise sei mit dem ‚sophon' versehen. ‚Sophos' und ‚sophon' werden gewöhnlich mit ‚weise' übersetzt. Aber auch dieser Übersetzung liegt schon eine Einengung zugrunde, denn ‚sophos' und ‚sophon' bedeuten in jener Zeit nicht nur Weisheit in einem spezifisch philosophischen Sinn, sondern umfassen den ganzen Bereich dessen, den man als Klugheit, speziell auch als Lebensklugheit, bezeichnen kann. Die antike Welt charakterisierte demnach denjenigen als ‚sophos', dem wir heute in etwa die Eigenschaften ‚kompetent', ‚kundig', ‚geschickt', ‚klug' und ‚weise' beilegen würden. Erst im späten fünften vorchristlichen Jahrhundert verengt sich die Bedeutung des Begriffs ‚Sophistes' zu einer Art Berufsbezeichnung für die nun auftretenden ‚Lehrer der *sophia*', die Lehrer der ‚Weisheit', des Wissens, insbesondere des politischen Wissens und der Kenntnisse, über die ein guter Rhetor, will er überzeugend wirken und Erfolg haben, verfügen muss. Darüber hinaus statteten die Sophisten die angehenden und aufstrebenden Politiker sowie all jene, die im öffentlichen Raum wirken wollten oder mussten, mit allen sonstigen hierfür erforderlichen Kenntnissen und Fertigkeiten aus. So umfasste der Bildungskanon der Sophisten, den sie auf dem freien Markt anboten, außerdem Dichter- und Naturerklärung, Mathematik, Grammatik sowie Kultur- und Religionsgeschichte.

Die Sophisten zogen von Stadt zu Stadt, von Region zu Region und gaben ihre Kenntnisse und Fertigkeiten gegen Honorar weiter (weswegen sie von ihren Philosophenkollegen Sokrates und Platon mit missgünstigem Blick beäugt wurden). In gewisser Hinsicht instrumentalisierten sie damit zwar Wissen, Bildung und Philosophie. Auf der anderen Seite führte das jedoch zu einer Demokratisierung des Wissens. Wenn nämlich Rhetorik, Bildung und Philosophie dem Handeln des Einzelnen in der Stadtgemeinschaft dienen sollen, dann werden diese Disziplinen für all diejenigen interessant, die mit der sozialen und politischen Praxis zu tun haben. In dem Maße, in dem immer mehr Menschen die Mitwirkung an der Gestaltung der Polis ermöglicht wurde, musste auch das dafür erforderliche theoretisch-rhetorische Rüstzeug allgemein zugänglich gemacht werden. Folglich wandten sich die Sophisten von jedweder esoterischen Weisheit, die nur einigen wenigen vorbehalten ist, ab. Stattdessen rückten sie praktisch verwertbares Wissen in das Zentrum ihrer Bildungsbemühungen, das sie so vortrugen, dass die Kenntnisse, die nachgefragt wurden und die sie zu vermitteln versuchten, von jedem angeeignet werden konnten. Auf diese Weise öffnete sich die Philosophie dank der Sophisten weiteren Kreisen als bisher.

Ihre Ideen und Kenntnisse verbreiteten die Sophisten in dreifacher Form. Zum einen unterrichteten sie die Söhne begüterter Familien in deren Privathäusern oder in eigens für den Unterricht angemieteten Gebäuden. Darüber hinaus hielten sie öffentliche Vorträge für ein größeres Publikum von Erwachsenen gegen Eintrittsgeld. Und zudem wirkten sie durch den Verkauf ihrer Schriften. Ziel war dabei immer: lehren, bilden und erziehen.

Während die Philosophie der Vorsokratiker auf Natur und Kosmos gerichtet war und theoretisch, ja vielfach spekulativ verfuhr, verfolgten die Sophisten demgegenüber einen praktischen Zweck, nämlich Kenntnisse und Mittel zur Beherrschung und Meisterung des Lebens bereitzustellen – wobei ‚Leben' in einem durchaus zweifachen Sinn zu verstehen ist: des eigenen, individuellen, privaten Lebens auf der einen und des öffentlichen Lebens im Staatsgefüge auf der anderen Seite. Geleitet von diesem praktischen Zweck verfuhren die Sophisten gegenüber dem vorsokratischen Forschen nach anderen Methoden, griffen sie doch auf lebensweltliche Erfahrungen zurück und argumentierten sie empirisch-induktiv, das will sagen, im Ausgang von einzelnen, konkreten Ereignissen, Beobachtungen und Erfahrungen gelangten sie zu weitergehenden Schlüssen, die ein gewisses Maß von Allgemeinheit und Allgemeingültigkeit beanspruchen können.

Oberstes Ziel ihrer Bildungsbemühungen war dabei die *Areté*, was nur unzureichend mit ‚Tugend' übersetzt werden kann, obwohl sich das seit Langem eingebürgert hat. *Areté* meint so viel wie Trefflichkeit, Tüchtigkeit, Vorzüglichkeit, also den ganzen Bereich dessen, wodurch sich jemand vor anderen auszeichnet, was jemand besonders gut kann. Ursprünglich bezeichnete *Areté* eine Art Erbgut, nämlich das Vorrecht der ‚*Aristoi*', der ‚Besten', des Adels also. Die Sophisten nun versprachen, Lehrer der *Areté* zu sein. Auf diese Weise wurde die *Areté* zu einem Bildungsgut, welches sich jeder erwerben konnte, der über die entsprechenden finanziellen Mittel verfügte, um die Honorare der Sophisten bezahlen zu können.

So rückten die Sophisten ein neues Thema ins Zentrum der Bildung des abendländischen Geistes: der Mensch als praktisch handelndes und in die Gemeinschaft integriertes Individuum. Ihn, so sahen es die Sophisten, gilt es auf die Aufgaben, die ihn als aktiv in das politische, soziale und ökonomische Geschehen eingreifendes Individuum erwarten, entsprechend vorzubereiten. Diese Aufgaben kann er, vorausgesetzt, er ist mit dem entsprechenden Rüstzeug ausgestattet, aus sich selbst heraus bewältigen, verfügt er doch dank seiner Vernunft über ein Werkzeug, das, entsprechend geschult, auf all den genannten Feldern zu glänzenden Leistungen in der Lage ist. Im Zeitalter der Sophistik erwacht daher die Vernunft zum hellsten Bewusstsein ihrer Fähigkeiten und Kraft. Konsequent weisen die Sophisten jegliche Ansprüche alter, in den Mythen oder den traditionellen Religionen verankerter Autoritäten zurück und befreien die Vernunft von ihren Fesseln.

In diesem Zusammenhang kam es ihnen darauf an zu betonen – und hiermit enthüllt sich der zentrale Grundgedanke der Sophistik: Moralvorstellungen, Sitten, Gebräuche, Traditionen, ethische Normen, Kategorien wie gut und böse, Wertvorstellungen sowie überhaupt Kultur hat der Mensch nicht ‚von Natur aus'. Auch handelt es sich hierbei nicht um etwas von den Göttern und mythischen Autoritäten Gesetztes und Vorgeschriebenes, sondern um etwas, was die Menschen selbst gemacht haben. Deshalb unterscheidet sich all das von Ort zu Ort, von Region zu Region und unterliegt geschichtlichem Wandel. Dies ist die berühmte sophistische Unterscheidung zwischen *Physis* und *Nomos*. *Physis* bedeutet wörtlich: das, was von sich selbst her, was von Natur aus besteht. Und *Nomos* ist das Gesetz, also das Gesetzte, das, was durch menschliche Setzung und Satzung zustande kommt. ‚Kultur' mitsamt all den soeben aufgelisteten Phänomenen ist demnach etwas, was die Menschen gemacht haben. Kultur, anders gesagt, gibt es nicht von Natur aus; Kultur ist nicht *Physis*, sondern *Nomos*.

Diese Unterscheidung zwischen *Physis* und *Nomos* führte die Sophisten zu der Einsicht: Wenn Kulturen mit den für sie typischen Sitten, Gebräuchen, Normen, Traditionen und Werten das Werk von Menschen sind, dann kann keine Kultur für sich beanspruchen, einer anderen überlegen, besser, entwickelter als sie zu sein. Dann kann man bestenfalls sagen, eine Kultur sei anders als eine andere. Da alle Kulturleistungen das Werk von Menschen sind, sind sie alle *Nomos*: Gesetztes, von Menschen Geschaffenes. Insofern stehen sie alle gleichberechtigt nebeneinander. (Nur nebenher bemerkt: Diese Einsicht verdankt sich wohl der regen Reisetätigkeit der Sophisten.)

Ihrer Behauptung der Gleichberechtigung der vielgestaltigen Kulturen der Menschheit gewinnen die Sophisten zugleich einen kritischen Sinn ab. Wenn nämlich, so argumentieren sie, Kulturleistungen nicht als *Physis*, also nicht als Werk der Natur begriffen werden können, das heißt nicht als etwas, das von selbst ent- und besteht, sondern als *Nomos*, als etwas vom Menschen – gleichsam künstlich – Gemachtes, dann kann man sich mit Kulturleistungen auseinandersetzen, dann kann man sie kritisieren, ihre eventuelle Problematik, unter Umständen ihre Lebensfeindlichkeit herausstellen, ja sie sogar am Ende infrage stellen: Wozu brauchen wir überhaupt diesen oder jenen *Nomos*? Ist nicht vielleicht manches, was wir uns geschaffen haben, unnütz und wider unsere Bedürfnisse und Interessen? Beschränken wir nicht in vielfacher Hinsicht unsere eigenen Entfaltungsmöglichkeiten, wenn wir uns an einem vorgegebenen *Nomos* orientieren? Unterdrückt gar der *Nomos* nicht oftmals den Menschen? Und gilt dies nicht gleichermaßen für das individuelle wie für das öffentliche Leben?

Werfen wir zur Verdeutlichung einen Blick auf diejenigen Bestandteile menschlicher Satzung und Setzung, auf die solch kritische Anfragen seinerzeit zielten, dann wird das geradezu Revolutionäre des sophistischen Bildungs- und Erziehungsprogramms sichtbar. Die Kritik des bestehenden *Nomos* mündet in Forderungen wie diejenigen nach einem gleichen Recht für alle, nach Gleichheit in Bildung und Besitz, nach Gleichstellung der Frau – das heißt nach uneingeschränktem Zugang zu Bildung und Staatsämtern –, nach Abschaffung der Privilegien der ‚Wohlgeborenen', des Adels also, ja gar nach Abschaffung des Adels selbst, sowie nach Abschaffung der Sklaverei. Programmatisch heißt es bezüglich des letzten Aspekts beispielsweise bei dem Sophisten Alkidamas: „Frei hat der Gott alle geschaffen. Keinen hat die Natur zum Sklaven gemacht."[12] Die damals in den griechischen Stadtstaaten fest verankerte Unterscheidung zwischen freien Bürgern auf der einen Seite und Sklaven auf der anderen ist das Werk von Menschen, ist menschliche Setzung – und mithin nichts Natürliches, wie noch Aristoteles seinen Zeitgenossen weismachen wollte.

Im Blick auf die damaligen sozialen und politischen Verhältnisse besaßen Forderungen wie die angeführten eine ungeheure Brisanz. Es kam Bewegung in die gesellschaftliche Schichtung der antiken Welt, wurde sie doch aufgeklärt über ihre eigenen Entstehungs- und Konstitutionsbedingungen. Und die Speerspitze dieser Aufklärung bildeten die Sophisten mit ihrem Bildungs- und Erziehungsprogramm, ihrem Ideal der *Paideia*, der „Formung des griechischen Menschen", wie der Altphilologe und Philosoph Werner Jaeger es umschrieben hat.[13]

Scharfsinnig wie sie waren, blieb den Sophisten nicht verborgen, dass und wie ihre Unterscheidung zwischen *Physis* und *Nomos* auch auf unsere Erkenntnis der Welt und der Dinge in ihr durchschlagen musste. Parmenides (ca. 540–480 v. Chr.), ein prominenter Vertreter der vorsokratischen Philosophen, hatte streng unterschieden zwischen wahrem Sein einerseits und Erscheinung, und das heißt für ihn: bloßem Schein, andererseits. Mittels unserer sinnlichen Wahrnehmung, so lehrte er, erfasse man immer nur die Erscheinung von etwas; die Wahrnehmung liefere uns immer nur Schein. Das wahre Wesen der Dinge und der Welt, das ‚Sein' hingegen sei nur dem reinen Denken zugänglich. Die Sophisten, allen voran ihr erster herausragender Vertreter Protagoras, der aus dem thrakischen Abdera stammte und dessen Lebenszeit etwa die Jahre 485–415 v. Chr. umspannte, erachteten eine solche strikte Trennung zwischen einem vorgeblich wahren Wesen der Dinge und ihrer bloßen Erscheinung für nicht haltbar. Welt und Dinge, so meinten sie, ließen sich nicht in dieser Weise aufspalten. Sie argumentierten: ‚Welt' – und hier kommt nun die Unterscheidung von *Physis* und *Nomos* zum Einsatz – sei nicht *Physis*, sondern sei vielmehr das, was wir Menschen handelnd hervorgebracht haben, zum Beispiel Städte und Gemeinwesen, Infrastrukturen, Rechtsvorschriften, Moralvorstellungen, technische und Kulturprodukte der unterschiedlichsten Art. All das macht für uns ‚Welt' aus; und nur das ist uns aufgrund der uns zur Verfügung stehenden Erkenntnisorgane erkennbar. Mit anderen Worten: Nach sophistischer Lehre erkennen wir Menschen die Dinge und die Welt nur insoweit, als sie zu uns in einer Beziehung stehen. Was jenseits dieser Beziehung steht, das ist uns unbekannt, all das bleibt uns verborgen.

Damit ist grundlegend und in aller Schärfe das Grundproblem der Erkenntnis formuliert – und zugleich auf eine spezifische Art und Weise beantwortet. Gegen Parmenides macht Protagoras geltend: Sind wir aufgrund unserer Fähigkeiten überhaupt in der Lage, die Wirklichkeit so, wie sie an sich ist, zu erkennen? Und er beantwortet diese Frage mit einem entschiedenen „Nein“. Demnach sind wir wohl nur innerhalb bestimmter Grenzen fähig, die Dinge, die Welt, die Wirklichkeit zu erfassen. Wo aber ist diese Grenze zu verorten? Seine Antwort, so hörten wir, gibt zu bedenken: Wir erkennen die Dinge nur insoweit, als sie zu uns als handelnden Wesen in eine Beziehung treten.

Prägnant formuliert ist diese Erkenntnislehre in dem Satz, der Protagoras' Buch, das den kämpferischen Titel *Die niederboxenden Reden* trug, eröffnete und der es in der Folgezeit als ‚Homo-mensura-Satz‘ zu einiger Berühmtheit bringen sollte: „Der Mensch ist das Maß aller Dinge, der seienden, daß (oder wie) sie sind, der nichtseienden, daß (oder wie) sie nicht sind“.[14]

Über Sinn und Bedeutung dieses Satzes ist viel und lange gestritten worden. Insbesondere drehte sich der Streit um die Frage: Was meint Protagoras hier mit ‚Mensch‘? Meint er den Menschen im Allgemeinen, mithin die Gattung Mensch? Oder hat er hierbei den einzelnen, individuellen Menschen im Blick? Für die erste Lesart, also dafür, dass der Mensch als Gattung gemeint sei, bietet die antike Überlieferung keinerlei Anhaltspunkte. Ganz das Gegenteil ist der Fall, verstehen doch Gewährsleute wie Platon, Aristoteles und Sextus Empiricus ‚Mensch‘ ganz selbstverständlich im konkret-individuellen Sinn. Und diese Lesart ist insofern aufschlussreich, als sich ihr zufolge anhand dieses Satzes mehrere zentrale Aspekte des sophistischen Bildungs- und Erziehungsprogramms ins Licht rücken lassen.

Zunächst einmal spricht sich in ihm die sophistische Überzeugung aus, die Dinge seien für uns nur insofern interessant und erkennbar, als sie zu uns in einer Beziehung stehen. Welt ist das, mit dem wir handelnd umgehen. Eine Welt ‚hinter‘ der sichtbaren, für uns wahrnehmbaren Welt – eine „Hinterwelt“, wie Nietzsche später sagte – ist für die Sophisten, da sie uns gemäß unserer Organausstattung, die uns immer nur den Zugang zu dieser phänomenalen Welt eröffnet, völlig uninteressant und braucht uns nichts anzugehen. (Eine solche Sicht der Dinge enthält natürlich brisanten theologischen Sprengstoff!)

Darüber hinaus stellt dieser Satz des Protagoras noch einmal klar und deutlich heraus: Erkenntnisse haben nur insofern eine Bedeutung für den Menschen, insofern er praktisch, also handelnd mit den Dingen umgeht. Verdeutlichen wir uns das an einigen wenigen alltäglichen Beispielen. So gibt es etwa kein Maß an sich für Kälte oder Wärme. Es ergibt keinen Sinn zu sagen, bis zu so und soviel Grad Celsius reicht die Kälte, und ab dem nächsten Grad beginnt die Wärme. Sondern, und darauf will Protagoras mit seinem Satz hinaus, ob etwas – beispielsweise der Wind – als kalt empfunden wird, hängt vom jeweiligen Menschen ab: Der einzelne Mensch ist hier das Maß der Kälte; für einen einzelnen, individuellen Menschen ist etwas kalt oder nicht.

Ähnlich verhält es sich mit einer Orange: Der eine empfindet den Geschmack ein und derselben Orange als süß, ein anderer dagegen als sauer. Es gibt hier kein objektives Maß von Süße. Das Maß der Süße ist der individuelle Mensch. Und genau diesen Sachverhalt akzentuiert Protagoras, wenn er behauptet, der Mensch sei das Maß der Dinge. Der Mensch ist das Maß der Süße einer Orange – aber nicht der Süße an sich von Orangen überhaupt, sondern nur insofern, als ein konkret-einzelner Mensch zu einer bestimmten Orange in einer bestimmten Beziehung steht.

So manch einer wird in Anbetracht solcher Überlegungen das Schreckgespenst eines allumfassenden Relativismus – nicht nur eines Kulturrelativismus – an die Wand malen. Wiederum andere haben den Homo-mensura-Satz mitsamt seinem Verfasser als selbstherrlich brandmarken – die abendländische Geistesgeschichte legt davon beredtes Zeugnis ab! – und auf diese Weise die Bildungsbemühungen der Sophisten selbst relativieren, wenn nicht gar in Bausch und Bogen verdammen wollen. Aber ganz so abgrundtief relativistisch ist die sophistische Lehre und ganz so schrecklich selbstherrlich, wie es mancher augenscheinlich gern hätte, ist der einzelne Mensch nach Auffassung des Protagoras nun denn doch nicht. Denn Protagoras, und mit ihm andere seiner Sophisten-Kollegen, haben durchaus gesehen und es auch eigens betont, dass der einzelne Mensch in einer konkreten Lebenswelt lebt und dass diese Lebenswelt zutiefst kulturell geprägt ist, dass sie, mit der spezifisch sophistischen Begrifflichkeit gesagt, von einem *Nomos* getragen wird, und das heißt ja: von Gesetzen, Gebräuchen, Sitten, Normen, Werten und dergleichen mehr. Dieser *Nomos* artikuliert sich, modern gesprochen, als öffentliche Meinung. Und von der ist der einzelne Mensch immer schon mehr oder weniger, je nach individuell unterschiedlicher Beeinflussbarkeit, geprägt. Da nun die öffentliche Meinung übermächtig werden, die Entwicklungsbemühungen des Einzelnen hemmen, seinem Versuch, sein Leben selbst- und eigenverantwortlich in die Hand zu nehmen, unterlaufen kann, ist der Einzelne nach sophistischer Ansicht gut beraten, seine individuellen Interessen offensiv zu artikulieren und, soweit ihm das innerhalb des ihn tragenden und prägenden *Nomos* möglich ist, durchzusetzen. Hierbei versuchten ihm die Sophisten Hilfestellung zu geben, indem sie ihre ausgefeilten Argumentations- und Disputierkünste entwickelten und auf dem freien Markt anboten, damit der Einzelne ein Instrument an die Hand bekam, um seine Ansichten und Interessen wirkungsvoll im öffentlichen Raum zur Geltung bringen und verteidigen zu können.

Weiteres zur Bildungsidee der Sophistik lässt sich einem Dialog Platons entnehmen. Dieser Dialog trägt den Titel *Protagoras*, in dem eben dieser Sophist selbst auftritt. In diesem Dialog kommt es zu einem Streitgespräch zwischen Sokrates und Protagoras hinsichtlich der Frage, ob die Tugend – die *Areté* – etwas ist, das der Mensch von Natur aus besitzt, oder ob sie nicht vielmehr Produkt der Kultur ist – und infolgedessen etwas, was dem Menschen gelehrt, was ihm anerzogen werden kann. Mit anderen Worten gesagt, der Streit dreht sich um die Frage: Ist die Tugend *Physis* oder ist sie *Nomos*? Es dürfte klar sein, dass Protagoras für Letzteres plädiert. Um seine Position zu stützen, erzählt er einen Mythos (so jedenfalls stellt Platon es dar).[15] Bei diesem Mythos handelt es sich nun aber nicht um eine bloße ‚Göttererzählung' oder eine ‚Sage von den Göttern', wie sie vor allem von Homer und Hesiod überliefert worden sind. Vielmehr will er im Sinne eines philosophischen ‚Kunst-Mythos' verstanden werden, als eine rational, also mit Gründen, belegbare Darstellung von Wahrheiten, in denen menschliche Grunderfahrungen zum Ausdruck gelangen.

Dieser Mythos handelt von dem Hervortreten und der spezifischen Ausstattung der Lebewesen, einschließlich des Menschen. Die Götter, so beginnt die Erzählung, schufen anfangs die Lebewesen aus Feuer und Erde und aus dem, was aus Feuer und Erde gemischt ist, also eine Art Rohling. Dann übertrugen sie dem Brüderpaar Prometheus und Epimetheus aus dem Geschlecht der Titanen die Aufgabe, die Lebewesen auszustatten. Den griechisch sprechenden Menschen der damaligen Zeit war mit diesen beiden Namen ein wesentlicher Hinweis auf den weiteren Gang der Ereignisse gegeben, denn ‚Prometheus' bedeutet ‚der Vorsorgliche', ,der Vorausbedenkende', während ,Epimetheus' der ,Nachbedenkende', der ,Im-nachhinein-Denkende' ist.

Epimetheus überredet nun seinen Bruder, ihn diese Aufgabe der Ausstattung der Lebewesen allein ausführen zu lassen. Wenn er sein Werk vollendet habe, dann könne er, Prometheus, kommen und es besichtigen und begutachten. Prometheus lässt sich darauf ein. Bei der Namenskonstellation ahnt man schon, dass das nicht gut gehen kann!

Epimetheus macht sich also ans Werk: Einigen Lebewesen verleiht er Stärke, aber keine Schnelligkeit; die schwächeren stattet er hingegen mit Schnelligkeit aus. Einige bewaffnet er, indem er sie mit scharfen Zähnen, Krallen und dergleichen versorgt. Anderen gibt er eine wehrlose Natur. Damit auch sie überleben können, verleiht er ihnen Flügel oder schafft ihnen Höhlen, in denen sie sich verbergen können.

Dem ersten Eindruck nach stellt sich Epimetheus, trotz des bösen Omens, das in seinem Namen mitschwingt, gar nicht so ungeschickt an. Aufs Ganze gesehen versucht er nämlich alle Eigenschaften ausgleichend zu verteilen. Geleitet ist er dabei von dem Gedanken: „Dies aber ersann er so aus Vorsorge, daß nicht eine Gattung gänzlich verschwände."[16] Das allein ist ein bemerkenswerter Gedanke!

Nun belässt Epimetheus es jedoch nicht bei der Ausstattung mit Eigenschaften wie den genannten. Einige Lebewesen versah er zudem mit „Bekleidung", das heißt mit dichten Haaren und Fellen, die in der Lage waren, vor Kälte und Hitze gleichermaßen zu schützen. Zudem versah er einige unter den Füßen mit Hufen und Klauen, andere mit Häuten. Darüber hinaus wies er den Lebewesen unterschiedliche Nahrungsquellen zu: „Dem einen aus der Erde die Kräuter, dem anderen von den Bäumen die Früchte, einigen auch verordnete er zur Nahrung anderer Tiere Fraß."[17]

So weit, so gut – könnte man vielleicht meinen. Aber, so heißt es in der Geschichte, die Protagoras vorträgt, Epimetheus war eben „doch nicht ganz weise".[18] Denn er hatte, wie er mit Entsetzen feststellen musste, bereits alle ihm zur Verfügung stehenden Eigenschaften und Kräfte für die unvernünftigen Lebewesen verbraucht – und das Geschlecht der Menschen war noch mit nichts bedacht worden!

Damit gibt Protagoras zu verstehen: Als *Physis*, also als Naturwesen, ist der Mensch ein Wesen, das mit ganz spezifischen Benachteiligungen leben muss: Er besitzt keine natürliche Ausstattung, die ihn vor der Vernichtung durch andere Lebewesen schützen könnte: Er ist weder der

Stärkste noch der Schnellste, er besitzt weder Krallen noch Klauen noch Flügel. Außerdem ist er von Natur aus weder gegen Kälte noch gegen Hitze hinreichend geschützt. Auch gibt es von Natur aus keine ihm spezifische Nahrung. Kurz und gut, der Mensch als *Physis* ist, wie später Johann Gottfried Herder und Arnold Gehlen sagen werden, ein ‚Mängelwesen' – und mithin ein ‚riskiertes Wesen'.

Just in dem Moment nun, in dem Epimetheus bewusst wird, dass er für die Menschen keinerlei Ausstattung mehr im Lager hat, kommt Prometheus, um das Werk seines Bruders zu begutachten – und ist, natürlich, geschockt. Und er überlegt: Wie kann man dieses höchst gefährdete Wesen noch retten? Denn unter rein natürlichen Bedingungen, das wird ihm sofort klar, wäre es innerhalb kürzester Frist um es geschehen.

Und er findet einen Ausweg: Er schleicht sich in die gemeinsame Werkstatt des Hephaistos und der Athene. Dem Hephaistos, dem Gott des Feuers, der Schmiede und der Handwerker, stiehlt er das Feuer und die Handwerkskunst, und der Athene, der Schützerin der Städte – besonders Athens –, der Künste und der Wissenschaft, raubt er die Künste und die Wissenschaft (wofür er später von den Göttern grausam bestraft wird), und bringt all das den Menschen und stattet sie damit aus. Auf diese Weise gelingt es ihnen, mittels technischer Produkte ihr nacktes Überleben, ihre *Physis*, zu sichern. Aber noch fehlen ihnen jegliche über handwerklich-technische Produkte hinausgehende Kulturgüter: Sie kennen weder Städte noch staatliche Ordnungen, sie besitzen weder Sprache noch Religion, auch mangelt ihnen die ‚bürgerliche Kunst', das meint die Einsicht in das Funktionieren und den Ablauf zivilisatorischer Prozesse, zudem haben sie keinerlei Gerechtigkeitsvorstellungen. All diese Mängel führen dazu, dass die Menschen auf dem besten Weg sind, sich gegenseitig auszurotten. Zeus, der das eine Zeit lang mit ansieht, gerät allmählich in Sorge um den Erhalt des Menschengeschlechts. Daher schickt er seinen Boten Hermes zu den Menschen, um ihnen sittliche Scheu und Rechtsgefühl zu bringen, damit dies beides Ordnung in das Zusammenleben bringe und Eintracht unter den Menschen stifte.

So sind es in diesem Mythos, den Platon Protagoras erzählen lässt, noch die Götter, welche am Ende die Menschen retten, indem sie ihnen Zivilisationstechniken und Tugenden vermitteln. Aber im Anschluss an die Erzählung des Mythos liefert Protagoras sogleich seine Deutung der Geschichte nach. Dieser Mythos nämlich soll für ihn darlegen, dass Menschen Kultur und Tugenden nicht von Natur aus haben, dass sie nicht ‚von selbst' kommen, sondern dass man dergleichen von einem anderen hat, dass, mit anderen Worten, Kultur und Tugend lehrbar sind, dass es sich bei ihnen um Bildungsgüter handelt.

Aufs Ganze gesehen stellt Protagoras damit auf folgenden Sachverhalt ab: Von Natur aus ist der Mensch ein Mängelwesen. Er ist, so heißt es im Dialog, „nackt, unbeschuht, unbedeckt, unbewaffnet".[19] Aber er verfügt über Fähigkeiten, die kein anderes Lebewesen besitzt, nämlich Sprache, Religion, zivilisatorische Techniken, Tugend. Und diese allein dem Menschen eigentümlichen Fähigkeiten sind Produkte der Kultur: All das hat der Mensch nicht von Natur aus, sondern das hat er sich alles selbst geschaffen. Und eben deshalb ist es lehr- und lernbar. Zu all dem kann der Mensch gebildet, kann er erzogen werden.

Diese Überzeugung bildet das Zentrum der sophistischen Bildungs- und Erziehungsbemühungen. Um es herum lagern sich weitere, freilich unterschiedlichste Bildungsgehalte und -bestrebungen an. Gorgias aus Leontinoi in Sizilien, dem man nachsagte, ein Lebensalter von 108 Jahren erreicht zu haben (483–375 v. Chr.), ein ebenso einflussreiches und wirkmächtiges Mitglied der sophistischen Bewegung wie Protagoras, ging es weniger darum, ein Lehrer der Tugend zu sein. Gorgias trat vor allem als universell gebildeter Sprachkünstler auf, der den Anspruch erhob, zu schlechterdings jedem Thema aus dem Stegreif eine umfassende Rede halten zu können. Sein erklärtes Ziel war es daher, hervorragende Redner heranzubilden, die den seiner Ansicht nach primären Zweck der Redekunst erreichen: die Beherrschung des Menschen nämlich. Diesem Ziel ordnete er so gut wie alles unter: Wahrheit ebenso wie Sachlichkeit, Tugend ebenso wie Redlichkeit – Hauptsache war allemal der rhetorische (Schein-)Erfolg. Kein Wunder daher, dass er eine Lehre von der „berechtigten Täuschung" entwickelte! Mit all dem arbeitete er jedoch der Selbstzersetzung der Sophistik in die Hände, die ja ursprünglich angetreten war, die zeitgenössische Gesellschaft im Sinne eines positiven, am Begriff der Areté, der Tugend, der Trefflichkeit orientierten Bildungsideals aufzuklären und zu formen.

Andere, wie etwa Thrasymachos, den Platon im ersten Buch seiner Schrift über den idealen Staat auftreten lässt, vertraten die äußerst problematische Lehre vom Recht des Stärkeren und koppelten sie mit der Behauptung, das Leben des Ungerechten sei bei Weitem besser als das des Gerechten, sodass also die vollendete Ungerechtigkeit nützlicher sei als alle Gerechtigkeit. Infolgedessen erweise sich die Gerechtigkeit im hergebrachten Verständnis als Einfalt. Mit solchen waghalsigen Thesen sorgten sie mit dafür, dass die Sophistik nach und nach in Verruf geriet. Dazu trug auch bei, dass in der Schülergeneration der Sophistik der Brauch verbreitet war, für ein und denselben Prozess beispielsweise gleich mehrere Reden zu verfassen: eine für und eine gegen die Anklage, und eine für und eine gegen die Verteidigung – eine, gemessen am heutigen Anwalts-Ethos, haarsträubende Praxis.

Wiederum andere fühlten sich hingegen mehr dem ursprünglichen Bildungsideal verpflichtet. Zu erwähnen wäre hier etwa Prodikos, der nicht nur eine ausgefeilte Sprachtheorie entwickelte, die in den Wortbezeichnungen das Wesen der Dinge angedeutet fand, sondern auch rein rationale, also nicht mehr mythisch rückversicherte Argumente hinsichtlich des Ursprungs von Religion, Staat und Ethik entwickelte und sie zu rein menschlichen Erfindungen erklärte. Während jemand wie Demokrit die Religion aus der Furcht herleitete, begriff Prodikos sie als eine psychische Reaktion auf die Förderung, die dem menschlichen Leben aus dem Kosmos, vor allem aber aus der Erde, zuteilwerde. Die Menschen, so argumentierte er, erblickten darin ein Wohlwollen höherer Mächte, die sie im Laufe der Zeit zu Göttern personalisierten und denen sie mittels ihrer Opfergaben dankten. Und Staat und Ethik entstanden, weil das Zusammenleben der Menschen gesetzliche Regelungen gewissermaßen erzwang. Aus dieser Erfahrung entwickelten sich dann Vorstellungen hinsichtlich dessen, was gerecht ist. Nachdem Gerechtigkeit als Sitte etabliert war, entwickelte sich solche Sitte zur Sittlichkeit, zur Ethik.

Zu ähnlichen Überzeugungen hinsichtlich des menschlichen Ursprungs von Religion, Staat und Ethik hatte sich ja bereits Protagoras bekannt. Vertreten wurden sie überdies auch von Kritias, einem Verwandten Platons, und einem gewissen Antiphon. Letzterer wurde darüber hinaus noch aus einem anderen Grund berühmt beziehungsweise, je nach Perspektive, berüchtigt, auf alle Fälle aber reich. Er nämlich machte sich die Schwierigkeiten zunutze, in die die Bauern durch Gerichtsverhandlungen verwickelt wurden. Und zwar kam er auf die Idee, jedem, der vor Gericht erscheinen musste, seine Dienste als Reden- und Plädoyerschreiber anzubieten – gegen entsprechende Entlohnung, versteht sich. Da seine Klienten überwiegend Analphabeten waren, blieb ihnen nichts anderes übrig, als die von Antiphon verfassten Reden und Plädoyers auswendig zu lernen. Die Zeit, in der sie die Reden auswendig lernten, ließ sich Antiphon selbstverständlich auch honorieren. Zudem entdeckte er für sich eine weitere Marktlücke: Er gründete nämlich eine Art therapeutischer Praxis, die er „Institut für Tröstungen" nannte, und vertrat theoretisch wie praktisch die Überzeugung, psychische Leiden allein mit Worten heilen zu können. So gesehen haben wir es hier mit der ersten psychotherapeutischen Praxis des Abendlands zu tun.

Über all diese Figuren hinaus ist zudem hinzuweisen auf Hippias, einen jüngeren Zeitgenossen des Protagoras, dessen Lebenszeit um 400 v. Chr. anzusetzen ist. Er führte nicht nur die *Physis-Nomos*-Unterscheidung fort, sondern trat außerdem entschieden für eine Aufwertung und Gleichstellung der Frau auf allen gesellschaftlichen Ebenen ein. Außerdem entwarf er ein Konzept einer enzyklopädischen Jugendbildung und hinterließ uns eine Liste der Olympia-Sieger. Vor allem aber proklamierte er die Autonomie und Autarkie des Individuums im Sinne einer weitestgehenden Unabhängigkeit des Einzelnen von der Gemeinschaft. Was das konkret bedeuten konnte, demonstrierte er eindrucksvoll bei einem legendären Auftritt bei den Olympischen Spielen, wo er in Kleidern und Schmuck erschien, die er vom Umhang bis zu den Sandalen und den Fingerringen selbst hergestellt hatte.

Letzten Endes aber waren es Sophisten wie der bereits erwähnte Gorgias oder Euthydemos – denen Platon ebenso wie Protagoras, Hippias und Menon ein literarisches Denkmal setzte, indem er sie in Titeln seiner Dialoge verewigte –, die mit ihren dialektischen Kniffen, argumentationslogischen Kunstgriffen, Scheinargumenten, rhetorischen Finten, ihren den Verstand verwirrenden Paradoxien und Paralogismen die Sophistik mehr und mehr in den Ruf einer nicht länger ernst zu nehmenden Wortverdreherkunst brachten, die ihr eigentliches Bildungsziel aus den Augen zu verlieren und sich in erster Linie an schier hemmungslosen Spitzfindigkeiten zu delektieren schien.

Auch wenn Platon immer wieder seinen Sokrates als Gegengift gegen die Sophistik in Stellung bringt und damit einen fundamentalen Gegensatz zwischen beiden suggeriert, so darf doch nicht übersehen werden, dass zwischen Sokrates und einzelnen Vertretern der Sophistik, wie beispielsweise Prodikos, durchaus freundschaftliche Beziehungen bestanden. Vor dem zeitgeschichtlichen Hintergrund sind solch freundschaftliche Beziehungen indessen nur zu verständlich, bekämpften doch beide, die Sophisten ebenso wie Sokrates, die gleichen Gegner: die überkommenen Autoritäten, die sich einem eigenständigen Denken und einer selbst verantworteten Lebensführung hindernd und hemmend in den Weg stellten und jegliche Aufklärung im Keim zu ersticken versuchten. Sie orientierten sich beide an ein und demselben Ideal: dem der Paideia, der Bildung und Formung des Menschen.

Entscheidend mitinitiiert durch die Sophisten setzt sich demnach schon früh in der abendländischen Geistesgeschichte die Einsicht durch, dass der Mensch der Erziehung und Bildung im Sinne der Paideia bedarf. Ja, dieser Gedanke nimmt bereits bei den Sophisten die Gestalt an, Paideia als ein Anthropinon zu begreifen, als etwas, das unabdingbar und unaufgebbar zum Menschsein gehört – und das, wie man von ihnen lernen kann, in zweifacher Hinsicht. Erstens steht, so gibt Protagoras in seinem von Platon formulierten Mythos zu bedenken, der Mensch ohne Paideia in der Gefahr, sich als Gattung selbst auszurotten. Und zweitens bedürfen Menschen bei der Meisterung und Gestaltung ihres Lebens sowie der Ausbildung von *Areté* kundiger Führer, die in der Lage sind, die *Epimeleia Heautou*, die Sorge um sich und die Kultivierung der Existenz anzuleiten.

II

Sokrates: Nichtwissen als Weisheit

Philosophie in der Antike, so haben wir bereits bei den Sophisten gesehen, das war alles andere als abstraktes, blutleeres und weltfremdes Räsonieren über Probleme, die mit denjenigen, die den Menschen und seine Lebensverhältnisse unmittelbar berühren, wenig oder gar nichts zu tun haben. In der Antike vielmehr gestaltete sich Philosophie als *Lebenskunst.* Sie versuchte Anstöße und Anregungen zu geben, wie man sein Leben selbst in die Hand nehmen kann. Ähnlich wie ein Künstler ein Werk gestaltet, so meinte man, kann auch der Einzelne frei sein Leben gestalten, es selbst aufbauen, ihm Form und einen selbst verantwortbaren Sinn und damit zugleich anderen Menschen Verhaltensregeln an die Hand geben, ihr Leben entsprechend einzurichten. Seneca (4 v. Chr.–65 n. Chr.), ein späterer, prominenter Vertreter einer Philosophie als Lebenskunst .t dafür die schöne Formel vom *artifex vitae*, vom Künstler des Lebe , geprägt.

Als eine .er Ersten – nach den uns erhaltenen Zeugnissen wohl überhaupt de .rste –, der Philosophie in diesem Sinne als Lebenskunst sowohl .oretisch betrieb als auch praktisch vorlebte, begegnet uns Sokrate Das Bild allerdings, das die Überlieferung von ihm zeichnet, ist alles a ere als eindeutig.

Im .hre 423 v. Chr. wurde in Athen die Komödie *Die Wolken* des Komöd ıdichters Aristophanes aufgeführt, die im Kern nichts weniger als ein ıssige Satire auf Sokrates ist. Besäßen wir über sie hinaus keine ande ı Zeugnisse, die über das Leben und Denken des Sokrates berichte te so müsste man ihn aufgrund der in ihr gegebenen Charakterisie r ıg für den übelsten aller Sophisten – und zwar in einem durch und ırch negativen Verständnis – halten, erklärt Aristophanes ihn doch um Hauptschuldigen für das Unheil, das die in seinen Augen verderb ıichen Aktivitäten der Sophisten angerichtet haben. Der Sokrates, den

Aristophanes auf die Bühne bringt, sitzt mit seinen Anhängern und Schülern in der „Denkerbude", er selbst die meiste Zeit in einem Korb unter der Decke, von wo er sich nur herablässt, um einem Ratsuchenden gegen ein üppiges Honorar windige Ratschläge zu erteilen. Dieser aristophanische Sokrates ist erklärter Atheist, der Zeus durch einen „kosmogonischen Wirbel" ersetzen will, ist der Urvater aller wortverdrehenden Rhetorik, welche die ungerechte Sache mit Worten und argumentativen Tricks zur gerechten ummünzt, ein wahrer Verderber der athenischen Jugend und ein Vertreter physikalischer, grammatischer und ästhetischer Lehren, die sich zwar als „Weisheit" ausgeben, sich durch ihre offenkundige Unsinnigkeit und Lächerlichkeit jedoch selbst entlarven. Kein Wunder also, dass am Ende des Stücks die „Denkerbude" in Brand gesteckt wird – der Tod durch das reinigende Feuer als das einem solchen Wortverdreher und Jugendverderber angemessene Ende. Soweit Aristophanes.

Allein schon der Sachverhalt, dass seine Komödie auf Unverständnis beim damaligen Publikum stieß, ja von diesem gar abgelehnt wurde, lässt vermuten, dass man es bei ihr mit einem Zerrbild – einem reichlich grotesken zumal – zu tun hat. Aber wer und wie war Sokrates wirklich? Nun, diese Frage wird sich wohl nie endgültig beantworten lassen, hat dieser wunderliche Mensch, als der er seinen Zeitgenossen erschien, doch selbst keine einzige Zeile der Nachwelt hinterlassen – weder seine Biografie noch sein Denken betreffend, von einer ‚Lehre' ganz zu schweigen. Und so sind wir allein angewiesen auf die Berichte, die uns einige seiner Zeitgenossen überliefert haben. Zum Glück handelt es sich dabei um so glaubwürdige Autoren und Philosophen wie Platon, Xenophon und Aristoteles. Die umfangreichsten Zeugnisse über Leben und Denken des Sokrates liefert uns Platon, in dessen Dialogen wir eine Menge an Material vor uns ausgebreitet finden, das sowohl biografische Einzelheiten betrifft als auch über Sokrates' philosophische Überzeugungen informiert. Allerdings stellt sich uns Heutigen in Anbetracht dieses Materials die Frage, was von dem, was Sokrates sagt, von Platon als Bericht gedacht oder was seine, Platons, Ansicht ist. Letztgültig wird sich auch dieses Problem wohl nie klären lassen. Doch schon Schleiermacher war der Überzeugung, wir müssten – und könnten – lernen, zu unterscheiden, wann Platon einen Bericht über seinen Lehrer Sokrates und dessen Philosophie geben will, und wann Platon seine eigene Lehre durch den Mund des Sokrates vorträgt.

Die zweite bedeutende Quelle für unsere Kenntnisse stellen die meist als *Memorabilien* zitierten *Erinnerungen an Sokrates* des Xenophon dar. Xenophon, der um das Jahr 430 v. Chr. in Athen geboren wurde, lernte Sokrates bereits in jungen Jahren kennen und zählte zu dessen begeisterten Verehrern.

Während Xenophon noch selbst vertrauten Umgang mit Sokrates hatte, kann das von unserem dritten wichtigen Gewährsmann, nämlich Aristoteles, nicht mehr behauptet werden, wurde der doch 384 oder 383 v. Chr. – also gut fünfzehn Jahre nach Sokrates' Tod – im makedonischen Stageira geboren. 367 v. Chr. finden wir ihn dann in Athen, wo er in die Platonische Akademie eintrat und zwanzig Jahre – bis 347 v. Chr. – deren Mitglied blieb. Über Platon hinaus dürfte er dort zahlreichen Menschen begegnet sein, die Sokrates noch persönlich gekannt haben. Daher ist anzunehmen, dass die Stellen in seinem Werk, an denen er von Sokrates spricht und dessen philosophische Bedeutung darstellt, nicht allzu weit von der historischen Wahrheit entfernt sind.

Diese drei Gewährsleute nun zeichnen ein völlig anderes – wenn auch jeweils unterschiedlich akzentuiertes – Bild des Sokrates, als Aristophanes in den *Wolken*. Dabei spielt der Umstand, dass Sokrates, anders als die Sophisten, für seine Lehre kein Honorar nahm und in bescheidenen Verhältnissen lebte, nur eine untergeordnete Rolle. Wichtiger sind andere Aspekte. Die Sophisten konstruierten ihre Reden und Argumentationen mit äußerster Sorgfalt, für sie zählte schöner, geschliffener Stil und längerer zusammenhängender Vortrag. Sokrates hingegen bediente sich der alltäglichen Sprache, die man auf der Straße und auf dem Marktplatz sprach. Er suchte das Zwiegespräch, den Dialog mit einem oder mehreren Partnern. Und während die Sophisten nachhaltigen Eindruck auf ihre Hörer machen wollten und zu diesem Zweck auch vor rhetorischen Knalleffekten nicht zurückschreckten, ging es Sokrates ausschließlich um die zur Debatte stehende Sache, um eine ungelöste Problemstellung, um – mit einem gewichtigen Wort gesagt – die ‚Wahrheit'.

Diese Wahrheit nun war keine abstrakt-wissenschaftliche, sondern eine, die in engster Verbindung stand mit dem Menschen und den ihn umtreibenden lebenspraktischen Problemen. Sehr schön geschildert hat das Xenophon. „Sokrates", so erinnert er sich, „führte seine Gespräche immer über die Fragen, die den *Menschen* angehen. Er forschte, was fromm und was gottlos, was sittlich-schön und was hässlich, was recht und was unrecht, was Besonnenheit und was Leidenschaft, was Tapferkeit und was Feigheit, was ein Staat und ein Staatsmann, was eine Regierung und ein Regent der Menschen sei, und über die anderen Dinge, deren Wissen ihm gleichbedeutend mit sittlicher Tüchtigkeit war, deren Unkenntnis aber nach ihm mit Recht den Namen Knechtsgesinnung trug".[20]

Diese Orientierung am Menschen, dieses Nachsinnen und Forschen über Ansichten und Tugenden, die sein Verhalten und Zusammenleben mit anderen betreffen, findet seinen beredten Ausdruck in einer Äußerung, die Platon in seinem Dialog *Politeia*, dem Entwurf eines idealen Gemeinwesens, Sokrates in den Mund legt. Im Zusammenhang mit der Frage, ob der gerechte Mensch ein besseres Leben führe und glücklicher sei als der ungerechte, sagt Sokrates nämlich, bei einer solchen Frage handele es sich ja nicht um etwas Belangloses, sondern darum, wie man leben soll.[21] Die Frage nach Gerechtigkeit und Ungerechtigkeit kann demnach für Sokrates nicht rein abstrakt-theoretisch beantwortet werden, das heißt nicht losgelöst von der Frage, wie man sein Leben einrichten soll. Ziel hierbei ist es nach sokratischer Ansicht – und Spätere wie Aristoteles, Epikur, die Stoiker und die Skeptiker werden ihm hierin folgen –, ein sinnvolles, ein gelingendes Leben zu führen, ja vielleicht sogar eines, das es verdient, als glücklich bezeichnet zu werden. Entsprechend sehen wir den Sokrates, den die Zeitgenossen schildern, bemüht, die Ansichten seiner Mitmenschen hinsichtlich gerecht und ungerecht, sittlich schön und sittlich hässlich, tapfer und feige und so weiter auf ihre Tragfähigkeit hin zu prüfen und seine Zuhörer und Gesprächspartner entsprechend zu ermahnen, nicht nachzulassen bei der Suche nach einem guten, einem gelingenden Leben.

Hiermit nun sind bereits die zwei Grundformen des sokratischen Philosophierens, sind die zwei Hauptformen seiner ‚Pädagogik' benannt: *Prüfung* und *Ermahnung*. Beides, so viel dürfte bereits deutlich geworden sein, sind im Grunde nur zwei einander ergänzende, komplementäre Aspekte und Stadien ein und desselben Prozesses: Die Ermahnung, die Frage danach, wie man leben soll, zur Richtschnur des Philosophierens zu machen, führt zur Prüfung der jeweils leitenden Lebensziele und -einstellungen. Und diese Prüfung ihrerseits mündet in die Ermahnung, sein Leben in Richtung auf das als richtig und falsch Erkannte hin auszurichten oder zu ändern.

Und beides, Prüfung wie Ermahnung, vollzieht sich – und das ist für das sokratische Philosophieren von entscheidender Bedeutung – im Gespräch, das um konkrete Lebensfragen oder -probleme kreist. Dieses

Gespräch nun verläuft gemäß einer bestimmten Methode. Diese ist dadurch charakterisiert, dass der Gesprächsführer Sokrates – oder allgemeiner: der ‚Lehrer' – dem oder den Gesprächspartnern – den ‚Schülern' – keine fertigen Ergebnisse vorträgt, sondern sie durch geschickte Fragen dahin führt, aus eigener Einsicht Erkenntnisse zu gewinnen – und sei es auch nur, um zu erkennen, dass man bisher in einem Irrtum befangen war und etwas als wahr und richtig meinte erkannt zu haben, was sich jetzt, nach dem Durchsprechen seiner Ansichten, Meinungen und Überzeugungen mit anderen, als hinfällig erweist.

Sokrates selbst bezeichnete diese Methode, zu Einsichten zu gelangen, als *Maieutik*, als *Hebammenkunst*. So, wie Sokrates' Mutter Phainarete, die von Beruf Hebamme war, leiblichen Kindern auf die Welt half, so hilft Sokrates mit seiner Methode der Gesprächsführung, für die Lebensführung relevante ‚geistige Kinder', sprich Einsichten und Lebenseinstellungen, zu entbinden.

Sieht man sich diese Methode einmal etwas näher an, so fällt auf, dass Sokrates die Gespräche, in die er seine Dialogpartner verwickelt, mit einer dem ersten Eindruck nach recht simplen, bei näherem Hinsehen jedoch äußerst folgenreichen Frage beginnt – der Frage: Was ist das? Diese Frage hat so vor Sokrates noch niemand gestellt. Und die Gesprächspartner, denen er sie stellt, glauben darauf schnell eine Antwort geben zu können. Aber gerade dabei unterschätzen sie die Brisanz, die diese schlichte Frage in sich birgt, geht ihnen doch erst nach und nach im weiteren Verlauf des Gesprächs auf, dass ihre rasche Antwort auf die Was-ist-das-Frage in nahezu allen Fällen eine allzu voreilig und unbedacht geäußerte war.

Das Setting in den sokratischen Dialogen ist dabei immer ähnlich. Da unterreden sich zwei oder mehrere Personen beispielsweise über Gerechtigkeit, Tapferkeit, Besonnenheit oder Frömmigkeit – über *Aretai*, Tugenden also, die im Leben der antiken Polis von besonderer Bedeutung sind. Und sie wähnen, bezüglich des jeweils betreffenden Gegenstands fundiertes Wissen zu besitzen. Sokrates nun, sich in das Gespräch einmischend, unterläuft solch vermeintlich sicheres Wissen mit der Was-ist-das-Frage. Gerechtigkeit: Was ist das? Tapferkeit: Was ist das? Besonnenheit: Was ist das? Frömmigkeit: Was ist das?

Nun stellt Sokrates die Was-ist-das-Frage nicht nur rein theoretisch als Aufforderung zu einer Definition, sondern er täuscht den Unwissenden vor, der sich angeblich belehren lassen will, obwohl er bereits davon überzeugt ist, dass die zu erwartenden Antworten voller Widersprüche und Ungereimtheiten sein werden. So gesehen ist die Was-ist-das-Frage schon vom Ansatz her mit *Ironie* aufgeladen: Sokrates verstellt sich – das griechische Wort *eironeia*, von dem sich unser Wort ‚Ironie' ableitet, bedeutet ursprünglich ‚Verstellung' und das Verb *eironeuomai* ‚sich im Reden verstellen'. Und natürlich wittern die Gesprächspartner die Verstellung nicht und gehen Sokrates nur zu bereitwillig auf den Leim: Sie beantworten die Was-ist-das-Frage nämlich für gewöhnlich mit einem oder mehreren, mehr oder wenig zufällig aufgegriffenen Beispielen. Aber das ist ja gerade nicht das, auf was die Was-ist-das-Frage abzielt, denn die hat eine Wesensdefinition, hat einen allgemeinen Begriff im Visier. Und so fragt Sokrates weiter. Dieses bohrende Weiterfragen zwingt die Gesprächspartner dazu, Rechenschaft über ihre Antworten zu geben, das heißt Gründe beizubringen. Dabei werden im Fortgang des Gesprächs Folgerungen entwickelt, welche die Problematik, Fragwürdigkeit und letztendliche Haltlosigkeit der aufgestellten Behauptungen immer deutlicher werden lassen. Und so dämmert den Dialogpartnern mehr und mehr die Erkenntnis, dass sie, die doch zu Beginn der Debatte meinten, hinsichtlich der infrage stehenden Angelegenheit bestens Bescheid zu wissen, im Grunde genommen gar nichts wissen.

Nun wissen sich die solcherart Bloßgestellten in den sokratischen Dialogen an solchen Wendepunkten des Gesprächs in der Regel mit weiteren Strategien zu helfen, auf die sie ihre Hoffnungen setzen: Entweder weichen sie auf andere Thesen aus, die bislang noch gar nicht diskutiert worden sind und deren Wahrheit sie dogmatisch behaupten, oder aber sie weigern sich schlicht, sich auf ein weiteres gemeinsames Gespräch einzulassen. Mit beiden Strategien aber verweigern sie sich eben dem Ziel, auf das es der sokratischen Pädagogik neben der Gewinnung von Gegenstandswissen entscheidend ankommt: der *Selbsterkenntnis* nämlich. Akzeptieren die Partner hingegen die Weiterführung des Gesprächs und versucht man gemeinsam eine verbesserte Antwort auf die Was-ist-das-Frage zu gewinnen, dann nähert man sich im günstigsten Fall einem verbesserten Begriff der zur Diskussion stehenden Sache, will sagen, einem Begriff von höherem Allgemeinheitsgrad. Damit hat der Betreffende zugleich, so ist Sokrates überzeugt, einen wichtigen Schritt in Richtung Selbsterkenntnis gemacht.

Jedoch sind auch die verbesserten Ergebnisse, welche die Überprüfung des vermeintlich sicheren Wissens erbringt, nie endgültig. Aber immerhin vermitteln sie die Einsicht, dass sie den ursprünglich geäußerten Vorstellungen überlegen und näher an der Wahrheit sind. Am Ende bleibt die Begriffserkenntnis offen und aporetisch: ohne letztgültige Lösung. Sicheres Gegenstandswissen konnte nicht gewonnen werden. Und da die sokratische Methode Begriffserkenntnis und Selbsterkenntnis aufs Engste miteinander verschränkt, bleibt auch die Selbsterkenntnis auf der Strecke: Das einzig sichere Wissen, das müssen die Gesprächsteilnehmer mehr oder weniger schmerzlich erkennen, besteht darin, dass sich das, was sie sicher zu wissen meinten, als Nichtwissen entpuppt hat. Mit anderen Worten: Die Selbsterkenntnis der Gesprächspartner hat insofern einen entscheidenden Schritt nach vorn gemacht, als ihnen am Ende des Gesprächs mit Sokrates wenigstens eines gewiss ist: Ihre ursprüngliche Selbstsicherheit hat sich unter der Hand in Nichts aufgelöst. Immerhin wissen sie jetzt um ihr Nichtwissen!

Lassen wir es nicht bei diesem formalen Gerüst der sokratischen Pädagogik bewenden und füllen wir es mit Leben, indem wir uns den tatsächlichen Verlauf eines sokratischen Gesprächs vergegenwärtigen, wie Platon ihn uns in seinen Frühdialogen überliefert hat. Ich schlage dazu vor, den Dialog *Laches* heranzuziehen, weil er nach Meinung von Sokrates-Forschern und Platon-Kennern als die beste Darstellung eines sokratischen Dialogs gelten kann. In diesem Dialog unterredet sich Sokrates mit Laches und Nikias, zwei als tapfer bekannten Feldherren. Diese beiden Feldherren sind von zwei vornehmen Athenern – Lysimachos und Melesias – gefragt worden, ob sie ihren Söhnen Fechtunterricht geben sollen. Anlass dazu bot ihnen eine Art Schaufechten, dem sie als Zuschauer beigewohnt haben. Und nun fragen sie sich, ob sie ihre Söhne in der Kunst des Fechtens ausbilden lassen sollen. Und wer wäre besser geeignet, diese Frage zu entscheiden als die zwei verdienten, kampferprobten Feldherren? Nikias und Laches jedoch sind hinsichtlich der Fechtkunst unterschiedlicher Ansicht. Während Nikias sie befürwortet und ihren Nutzen mit einer Reihe von Argumenten unterstreicht, erachtet Laches sie demgegenüber für unnütz und gefährlich. Also wird Sokrates in das Gespräch einbezogen, um als eine Art Schiedsrichter in dieser Angelegenheit zu vermitteln und zu entscheiden, wer von beiden das Richtige sagt. Sokrates jedoch gibt dem Gespräch sofort eine charakteristische Wendung: Er lenkt es weg von der konkreten Frage nach Sinn und Nutzen des Fechtunterrichts und hin auf die allgemeine Frage nach der Tugend (*Areté*). Freilich sieht Sokrates selbst, dass es zu viel verlangt ist, nach der ganzen Tugend zu fragen – dieses Geschäft, so sagt er, wäre zu groß –, sodass man sich darauf verständigt, zunächst etwas über einen Teil der Tugend in Erfahrung zu bringen. Da nun die Kunst des Fechtens ganz wesentlich auf die *Tapferkeit* abzuzwecken scheint, einigt man sich darauf, sie zum Gegenstand der Erörterung zu machen. „Dieses also", hält Sokrates, an Laches gewandt, fest, „wollen wir zuerst versuchen zu erklären, was die Tapferkeit ist; dann aber nach diesem auch überlegen, auf welche Art sie den Jünglingen beizubringen wäre, soweit es nämlich möglich ist, sie durch Übung und Unterricht beizubringen. Also versuche nun, wie ich sage, zu beschreiben, was Tapferkeit ist".[22]

Was also ist Tapferkeit? Diese Frage zu beantworten scheint den Teilnehmern ein Leichtes zu sein. Denn schließlich stehen mit Nikias und Laches zwei gestandene Feldherren Rede und Antwort, die im Kampf wiederholt ihre Tapferkeit unter Beweis gestellt haben. Und auch Sokrates, so berichtet Laches, habe sich in den Kämpfen Athens als tapfer erwiesen: Hätten einst bei Delion alle so tapfer gefochten wie Sokrates, dann wäre die Schlacht für Athen nicht so unglücklich und schmählich ausgegangen.[23]

Laches also wirft sich in die Brust und antwortet auf Sokrates' Frage, was Tapferkeit ist: „wenn jemand pflegt in Reih und Glied standhaltend die Feinde abzuwehren und nicht zu fliehen, so wisse, daß ein solcher tapfer ist".[24]

Diese Antwort indessen entspricht nicht dem, wonach Sokrates gefragt hat. Mit unverkennbar ironischem Unterton nimmt er selbst die Schuld dafür auf sich, dass Laches seine Frage nicht in der Weise beantwortet hat, die er im Sinn hatte. Womöglich, erklärt Sokrates, habe er nicht deutlich genug gefragt. Zwar versteht Laches noch nicht, worauf Sokrates hinaus will, doch der versucht es durch weitere Fragen zu verdeutlichen. Wenn nämlich, so legt er auseinander, wie Laches behauptet, derjenige tapfer ist, der in Reih und Glied standhaltend gegen die Feinde ficht, wie verhält es sich dann mit demjenigen, welcher fliehend gegen die Feinde kämpft, und nicht standhaltend? Zur Verdeutlichung verweist Sokrates auf die Kampftaktik der Skythen, deren Reiter in einem steten Wechsel zwischen Angriff und Verteidigung kämpfen. Dieses Verhalten steht ebenso im Gegensatz zu der von Laches vorgebrachten Definition von Tapferkeit, wie das der Spartaner, die bei Plataiai den großen Sieg dadurch erfochten haben, dass sie zunächst scheinbar die Flucht ergriffen und dann umkehrend die Perser besiegt haben. Sind Skythen und Spartaner mithin nicht als tapfer anzusehen?

Als erfahrener Feldherr weiß Laches, dass die unterschiedlichen Truppenarten auf unterschiedliche Weise kämpfen. Und so kommt er nicht umhin, auch die Kampftaktik der Skythen und Spartaner als tapfer zu qualifizieren, und er sieht ein, dass sich seine Definition nur auf die Hopliten, das schwerbewaffnete griechische Fußvolk, bezieht.

So ist die Was-ist-das-Frage des Sokrates lediglich mit einem Beispiel beantwortet worden, einem Beispiel zudem, das, wie Laches einräumt, die aufgeworfene Frage nicht einmal ansatzweise beantworten kann. Und so hakt Sokrates nach: „ich wollte nicht nur erfahren, welches die Tapfern im Fußvolke wären, sondern auch in der Reiterei und in allem, was zum Kriege gehört; und nicht nur die im Kriege, sondern auch die Tapfern in den Gefahren der See, ferner auch die, welche in Krankheiten und in Armut und in der Staatsverwaltung tapfer sind, ja noch mehr, nicht nur die gegen den Schmerz tapfer sind und gegen die Furcht, sondern auch die gegen Begierden und Lust stark sind zu fechten, und zwar sowohl standhaltend als auch umwendend“.[25] Kurz und gut, Sokrates geht es nicht um eine einzelne Art von Tapferkeit, also nicht um die Tapferkeit des Fußvolks oder die der Reiter. Ihm geht es vielmehr um die Tapferkeit als solche, um den allgemeinen Begriff von Tapferkeit, denn Tapferkeit gibt es nicht nur im Krieg und in der Schlacht, sondern auch im zivilen, politischen Leben, in Armut, Krankheit und Furcht, wie überhaupt ihn vielen anderen Situationen. Was ist das nun: die Tapferkeit, die in allen diesen vielen verschiedenen Situationen und Lebenslagen immer dieselbe ist?

Laches, durch den bisherigen Gang der Unterredung offenkundig unsicher und vorsichtig geworden, zögert und gibt zu, noch nicht so genau zu wissen, auf was Sokrates hinaus wolle. Um ihm auf die Sprünge zu helfen, erläutert Sokrates den Sinn seiner Frage anhand eines Vergleichs. Ebenso wie bei der Tapferkeit gibt es auch vielerlei Arten von Geschwindigkeit, sodass man auch hier fragen kann: Was ist Geschwindigkeit? Hierbei will man nicht nur wissen, was Geschwindigkeit im Laufen, im Reden, im Lernen, in der Musik und in vielen anderen Dingen ist, sondern man will wissen, was die Geschwindigkeit als solche ist, insofern sie in all diesen Dingen immer dieselbe ist. Darauf könnte man, wie Sokrates vorschlägt, antworten: Geschwindigkeit ist ein Vermögen, in kurzer Zeit vieles zu vollbringen. Damit hätte man eine allgemeine Antwort auf die Frage: Was ist Geschwindigkeit?

Analog wird eine allgemeine Bestimmung für die Tapferkeit als solche gesucht, also eine Bestimmung, die in all den genannten Fällen zutrifft: im Kampf des Fußvolks ebenso wie im Kampf der Reiterei, in Armut und in Krankheit, im Staatsleben wie im Umgang mit Furcht, Lust und Begierden. Um diesen Anforderungen Genüge tun zu können, schlägt Laches eine erweiterte Bestimmung vor: Wenn die Natur der Tapferkeit in all diesen Fällen dieselbe sein soll, dann könne man sie als eine gewisse Beharrlichkeit der Seele bestimmen. Aber auch diese Bestimmung wird von Sokrates einer kritischen Prüfung unterzogen. Nicht jede Beharrlichkeit, so wendet er gegen Laches ein, könne als Tapferkeit gelten. Er, Laches, rechne die Tapferkeit doch wohl zu den vortrefflichen Dingen und setze offenbar voraus, gut und vortrefflich sei die Beharrlichkeit mit Verstand. Als Laches dies bejaht, weist Sokrates ihn darauf hin, eine solche Bestimmung könne nicht allgemeingültig sein, denn es gebe doch auch eine Beharrlichkeit in törichten Dingen, etwa bei der Verschwendung oder beim Geiz. Laches räumt auch das bereitwillig ein. Angeleitet durch Sokrates' kritische Prüfung aller bislang vorgeschlagenen Definitionsversuche versucht er sich an einer dritten Bestimmung. Tapferkeit, so setzt er jetzt fest, sei eine verständige Beharrlichkeit. Aber auch diese Bestimmung hält der kritischen Durchmusterung nicht stand, gibt es doch Fälle von verständiger Beharrlichkeit, wie Sokrates ausführt, die keineswegs tapfer genannt werden können.

Laches, so scheint es, ist mit seinem Latein zunächst einmal am Ende. Und so greift denn nun auch Nikias in die Unterredung ein, und es entwickelt sich ein Gespräch zwischen Sokrates, Laches und Nikias. Nikias führt es weiter mit der These, Tapferkeit sei Erkenntnis des Gefährlichen und Unbedenklichen. Aber wie immer man diese Definition im weiteren Fortgang auch hin und her wendet – Sokrates zeigt immer wieder, dass keiner der Bestimmungsversuche einer gründlichen Prüfung standhält: Entweder ist die vorgeschlagene Bestimmung zu eng, wie die von Laches vorgebrachte erste, oder aber sie ist zu weit, wie die zweite und dritte.

So endet das Gespräch, nachdem sich keine der vorgeschlagenen Bestimmungen als stichhaltig und allgemeingültig und richtig hat erweisen lassen, aporetisch, ohne definitive Lösung. Sokrates hat während des ganzen Gesprächs immer nur gefragt und nachgehakt und sich selbst jeglicher Behauptung enthalten. Und so stellt er abschließend fest: „Wir haben also nicht gefunden, o Nikias, was die Tapferkeit ist?", worauf dieser antwortet: „Wir scheinen nicht".[26] Und dennoch erbringt das Gespräch mit Sokrates für alle Beteiligten insofern einen Erkenntnisgewinn, als sie doch jetzt zumindest wissen, dass ihr Wissen hinsichtlich der Tapferkeit hinfällig ist, dass sie, anders gesagt, doch jetzt so viel wissen, dass sie nichts wissen. Das hat Sokrates ihnen klar gemacht. Und eben dieses Wissen des Nichtwissens vermag zur Fortsetzung der Auseinandersetzung mit dem anstehenden Problem anzustacheln. Daher erklärt Sokrates in der Regel gegen Ende solcher Gespräche ausdrücklich, man werde die Frage später wieder aufnehmen. Und so verabredet man für gewöhnlich eine Fortführung des Gesprächs. Eben dieser aporetisch-offene Schluss der sokratischen Gespräche, das Fehlen eines definitiven Endergebnisses, sodass am Schluss eine Frage stehen bleibt, „erregt", wie Werner Jaeger es einmal auf den Punkt gebracht hat, „im Leser eine philosophische Spannung, die von höchster erzieherischer Wirkung ist".[27]

Diese sokratische Methode des Fragens und Prüfens mit dem Ergebnis eines wissenden Nichtwissens hat Sokrates auch in seinem eigenen Leben angewandt. Von Athener Bürgern der Gottlosigkeit und Jugendverderbung angeklagt und vor Gericht gestellt, verteidigt er sich eben dort, indem er betont, das einzige Wissen, über das er verfüge, sei sein Nichtwissen. Das ist natürlich auch insofern ein geschickter taktischer Schachzug, als Sokrates vom Orakel in Delphi in die prekäre Situation gebracht worden war, niemand sei weiser als er. Also nutzt Sokrates seinen Auftritt vor Gericht – den Platon in seiner *Apologie*, der Verteidigungsrede des Sokrates, geschildert hat –, um den delphischen Orakelspruch zu prüfen. In einem ersten Schritt nimmt er das in Angriff, indem er sein Wissen und seine Weisheit mit dem- und derjenigen der Staatsmänner vergleicht. In einem Gespräch mit einem namentlich nicht genannten Staatsmann ergibt sich ihm der Eindruck, dieser Mann scheine vielen anderen als sehr weise vorzukommen, am meisten aber offenbar sich selbst. Entsprechend den Grundlinien seiner ‚Pädagogik' versucht Sokrates, ihm zu zeigen, er, der Staatsmann, glaube zwar, weise zu sein, er wäre es aber nicht. Kein Wunder daher, dass sich Sokrates dadurch bei ihm und vielen der bei dem Gespräch Anwesenden verhasst macht! Als Sokrates von ihm fortging, so berichtet er, habe er so bei sich gedacht, weiser als dieser Mann sei er doch offensichtlich allemal. Denn wenn auch keiner von ihnen beiden etwas Tüchtiges oder Besonderes wissen möge, so meine doch dieser etwas zu wissen, obwohl er nichts weiß; er, Sokrates, hingegen, der eben nichts wisse, meine nun auch nicht etwas zu wissen. Und so sinniert Sokrates: „Ich scheine also um dieses wenige doch weiser zu sein als er, daß ich, was ich nicht weiß, auch nicht glaube zu wissen.“[28] Im Bewusstsein dieses Wissens begibt sich Sokrates zu einem anderen Staatsmann, der als noch weiser als der erste gilt. Aber auch hier erbringt das prüfende Gespräch das gleiche Resultat.

Ähnlich ergeht es Sokrates mit den Dichtern und den Handwerkern, mit denen er sich auseinandersetzt, um sich selbst, wie er sagt, durch die Tat zu überführen als unwissender denn sie. Bei den Dichtern nun stößt ihm sehr rasch auf, dass sie glauben, um ihrer Dichtung willen auch in allem übrigen sehr weise Männer zu sein. Tatsächlich jedoch waren sie es nicht, wie Sokrates ernüchtert feststellen muss. Und so geht er auch von den Dichtern fort mit dem Glauben, sie um dasselbe zu übertreffen wie die Staatsmänner.

Wie sieht es nun mit den Handwerkern aus? Nun, zunächst einmal wussten sie, wie Sokrates unumwunden einräumt, wirklich vieles, was er nicht wusste. Insofern waren sie in der Tat weiser als er. Aber diese „trefflichen Meister“ hatten gleichwohl denselben Fehler wie die Dichter: Weil ein jeder seine Handwerkskunst gründlich erlernt hatte und insofern tatsächlich viel wusste, beanspruchten die Handwerker, auch hinsichtlich anderer Dinge und Angelegenheiten, die mit ihrer Kunst nichts zu tun hatten, über Wissen und Weisheit zu verfügen. In Sokrates' Augen ist das indessen Torheit, eine Torheit zumal, die ihre Weisheit verdeckt. Und so fragt sich Sokrates, was er wohl lieber sein möchte: so sein, wie er ist, gar nichts verstehend von ihrer Weisheit und auch nicht behaftet mit ihrem Unverstand, oder aber in beiden Hinsichten so wie sie. Für den Mahner und Prüfer Sokrates liegt die Antwort natürlich auf der Hand: „Da antwortete ich denn mir selbst und dem Orakel, es wäre mir besser, so zu sein, wie ich bin“.[29] Von hierher ergibt sich für ihn als Fazit seiner Selbstprüfung: „Unter Euch, ihr Menschen, ist der der Weiseste, der wie Sokrates einsieht, daß er in der Tat nichts wert ist, was die Weisheit anbelangt.“[30]

Ohne Frage ist dieses Resümee hoch ironisch aufgeladen, und Sokrates zieht damit erst recht den Zorn und den Hass eines Teils der Richter und der Volksmenge auf sich. Aber er lehrt und lebt eben das, was er aufgrund gründlicher Prüfung als das Rechte und Richtige glaubt erkannt zu haben – und sei es auch um den Preis, dass er dafür mit dem Tod bestraft und hingerichtet wird. Diese kompromisslos und bis zur letzten Konsequenz durchgehaltene Einheit von Lehre und Leben ist sicherlich einer der markantesten Charakterzüge des Erziehers Sokrates. Von dieser Einheit abzurücken, das käme dem Sokrates, den die Zeitzeugen schildern, niemals in den Sinn. Und das gilt für ihn auch und gerade im Angesicht des Todes. Von dem Gericht in Athen zum Tod durch Schierlingsgift verurteilt, wartet Sokrates, wie Platon in seinem Dialog *Kriton* berichtet, im Gefängnis auf seine Hinrichtung. Kriton, ein alter und vertrauter Freund, besucht ihn dort. Es ist früher Morgen, fast noch Nacht; der letzte Tag des Sokrates auf Erden bricht an. Kriton ist gekommen, um den Freund ein letztes Mal zur Flucht zu bewegen. So manch ein Athener wird in der Zwischenzeit das Unrecht eingesehen haben, das Sokrates mit der Verurteilung zugefügt worden ist. Und in Athen scheint man geradezu darauf zu warten, dass Sokrates flieht und seine einflussreichen Freunde ihm zur Flucht verhelfen.

An diesem Morgen nun unternimmt Kriton einen letzten Versuch in diese Richtung. Geld und Helfer, so versichert er Sokrates, stünden bereit, von den Behörden drohe kaum Gefahr und er, Sokrates, werde auch außerhalb Athens überall Helfer und Gastfreunde finden. Zudem behielten seine Kinder ihren Vater und sie erhielten eine gute Ausbildung. All das jedoch vermag Sokrates nicht umzustimmen. Dem beinahe flehentlichen Bitten und Drängen des Freundes, sich doch zur Flucht bewegen zu lassen, hält er seine ihn leitende Lebensmaxime entgegen: „Denn nicht jetzt nur, sondern schon immer habe ich ja das an mir, daß ich nichts anderem von mir gehorche als dem Satze [logos], der sich mir bei der Untersuchung als der beste zeigt. Das aber, was ich schon ehedem in meinen Reden festgesetzt habe, kann ich nun nicht verwerfen, weil mir dieses Schicksal geworden ist; sondern jene Reden erscheinen mir noch ganz dieselben, und ich schätze und ehre sie noch ebenso wie vorher."[31] Und im weiteren Verlauf der Unterredung erinnert er Kriton an die Prinzipien, an denen er sein bisheriges Leben ausgerichtet hat: Unter keinen Umständen solle man Unrecht begehen, niemals Unrecht mit Unrecht vergelten, niemandem Schaden zufügen oder Schaden mit Schaden vergelten, wie überhaupt niemanden schlecht behandeln. Flucht nun wäre, wie Sokrates weiter erklärt, ein Unrecht. Zwar mag auch die Verurteilung ein Unrecht sein, aber in Anbetracht der aufgeführten Prinzipien werde durch seine Flucht ein Unrecht mit Unrecht vergolten. Zudem dürfe eine gültige Entscheidung des Gerichts, selbst wenn sie ungerecht ist, nicht ohne Weiteres durch einen Einzelnen durch Flucht gewissermaßen korrigiert werden. Denn wichtiger als das Leben selbst, schärft Sokrates seinem alten Freund ein, sei ein Leben nach sittlichen Maßstäben – und eben die ließen ungerechtes Handeln, im vorliegenden Fall:

seine Flucht, nicht zu. Auf diese Weise hält Sokrates unbeirrt an seiner Grundüberzeugung fest, der Tod sei ein geringeres Übel als dasjenige, Unrecht zu tun.

Eine solch entschiedene Treue gegenüber den Gesetzen mag unserem heutigen Verständnis von Demokratie und Staatsverfassung einigermaßen befremdlich erscheinen. Zudem werden sich wohl nur die wenigsten zu der sokratischen Maxime bekennen, es sei besser, Unrecht zu erdulden als Unrecht zu begehen. Und Sokrates selbst ist sich, wie er in dem Gespräch mit Kriton bekennt, sicher: „Ich weiß wohl, daß nur wenige dieses glauben und glauben werden.“[32] Gleichwohl lässt er sich von dem einmal eingeschlagenen Weg, der ihm aufgrund reiflicher Überlegung und Prüfung der Alternativen als der einzig rechte und richtige erscheint, durch schlechterdings nichts – auch durch eine Todesandrohung nicht – abbringen. Und so erleben wir selbst im Angesicht des Todes einen gelassenen, mit seinem Lebenswerk zufriedenen Sokrates.

Sicherlich kommt in der Haltung des Sokrates und ihrer Begründung ein, modern gesprochen, ausgeprägter ‚ethischer Idealismus‘ zum Ausdruck, den manch Heutiger mit Argwohn beäugen wird. Aber dennoch beruht über die Jahrtausende hinweg die Faszination, die Sokrates ausstrahlt, und die Wirkung, die er als Erzieher ausübt, zum überwiegenden Teil auf der von ihm vorgelebten Einheit von Lehre und Leben, die sich auf eben solch ethischen Idealismus gründet.

Gegenüber dem sophistischen Bildungsideal ändert der Begriff der Paideia damit bei Sokrates sein Wesen. Werner Jaeger fasst diese Veränderung prägnant zusammen, wenn er feststellt: „Bildung im sokratischen Sinne wird zum Streben nach philosophisch bewußter Lebensführung, die auf das Ziel gerichtet ist, die geistige und sittliche Bestimmung des Menschen zu erfüllen. Der Mensch ist in diesem Sinne zur Paideia geboren. Sie ist sein einzig wahrer Besitz.“[33]

Und zur Illustration dieses letzten Aspekts zieht er jenes schöne Wort des Philosophen Stilpon, eines Hauptvertreters der durch Euklid gegründeten sokratischen Schule in Megara, heran. Als der Makedonenkönig Demetrios Poliorketes nach der Eroberung Megaras im Jahre 307 v. Chr. Stilpon eine Gunst erweisen und ihn für die Plünderung seines Hauses entschädigen wollte, forderte er ihn auf, eine Zusammenstellung seines gesamten abhandengekommenen Besitzes einzureichen. Stilpon antwortete ihm darauf in bester sokratisch-ironischer Manier: „Die Paideia hat keiner aus meinem Hause getragen.“[34]

III

Platon: Die Formung der menschlichen Seele

Die Denkbewegung des Sokrates kreiste, wie wir gesehen haben, um die Frage, wie wir leben sollen. Die Menschen zum Nachdenken über Sinn und Ziel ihres Lebens zu bringen: Darauf war all sein pädagogischer Eros ausgerichtet. Die Prüfung möglicher Antworten und das Erwägen alternativer Lebensweisen bringt er zum Einsatz aus „Sorge um die Seele", wie es im Dialog *Laches* heißt,[35] aus Sorge um das Selbst, das es im Blick auf das angestrebte Lebensziel zu formen gilt. Solche Sorge um die Seele: Das ist für Sokrates der tiefere und eigentliche Sinn von Paideia, von Erziehung.

Hierin folgt ihm sein Schüler Platon – der seinem verehrten Lehrer mit seinen Dialogen Denkmäler mit Ewigkeitsstatus gesetzt hat –, wenn er in seinem Spätwerk über die Gesetze, den *Nomoi*, den Gesprächsführer sagen lässt, richtige Erziehung zeige sich als eine, die Leib und Seele zu den schönsten und besten zu machen vermag.[36] Dieses Ziel hatte er bereits im großen Stil in einem früheren Werk in Angriff genommen: der *Politeia*, dem großen Dialog über den idealen, den besten Staat. Auch wenn diese zentrale Schrift Platons für gewöhnlich in erster Linie als ein frühes klassisches Dokument der Staats- und politischen Philosophie angesehen und gewürdigt wird, so darf doch nicht übersehen werden, dass die dieses Werk dominierende Frage, was das Gerechte, was Gerechtigkeit sei, nur vor dem Hintergrund einer Seelenlehre, einer Psychologie also, angemessen beantwortet werden kann. Denn der Staat, den Platon zu entwerfen unternimmt und zu etablieren gedenkt, wird begriffen als ein vergrößertes Spiegelbild der Seele und ihrer Struktur. Jedoch wird diese Lehre von der Seele, die Platon in der *Politeia* entfaltet, nicht als bloß theoretisches Konstrukt, nicht als reine Beschreibung der Funktionen der menschlichen Psyche, zum Einsatz gebracht, sondern sie verfolgt einen durch und durch praktischen Zweck: Ist man vertraut mit der

Struktur der menschlichen Seele, dann, so folgert Platon, lässt sie sich bilden, formen – und in eins damit der Staat, dessen Aufbau deren Struktur widerspiegelt. Der optimal organisierte Staat mit seinen vielgestaltigen Institutionen entspränge und entspräche mithin den Teilen und Funktionen der Seele. Oder anders herum gesagt: Die Seele des Menschen gäbe das Urbild des Staates.

Der Anlass für den Entwurf eines idealen Gemeinwesens war für Platon freilich zunächst ein rein äußerer. Vom Beginn des fünften vorchristlichen Jahrhunderts bis zum Jahr 338 v. Chr. – der Schlacht bei Chaironeia, in der Athen, die damals führende Macht in der griechischen Welt, Makedonien unterliegt – hat Athen keine Periode des Friedens erlebt, die länger als zehn Jahre gedauert hätte. Summa summarum bedeutet das etwa 120 Jahre Krieg in eineinhalb Jahrhunderten.

Diese Kriege waren es, die Platon zum Nachdenken über den Staat mit seiner Verfassung und seinen Institutionen, über Gesetze und Gerechtigkeit und Ungerechtigkeit veranlassten. Und zwar mündet sein Nachdenken in die Überzeugung: Ein möglichst perfekter Staat, in dem die Defizite der bestehenden Staaten ausgemerzt sind, ist nur in dem Maße möglich, in dem die ihn bildenden und in ihm lebenden Menschen fähig und bereit sind, auf die Stimme der *Vernunft* zu hören und sich Gesetzen zu unterwerfen, die sich am Prinzip der Gerechtigkeit orientieren. Bei all dem war für Platon von vornherein klar:[37] Die Traditionen der Vergangenheit, wie zum Beispiel mythische Welterklärungen oder herkömmlicher Götterglaube, wie ihn etwa die Epen Homers und die *Theogonie* Hesiods über Jahrhunderte vermittelt hatten, haben ihren Sinn ebenso verloren wie die bestehenden Staatsverfassungen seiner Zeit. All das kann nicht die Grundlage einer neu zu konzipierenden Gesellschaft sein. Der im Blick auf die damalige politisch-gesellschaftliche Situation in Athen letzte, geradezu tödliche Schlag für die Illusionen, denen der junge Platon noch angehangen haben mag, war die Verurteilung des Sokrates im Jahr 399 v. Chr. Platon zog daraus für sich die Konsequenz, die Regierung der Polis könne und solle nicht die Angelegenheit des Volkes sein, sondern müsse denen anvertraut werden, die im Besitz des wahren Wissens sind: den „Philosophenkönigen", wie er sie nennen wird. Nur dann, so heißt es an zentraler Stelle in seinem Staatsentwurf, kann der Staat zur Glückseligkeit gelangen – sowohl was den Einzelnen als auch das Ganze betrifft –, wenn „entweder die Philosophen Könige werden in den Staaten oder die heutigen sogenannten Könige und Gewalthaber sich aufrichtig und gründlich mit Philosophie befassen und dies beides in eines zusammenfällt, politische Macht und Philosophie".[38] Nur der Philosoph, darauf will Platon hinaus, ist in der Lage zu erkennen, was ein jedes in Wirklichkeit ist. Eine solche Erkenntnis ist von größter Wichtigkeit für die Regelung der politischen Dinge und des Zusammenlebens. Folglich kann der Philosoph, der das Wahre in allem erkennt, am besten über die Gesetze und die Angelegenheiten der Polis entscheiden. Auf diese Weise, so hoffte er, wird die Macht denen in die Hände gelegt, die in der Lage sind, in Hinsicht auf das leitende Prinzip der Gerechtigkeit eine Verfassung und Gesetze zu konzipieren, die für alle gelten und den Interessen aller gerecht werden und zugleich der *conditio humana* Rechnung tragen.

Wie aber ist die *conditio humana* beschaffen? Platon antwortet darauf mit dem Entwurf einer ausgefeilten Seelenlehre, die, abgesehen von einigen verstreuten Überlegungen früherer Denker, als der erste eigenständige Entwurf einer Psychologie im Abendland gelten kann. Platons Ausgangspunkt, der sich ihm aufgrund der Beobachtung des Verhaltens von Menschen ergeben haben mag, ist eine Dreiteilung der menschlichen Seele.[39] Und zwar strukturiert sich seiner Überzeugung nach die Seele analog derjenigen des Körpers, und hier ist in der antiken Medizin die Unterscheidung in Kopf, Brust und Unterleib gängig. Diesen drei Körperteilen nun ordnet Platon jeweils spezifische Seelenteile zu: Dem Kopf entspricht die Vernunft (der *Nous*), der Brust der ‚zornige Drang' (der *Thymos*) und dem Unterleib die Begierden (die *Epithymiai*). Der *Nous*, der vernünftig denkende Seelenteil also, so erläutert Platon diese Dreiteilung, ist derjenige, mit dem die Seele überlegt. Der *Thymos* hingegen macht jenen aus, mit dem wir uns, wie es bei Platon heißt, ereifern. Moderner gesprochen könnte man vielleicht sagen, dieser Seelenteil repräsentiere den Willen zum Leben, die Lebenskraft, den Eifer, das Streben, das uns Antreibende. Und die *Epithymiai* schließlich, die Begierden, bilden denjenigen Part der Seele, mit dem die Seele beispielsweise liebt und hungert und dürstet, generell auf beständige Erregung aus ist.

Und nun ist für Platon evident: Zwischen diesen drei Seelenteilen kann es zu Konflikten kommen. So kann etwa der vernünftige Seelenteil in Streit geraten mit den Begierden – Lüste gegen Vernunft etwa. Oder aber der *Thymos* liegt zuweilen mit den Begierden im Kampf. So, wie Platon die Angelegenheit beurteilt, kann indessen in der menschlichen Seele nicht alles mit allem im Kampf liegen. Natürlich liegt es für ihn auf der Hand und lässt sich, wie er betont, allerorten beobachten, dass Vernunft und Begierden oftmals einander widerstreiten, ja sich gar regelrecht bekriegen können. Der *Thymos* hingegen, so lehrt die platonische Psychologie, könne nicht der Vernunft zuwiderhandeln. Von der Sache her ist das eigentlich offensichtlich, bedarf doch die Vernunft des Antriebs, um überlegen und nachdenken zu können. Würde sie das, was sie antreibt, bekriegen, so würde sie ihre eigenen Existenzbedingungen kappen.

Auf diese Weise entfaltet Platon eine Lehre von der Seele, die der alltäglichen Erfahrung, dass und wie konfliktbeladen unser Seelenleben zuweilen ist, Rechnung trägt. Zugleich aber ist sie geleitet von einem Ideal: dem harmonischen Zusammenspiel der drei angeführten Seelenteile. So, wie der menschliche Körper dann gesund ist, wenn seine einzelnen Teile in Einklang miteinander stehen, so ist die menschliche Psyche dann intakt, wenn ihre drei Teile miteinander harmonieren, wenn sie zusammenstimmen. Ist diese Harmonie gestört, etwa wenn zwei Seelenteile miteinander im Streit liegen, dann stimmt etwas nicht mit der betreffenden Seele, dann kommt es zu psychischen Defekten und Ausfallerscheinungen, dann ist die Seele krank.

Wenn nun eingangs gesagt wurde, Platon begreife den idealen Staat als ein vergrößertes Spiegelbild der menschlichen Seele, dann ist vor dem Hintergrund seiner Seelenlehre offenkundig, dass er den Staat in drei Teile, in drei Stände unterteilen wird. Und zwar gliedert er das neu zu schaffende Gemeinwesen in den Stand der *Regierenden* – der ‚Philosophenkönige' –, den der *Soldaten* und den des *einfachen Volks*. Die Regierenden oder Herrschenden leiten das Staatswesen. Da sie den vernünftigen, überlegenden Seelenteil repräsentieren, sollten sie sich von einer spezifischen Tugend leiten lassen: der *Sophia*, der Weisheit nämlich. Der zweite Stand, jener der Soldaten, der als Spiegel des *Thymos*, des uns Antreibenden konzipiert ist, sorgt für die innere und äußere Sicherheit. Die ihnen zugehörige Standestugend ist die Tapferkeit.

Diese ersten beiden Stände fasst Platon als die „Wächter" des Staates zusammen. Ihre Aufgabe ist es, über die Wahrung der Einheit des Staates zu wachen, ferner über die Verhütung von Armut und Reichtum – Letzteres, um Neid und Missgunst so weit wie eben möglich zu verhindern, damit die Polis nicht zu einer Neidgesellschaft wird –, sowie über die wirksame Verteidigung im Fall eines Angriffs auf den Staat.

Der dritte Stand schließlich, der des einfachen Volks, beschäftigt sich mit Ackerbau, Viehzucht und Fischerei und betreibt Handel und Handwerk. Es ist dies also der Stand der Erwerbsleute; er umfasst Händler, Handwerker und Bauern. Da sie, im Blick auf den Körper, den Unterleib und in Hinsicht auf die Seele den begierdehaften Teil repräsentieren, ist die von ihnen geforderte Standestugend die Mäßigung. Zudem, so fordert Platon, sollten sich alle drei Stände um Besonnenheit – das heißt Mäßigung und Selbstbeherrschung im Blick auf Begierden und Leidenschaften – bei ihren Entscheidungen und ihrem Handeln und Verhalten bemühen.

Schematisch lässt sich dieser Zusammenhang von Körper, Seele und Aufbau des Staates wie folgt darstellen:

Körper	**Seele**	**Stand**	**Tugend**
Kopf	Vernunft (*Nous*)	Regierende	Weisheit + Besonnenheit
Brust	Lebenskraft Antrieb (*Thymos*)	Soldaten	Tapferkeit + Besonnenheit
Unterleib	Begierden (*Epithymiai*)	Erwerbsleute	Mäßigung + Besonnenheit

Auch wenn Platon den Begriff des Organismus' in einem modernen Sinn noch nicht kannte, so bildet dieses Staatswesen doch ebenso ein organisches Ganzes, einen ‚Staatskörper', wie es der menschliche Körper mit seinen oder die Seele mit ihren drei Teilen ist. Und ebenso wie Körper und Seele dann gesund sind, wenn ihre Teile in Einklang miteinander stehen, ist auch das Staatswesen dann intakt, wenn die es bildenden Stände miteinander harmonieren. Zwar gibt es in diesem platonischen Staat eine strikte Ständetrennung beziehungsweise Klassenhierarchie und daran gekoppelte Ungleichheit. Diese jedoch resultiert nicht aus Unterschieden der Besitzverhältnisse und der Güterverteilung, sie hat also keine materiellen Ursachen, sondern die Menschen, so argumentiert Platon, sind ihren *Anlagen* nach verschieden. Entsprechend diesen Anlagen wird jeder einem dieser drei Stände zugewiesen. Und zwar beginnt dieser Ausleseprozess bereits im Kindesalter. Zeigen sich im Laufe der Erziehung und Ausbildung bessere Anlagen, als für den Stand, dem man zugehört, erforderlich sind, dann ist ein Aufstieg in einen höheren möglich.

So gesehen ist der platonische Idealstaat einerseits zwar streng hierarchisch gegliedert, andererseits sind die Grenzen zwischen den Ständen in Ausnahmefällen durchlässig.

Oberstes Prinzip für die zwei obersten Stände – die Herrschenden und die Soldaten – ist ein streng geregeltes einfaches Leben. Ihnen ist jedes private Eigentum verboten, denn das Privateigentum erachtet Platon als die Quelle der Ungleichheit, des Neids, der Missgunst und mithin des Streits in einer Polis. Ganz konkret bedeutet das: Diese beiden oberen Stände dürfen weder Geld noch private Wohnungen besitzen, das heißt, sie leben in Gemeinschaftsunterkünften. Auch Frauen und Kinder gehören ihnen gemeinsam. Dadurch, so war Platon überzeugt, wird die Ursache von Zwietracht und Disharmonie ausgeschaltet.

Bei all dem war sich Platon natürlich völlig darüber im Klaren, dass keine Polis ohne irgendein Vermögen, ohne irgendwelche materiellen Güter auskommen kann. Dieses Vermögen, so legt er auseinander, sollte in den Händen derer sein, die sich auf die Kunst des Erwerbs und des Handels verstehen. Das sind die Mitglieder des dritten Standes. Ihnen ist daher Privateigentum gestattet – allerdings nur in bestimmten Grenzen, wobei ‚in gewissen Grenzen' bedeutet, Reichtum muss ebenso vermieden werden wie Armut. Denn der reich gewordene Töpfer wird, wie Platon vermutet, aufhören, sein Handwerk ordentlich zu verrichten. Und das Gleiche wird eintreten, wenn er nicht genug zu essen und zu trinken hat, um überhaupt arbeiten zu können. Mit solchen Vorgaben hoffte Platon, den Lebensstandard seiner Polisbürger so festsetzen zu können, dass sich für den Staat ein größtmöglicher Nutzen ergibt.

Nun sollte, wie wir vernahmen, das oberste Leitziel dieses neu zu gestaltenden, dieses vollkommenen, dieses idealen Staates die Gerechtigkeit sein. Und zwar besteht sie für den Philosophen Platon darin, *dass jeder das Seine hat und das Seine tut.*[40] In moderner Begrifflichkeit ausgedrückt, offenbart sich das so verstandene Gerechtigkeitsprinzip als *Arbeitsteilung*, eine Arbeitsteilung, die durch die Struktur der drei Stände repräsentiert und gewährleistet wird. Jeder hat sich demnach mit dem zu beschäftigen und sich auf das zu konzentrieren, was ihm aufgrund seiner Zugehörigkeit zu dem jeweiligen Stand obliegt. Und das bedeutet ganz konkret: Der Fischer hat es mit dem Fangen von Fischen und allen darauf bezogenen Angelegenheiten zu tun, aber er hat keinesfalls den Herrschenden vorzuschreiben, wie sie den Staat zu regieren oder den Soldaten, wie sie ihn zu verteidigen haben. Und umgekehrt haben die

Herrschenden sich tunlichst aus den Angelegenheiten des Fischers herauszuhalten, ihm also nicht vorzuschreiben, wie er seine Fische zu fangen hat. Dass jeder das Seine hat und tut und sich nicht in die Angelegenheiten Anderer einmischt, das ist für Platon Gerechtigkeit.

Und wie kann sichergestellt werden, dass jeder das Seine tut und sich nicht in die Angelegenheiten des anderen einmischt? Nun, die Antwort dürfte nicht überraschen: durch *Erziehung* natürlich. Und so verwundert es nicht, dass das Erziehungsproblem ins Zentrum der platonischen *Politeia* rückt und großen Raum einnimmt. Das Erziehungsprogramm, das Platon vorlegt und dem wir uns jetzt zuwenden werden, unternimmt es, der Erziehungsfrage bis in ihre feinsten Verästelungen nachzuspüren und Erziehung so zu konzipieren, dass sie den Menschen für alle Eventualitäten rüstet. Allein schon dieser Ansatz lässt vermuten, dass sich das nicht ohne eine gewisse Rigorosität und Strenge durchführen lassen wird, sodass die von Platon ins Auge gefassten Maßnahmen für die von ihnen Betroffenen nicht immer nur erfreulich sein werden. Gleichwohl hat sein Konzept hinsichtlich der Erziehungs- und Bildungsbemühungen der nächsten zweieinhalb Jahrtausende nachhaltig gewirkt und immer wieder von Neuem beeindruckt. So bekennt etwa Jean-Jacques Rousseau im Anfangskapitel seines 1762 erschienenen Buchs *Emile oder über die Erziehung*: „Um eine Vorstellung von der öffentlichen Erziehung zu bekommen, muß man *Platons* Staat lesen. Das ist kein politisches Werk, wie die Leute behaupten, die die Bücher nur nach dem Titel beurteilen: Es ist die schönste Abhandlung über Erziehung, die jemals geschrieben wurde.“[41]

Vergegenwärtigen wir uns also die Grundzüge einer Erziehung, wie sie Platon vorschwebte! Hierbei dürfte von Anfang an klar sein: Da der Mensch aus Körper und Seele besteht, wird die Erziehung die Bildung und Formung beider gleichermaßen berücksichtigen müssen. Das kommt sogleich zum Ausdruck, wenn Platon die Natur eines ‚guten und tüchtigen‘ Wächters des Staates – auf die sich seine Erziehungsbemühungen in erster Linie beschränken –, umreißt: Diese sollen philosophisch, mutig, behänd und stark sein.[42] Folgerichtig muss sich die Erziehung sowohl auf den Körper als auch auf die Seele richten, und zwar ist für den Körper die Gymnastik, für die Seele die musische Bildung zuständig. Unter ‚musischer Bildung‘ versteht Platon nun nicht nur die Beschäftigung und den Umgang mit Musik, sondern diese Art von Bildung umfasst auch alles, was man durch Worte mitteilt, wie Platon sagt, also Dichtung und Literatur im weiteren Sinne. Eine so verstandene musische

Bildung, schlägt Platon vor, solle früher beginnen als die Formung des Körpers durch Gymnastik. Der Seelen- oder Geistesbildung wird damit im Gefüge der platonischen Erziehungsbestrebungen ein Vorrang eingeräumt.

Nun lässt sich bei Dichtung und Literatur die Form vom Inhalt unterscheiden, und so nimmt Platon beides getrennt in Augenschein. Hinsichtlich der Inhalte der den Kindern zu vermittelnden Literatur hat er genaue, fest umrissene Vorstellungen. Äußerst kritisch geht er mit den Werken Homers und Hesiods ins Gericht, die in der alten Welt den Status zentraler Bildungsliteratur besaßen. Mythendichter wie diese beiden, so kritisiert Sokrates als Platons Gesprächsführer in der *Politeia* mit harschen Worten, hätten „Lügenmärchen" ersonnen, indem sie das Wesen der Heroen und Götter ins Groteske verzerrten, beispielsweise dadurch, dass sie die Götter als Lügner hinstellten, was jedoch mit dem Begriff der Gottheit nicht vereinbar sei. Folglich dürfe man so manche Taten, über welche die Mythendichter berichten, im geplanten Staat auf keinen Fall erzählen. Platon belässt es indessen nicht bloß bei diesem Verbot, sondern untermauert es mit einer einleuchtenden psychologischen Begründung: Die jugendlichen Hörer seien nämlich nicht in der Lage zu unterscheiden, was bei solchen Erzählungen Allegorie ist und was nicht. Alles aber, was Kinder in frühen Jahren in ihren Vorstellungskreis aufgenommen haben, das bleibe in der Regel auch unauslöschlich und unwandelbar haften. Infolgedessen sollte man den Kindern zunächst möglichst schön ersonnene Erzählungen präsentieren, die von „sittsamer" Art seien.[43] Zudem müssten ihnen Vorstellungen nahe- und beigebracht werden, die geeignet seien, sie von Todesfurcht zu befreien, denn schließlich sollen aus ihnen ja einmal tapfere und mutige Menschen werden. Als diesem Erziehungsziel abträglich erachtet Platon auch solche Literatur, die die Lachlust erregt, steht die doch mit dem begierdehaften Teil der Seele in engster Verbindung. Auf diesen Seelenteil mäßigend einzuwirken, darauf muss es einer Erziehung, wie sie Platon vorschwebt, ganz entscheidend ankommen (aber, wie wir noch sehen werden, Erziehung ist für Platon natürlich weit mehr als nur das). Und Mäßigung besteht, wie der platonische Sokrates ausführt, für den größten Teil der Menschen hauptsächlich darin, dass man einerseits den Vorgesetzten Gehorsam leistet und sich andererseits selbst zu beherrschen weiß hinsichtlich „der Freuden des Trankes, der Liebe und des Mahls". Wohlgemerkt: Dass Essen, Trinken sowie Liebe und Sexualität Freude bereiten, verkennt Platon also keineswegs. Aber auch hierbei ist Maßhalten angesagt. Solche Erziehung zur Mäßigung, so glaubt Platon, könne außerdem verhindern, dass Menschen bestechlich und geldgierig werden.

Soviel zum Inhalt derjenigen Dichtwerke, die in Platons Staat zugelassen sein werden. Wie steht es nun um deren Form? Hierbei dreht sich die Diskussion zunächst um das Problem, ob man den Dichtern erlauben solle, ihre Darstellung ganz in nachahmender Form zu präsentieren oder teils in nachahmender und teils nicht oder ob überhaupt jede Nachahmung unterbleiben sollte. In dieser Frage ergreift Platon sehr entschieden Partei: Wenn in dem neu zu schaffenden Staat überhaupt nachahmende Dichtung gestattet sein solle, dann dürfe sich der Dichter nur tapfere, besonnene, fromme und freie Männer als Vorbild wählen. Alle anderen Charaktere verdienen es nicht, nachgeahmt und literarisch bearbeitet zu werden. Die Begründung, die Platon für diese rigorose Vorgabe anführt, zeigt, dass er die enorme Bedeutung des Nachahmungslernens für die Entwicklung von Kindern und Jugendlichen sehr wohl erkannt hat, befürchtet er doch, dass die Nachahmungen, die den Kindern von klein auf vorgeführt werden, zur Gewohnheit und gleichsam zweiten Natur des Menschen werden. Aber eben weil er um die Brisanz des Nachahmungslernens weiß, gestattet er nur die Nachahmung einer bestimmten Auswahl von Charakteren, solchen selbstredend, die dem obersten Erziehungsziel der Gerechtigkeit und der mit ihr verknüpften Tugenden dienen können. Alle anderen Charaktere haben in seinem Staat ebenso wenig zu suchen wie in der Literatur. Einen Dichter, der es vermag, alle möglichen Charaktere nachahmend darzustellen, darf es in seinem Staat schlechterdings nicht geben. Für ihn findet er die harten sarkastischen Worte: „Wir würden ihm das Haupt salben und mit Wolle bekränzen und ihn dann in einen anderen Staat schicken.“[44]

Zur Form von Dichtung gehört auch die Art des Vortrags, die Eigenart des Gesangs und der Lieder, wie es bei Platon heißt. Diese Thematik wird innerhalb seines Erziehungskonzepts recht rasch abgehandelt: Alle klagenden und jammernden Tonarten werden ebenso ausgeschlossen wie die weichen und schlaffen. Übrig und erlaubt bleiben einzig die dorische und phrygische Tonart, schlichte Tonarten, die für kriegerische Menschen verwendbar sind. Konsequent werden dann auch solche Musikinstrumente mit vielen Saiten, die für viele Tonarten benutzt werden können, nicht erlaubt. Zugelassen bleiben nur Leier und Kithara – und auf dem Land die Rohrpfeife für die Hirten. Dies ist kulturgeschichtlich gesehen von einiger Brisanz, da in der Antike Texte mit Musikbegleitung vorgetragen wurden, während Platon in seinem Staat fast alle Musik verbietet.

Ebenso scharfsichtig wie er den Effekt, den die Nachahmung auf die Entwicklung des kindlichen Charakters ausübt, erfasst hat, erkennt Platon die Wirkung, welche die Musik auf die Psyche von Menschen hat. Rhythmus und Tonart, so steht ihm deutlich vor Augen, dringen unmittelbar in das Innere der Seele ein und ergreifen sie am stärksten. Folglich muss die musische Erziehung – im engeren Sinne: als die Ausübung und Beschäftigung mit Musik – so beschaffen sein, dass aus ihr eine, wie Platon sagt, „edle Haltung" entspringt. Eine in seinem Sinn richtige Erziehung muss mithin darauf bedacht sein, die Heranwachsenden nur mit solcher Musik zu konfrontieren, die sie ‚edel' machen, die Wohlklang, Gestimmtheit, Harmonie in ihrer Seele zu erzeugen vermag.

So betrachtet bildet musische Erziehung – im engeren wie im weiteren Sinn – einen integralen Bestandteil des platonischen Bildungs- und Erziehungskonzepts. Im Blick auf Erkenntnis und Wissenschaft kommt ihr gleichwohl nur eine propädeutische, eine vorbereitende Funktion zu, vermag doch sie selbst so etwas wie Erkenntnis und Wissenschaft noch nicht zu vermitteln. Gleichwohl, so ist Platon überzeugt, ist ohne musische Bildung keine philosophische denkbar. Daher muss für ihn Erziehung ohne musische Bildung und Musik immer unvollständig und unvollkommen bleiben. Alles Musische aber, so betont er zugleich, „muß enden in der Liebe zum Schönen"[45] – und das meint letztendlich: Es muss emporführen zur Idee des Schönen.

Wie ein solcher Bildungsgang konkret aussehen könnte, hat Platon in einem Dialog geschildert, der den Titel *Symposion* trägt, was im Deutschen zumeist mit ‚Gastmahl' übersetzt wird, die Sachlage aber insofern nicht ganz trifft, als beim Symposion – und das bezeugt allein schon die Wortfügung – das gesellige Trinken, bei dem man sich über eine bestimmte Thematik unterhielt, im Vordergrund stand. Wie auch immer – jedenfalls kreist das Gespräch, das die Teilnehmer des Symposions, das Platon schildert, miteinander führen, um den Eros: Wer oder was ist Eros? Als Letzter der Diskutanten ist Sokrates an der Reihe. Er stellt die Ansicht zur Debatte, Eros sei Liebe zum Schönen, und dieser Eros zeige sich auf verschiedenen Stufen. Die unterste bildet die Liebe zum schönen *Körper*. Die nächsthöhere ist die zur schönen *Seele*. Diese wird überboten durch die Liebe zum Schönen im *Handeln* und in den *Sitten* – man hat es hier also mit einem ‚moralisch Schönen' zu tun, mit einer Verschmelzung von Gutem und Schönem. Auch diese Stufe wird ihrerseits überboten: durch die Liebe zur Schönheit der *Erkenntnisse* nämlich. Und diese wird noch einmal überschritten durch eine Aufstiegsbewegung hin zum *Schönen selbst*, zur *Idee* des Schönen.

Eros als die Liebe zum Schönen bezeichnet demnach ein Streben, im Ausgang von sinnlich wahrgenommener Schönheit stufenweise zur Schau des Schönen an sich zu gelangen. Und dieser Aufstieg wird von Sokrates ausdrücklich als „Pädagogie" bezeichnet, als, was dieses Wort bedeutet, Führung, Leitung des jungen Menschen. Mithin gehören Eros und Pädagogik aufs Engste zusammen. Und Eros erweist sich dem platonischen Sokrates letztlich als ein von einem Pädagogen angeleitetes Streben zur Bildung und Entfaltung des eigenen Selbst, als Streben zur Selbst-Bildung also.

Diesem Zweck dient, wie wir sahen, auch die musische Bildung. Ebenso wie er ihr im Blick auf Selbst- und Geistesbildung eine propädeutische Funktion zuschreibt, attestiert Platon Gleiches auch der Gymnastik, der Bildung und Formung des Körpers. Nun wird man hier wohl sogleich an das viel zitierte Wort *mens sana in corpore sano* denken. Platons Ausführungen zu den gymnastischen Aktivitäten vermitteln jedoch ein differenzierteres Bild, als es diese von Juvenal stammende Wendung für gewöhnlich suggeriert. Platon nämlich sieht sehr wohl: Ein tüchtiger, gesunder Körper bewirkt aufgrund seiner Tüchtigkeit (*Areté*) allein noch lange keine gute Seele. Eher schon verhält es sich umgekehrt: Eine „rechtschaffene Seele" gibt durch ihre Tüchtigkeit dem Körper die denkbar beste Ausbildung. Genauer gesagt meint das: Die Schlichtheit der Musik, die Platon favorisiert, erzeugt Besonnenheit in der Seele. Und analog bewirkt die Gymnastik Gesundheit im Körper. Damit ist zugleich zu verstehen gegeben, dass die gymnastischen Übungen und Anstrengungen nicht zum Einsatz kommen sollen, um die Körperkraft zu steigern, sondern in erster Linie, um den Mut zu erwecken und zu stärken. So dient mithin auch die Gymnastik für Platon letzten Endes psychohygienischen Zwecken. Freilich gilt es auch hierbei, Einseitigkeiten zu vermeiden. Diejenigen nämlich, die sich überwiegend oder hauptsächlich der Gymnastik widmen, stehen in der Gefahr, übermäßig rau zu werden, wohingegen jene, welche sich vorrangig oder ausschließlich mit der musischen Bildung beschäftigen, „weichlicher" werden, als es für sie gut ist. Ein Übermaß musischer Bildung ist der Selbst-Bildung demzufolge ebenso abträglich wie zu viel körperliche Übung. Beides ist gefragt – aber im rechten Maß. Beide, schreibt Platon, musische Bildung wie Gymnastik, müssen „miteinander in Harmonie kommen durch Anspannen und Nachlassen bis zum richtigen Maß“. Als Resultat solch komplementärer Erziehung ergibt sich im Idealfall ein, wie Platon sich ausdrückt, „vollendeter Meister der Harmonie“[46], eine „schöne Seele“, wie Schiller später sagen wird.

Ist im Staat und sind die in ihm lebenden Menschen erst einmal auf diesen für Platon rechten Weg gebracht, dann gehe es mit ihm und ihnen wie in einer Kreisbewegung voran. „Denn gute Erziehung und Bildung“, so können wir bei ihm lesen, „ununterbrochen nach den nämlichen Grundsätzen gehandhabt, schafft tüchtige Naturen, und wenn diese wiederum eine solche Bildung erlangen, so werden sie noch trefflicher als die früheren“.[47] Folglich müssen die Regierenden ein Auge darauf haben, dass hier nicht unbemerkt „Verderbnis“ einreißt, was für Platon heißt, dass keine „ungeregelte Neuerung sich einschleicht auf dem Gebiet der Gymnastik und der musischen Bildung, sondern daß es möglichst bei dem Bestehenden verbleibt“.[48] Das im Sinne Platons durch gute Erziehung Vermittelte hält, wie er herausstreicht, jeder Probe stand: im Schmerz wie in der Lust, in Begierden und in Schrecknissen. In einem solcherart erzogenen und gebildeten Menschen befinden sich die Seelenteile in der denkbar besten Verfassung. Und der von solchen Menschen bevölkerte Staat ist intakt.

Eine schlechte Erziehung kann in dieser Hinsicht alles verderben. Dabei geht Platon davon aus – und das ist sehr subtil gedacht, und vielleicht hat auch eigene Erfahrung das ihrige dazugetan –, dass sich die am besten begabten Seelen dann, wenn sie eine schlechte Erziehung erhalten, durch ganz besondere Schlechtigkeit hervortun. Das aber heißt im Klartext: Große Verbrechen und „vollendete Ruchlosigkeit“ entspringen mitnichten einer schwachen Natur, einer schwachen Psyche, sondern – ganz im Gegenteil – aus einer starken, einer kraftvollen. Nur ist diese Psyche durch die falsche Erziehung verdorben worden. Eine schwache Seele, und zu dieser Überzeugung bekennt sich Platon uneingeschränkt, kann nie etwas Großes und Bedeutendes vollbringen: weder im Guten wie im Bösen.[49]

Eine zumindest für so manchen damaligen Zeitgenossen befremdliche Eigentümlichkeit des platonischen Erziehungsmodells besteht darin, dass es die Erziehung von Männern und Frauen gleichermaßen umgreift. Männer und Frauen, so setzt Platon apodiktisch fest, sollen, zwar unter Berücksichtigung körperlicher Unterschiede, doch im Grunde alles gemeinsam tun:[50] Frauen sollen den gleichen Unterricht erhalten wie die Männer, sie müssen ebenso wie diese im Kriegsdienst unterwiesen und in der gleichen Weise verwendet werden, und sie können – und das war für die damalige Zeit das besonders Revolutionäre – auch in den Stand der Herrschenden aufsteigen und mithin die Geschicke des Staates in die Hand nehmen und lenken. „Es gibt", fasst Platon zusammen, „keine die Staatsverwaltung betreffende Beschäftigung, die der Frau als Frau oder dem Mann als Manne zukäme; vielmehr sind die natürlichen Anlagen gleichmäßig unter beiden Geschlechtern verteilt, und naturgemäß hat die Frau ebenso wie der Mann Anspruch auf alle Beschäftigungen".[51]

Folglich gilt für Männer und Frauen gleichermaßen, was Platon über die Erziehung der Philosophen vorschwebt. Um zum Wohl des Staates agieren zu können, müssen sie ihre ganze Kraft für die Erkenntnis des Seienden einsetzen. Zudem müssen sie wahrheitsliebend sein und über eine verständige und gerechte Sinnesart verfügen, der sich dann auch die Besonnenheit zugesellt. Darüber hinaus erfordert ihre Tätigkeit Tapferkeit, Hochherzigkeit, Gelehrigkeit und Gedächtnisstärke. Verderbliche Einflüsse auf ihren Charakter und ihre Psyche üben all solche Güter wie Schönheit – hierbei denkt Platon wohl in erster Linie an körperliche Schönheit –, Reichtum, reine Körperkraft sowie Verwandtschaft, die im Staat Macht hat, aus. Von all dem hat sich der zukünftige Philosophenkönig, hat sich die zukünftige Philosophenkönigin tunlichst fernzuhalten.[52]

Wie steht es nun um die Erziehung der Herrscherelite? Welche konkreten Maßnahmen sieht Platons Erziehungskonzept insbesondere für sie vor? Nun, zunächst einmal gilt es seiner Meinung nach, den Körper auszubilden, solange dieser noch im Wachstum und in der Entwicklung begriffen ist. In späteren Jahren dann, wenn sich die Seele der vollen Reife zuneigt, muss der Schwerpunkt auf deren Formung gelegt werden. Jetzt muss sie gleichsam mit intellektueller, wissenschaftlicher Nahrung versorgt werden, jetzt muss sie angeleitet werden zu erkennen, was das Schöne, Gerechte und Gute in Wahrheit ist.

Wie ein solcher Bildungsgang aussieht, hat Platon in einem berühmten Gleichnis – vermutlich seinem berühmtesten – plastisch vor Augen geführt: dem Höhlengleichnis im sechsten Buch der *Politeia*. Das Ausgangsszenario in diesem Gleichnis ist das folgende: Da sitzen Menschen in einer unterirdischen, höhlenartigen Wohnstätte mit einem lang nach aufwärts gestreckten Eingang. Von Kind an befinden sie sich in dieser Höhle, gefesselt an Schenkeln und am Hals. Festgebannt an ihre Stelle, können sie nur geradeaus auf die vor ihnen befindliche Wand blicken. Aufgrund der Fesselung sind sie nicht imstande, ihren Kopf zu bewegen oder ihn gar umzuwenden. Von oben her aus der Ferne leuchtet hinter ihnen das Licht eines Feuers. Zwischen dem Feuer und den Gefesselten läuft oben ein Weg hin, dem entlang eine niedrige Mauer errichtet ist – ähnlich der Schranke, welche die Puppenspieler vor den Zuschauern errichten, um über sie hinweg ihre Kunststücke vorzuführen.

Längs dieser Mauer tragen andere Menschen allerlei Geräte vorbei, die über die Mauer hinausragen: Statuen verschiedenster Art aus Stein und Holz von Menschen und anderen Lebewesen. Während sie diese Statuen vorbeitragen, reden sie zum Teil, zum Teil aber schweigen sie auch.

Ein sonderbares Bild, ohne Frage. Was bezweckt Platon mit ihm? Die Menschen in der Höhle, lässt er seinen Sokrates erklären, gleichen uns. Die gefesselten Menschen in der Höhle, so erläutert er das Bild näher, haben ihr Leben lang nichts anderes gesehen als die Schatten, die von dem Feuer auf die ihnen gegenüberliegende Wand der Höhle geworfen werden. Wenn sie nun miteinander reden könnten, dann wären sie wohl überzeugt, die Bezeichnungen, die sie dabei verwenden, kämen den Dingen zu, die sie unmittelbar vor sich auf der Wand sehen. Und den Widerhall, den sie von der ihnen gegenüberliegenden Wand vernehmen, der ja von den die Statuen vorbeitragenden Menschen herrührt, würden sie ebenfalls den an der Wand vorüberziehenden Schatten zusprechen. Mit anderen Worten: Die dergestalt Gefangenen würden nichts anderes für wahr halten als die Schatten der künstlichen Gegenstände.

Nehmen wir nun einmal an, so führt Platon sein Szenario weiter, einer der Gefangenen würde von seinen Fesseln befreit und würde genötigt, den Kopf umzuwenden, sich in Bewegung zu setzen und nach dem Feuer emporzublicken – was geschähe mit und in ihm? Zunächst wohl wird er, der ja bislang nur Schatten auf einer Wand kannte, vom Glanz des Feuers geblendet werden, sodass er im ersten Moment nicht imstande sein dürfte, jene Dinge zu erkennen, deren Schatten er zuvor sah. Würde man ihm versichern, bislang habe er lauter Nichtigkeiten gesehen, jetzt aber sei er dem Seienden näher gerückt und sei Dingen zugewandt, denen mehr Sein zukäme und er sehe nun richtiger, und würde man ihn zudem auf jedes der vorbeigetragenen Dinge hinweisen und ihm die Frage vorlegen, was es sei – was würde der betreffende Mensch antworten? Der Betreffende, das liegt wohl klar zutage, würde überhaupt nicht mehr ein noch aus wissen und glauben, das, was er vorher geschaut hat, sei wirklicher als das, was man ihm jetzt zeigt.

Hiermit indessen ist die Geschichte noch längst nicht zu Ende. Zwingt man ihn nun, seinen Blick auf das Licht selbst zu richten, so würden ihm, der ja an nichts anderes als an Dunkelheit gewöhnt ist, seine Augen schmerzen. Daher würde er sich, einem ersten Impuls nachgebend, abwenden und sich wieder jenen Dingen zuwenden, die er ohne Schmerz anschauen kann – und diese würde er tatsächlich für gewisser halten als die, welche man ihm zeigt.

Nun ist es auch damit noch nicht genug. Gewaltsam schleppt man ihn sodann den steilen Aufgang aufwärts und bringt ihn ans Licht der Sonne. Natürlich wird er sich dagegen sträuben, und aus der Höhle steigend dem Sonnenlicht ausgesetzt, würde er vollends geblendet sein und überhaupt nichts von dem erkennen können, was ihm jetzt als das Wahre angegeben wird. Erst allmählich wird er sich an die Helle gewöhnen. Und dann wird er wohl am ehesten und leichtesten die Schatten erkennen, in der Folge dann die Abbilder von Menschen und anderen Dingen im Wasser, später wohl auch die Gegenstände selbst. Darauf folgend wird er bei Nacht die Erscheinungen am Himmel und den Himmel selbst betrachten und das Licht der Gestirne und des Mondes anschauen. Das alles dürfte ihm leichter fallen, als am hellen Tag die Sonne und das Sonnenlicht zu betrachten. Erst nach und nach wird es ihm möglich sein, nicht nur mehr die Spiegelbilder der Sonne etwa im Wasser zu betrachten, sondern sie selbst und ihre Beschaffenheit in voller Wirklichkeit an ihrer eigenen Stelle.

Allmählich wird es ihm in der Folgezeit dämmern und sich dann mehr und mehr zu der Schlussfolgerung verdichten, dass es eben die Sonne ist, der wir die jahreszeitlichen Wechsel verdanken, dass sie über allem waltet, was sich in der sichtbaren Welt befindet, ja am Ende, dass sie in gewissem Sinn auch die Urheberin all jener Erscheinungen ist, die er vordem wahrgenommen hat. Gesättigt mit solcher Erkenntnis würde er sich nun, so steht zu vermuten, im Gegensatz zu seinen ehemaligen Mitgefangenen, glücklich preisen und jene bemitleiden.

Warum lässt Platon diese Geschichte lang und breit erzählen? Die Antwort ist nicht schwer, denn schließlich gab Sokrates ja bereits den entscheidenden Hinweis: Die Menschen in der Höhle gleichen uns. Und nun weiter: Die mittels unseres Gesichtssinns uns wahrnehmbare Welt gleicht der Wohnung im Gefängnis der Höhle, und der Lichtschein des Feuers in ihr der Kraft der Sonne. Der Aufstieg nach oben schließlich und die Betrachtung der Welt außerhalb der Höhle symbolisiert die Erhebung der Seele in das Reich des nur geistig Erkennbaren – platonisch gesprochen: ins Reich der Ideen, der Urbilder der sinnlich wahrnehmbaren Dinge.

Bildung, die auf Erkenntnis zielt, darauf läuft das Höhlengleichnis hinaus, hat sich vom sinnlich Wahrnehmbaren zu lösen und sich in das Gebiet des nur geistig Erfassbaren vorzuarbeiten. Sie hat, anders gewendet, das Befangensein in der Höhle der bloß sinnlichen Welt abzustreifen und emporzusteigen in die Helle der Ideenwelt, in das Reich des wahrhaft Seienden, der unsichtbaren, unveränderlichen, ewigen Urbilder aller sinnlich wahrnehmbaren Dinge. Bildung, so verstanden, verschafft uns Höhlenausgänge, erweitert den Horizont des uns Erfass- und Denkbaren. Oder wie Platon selbst es ausdrückt: Bildung und nach seinem Verständnis recht verstandene Erziehung ist „Umwendung in die Helle", ist „Umwendung zum Licht",[53] ist „eine Umkehrung der Seele aus einer Art nächtlichen Tages zum wahren Tag, das heißt zu jenem Anstieg, der zum Seienden führt".[54]

Aber selbst hiermit ist die Geschichte, die Platon seinen Sokrates vortragen lässt, noch immer nicht zu Ende. Der wahre Philosoph und Pädagoge nämlich ist gehalten, das Wahre, das nun zu seinem Wissensschatz gehört, auch all jenen zu vermitteln, die bislang von diesem Wissen – aus welchen Gründen auch immer – ausgeschlossen geblieben sind. In der Metaphorik des Höhlengleichnisses gesagt: Er muss wieder in die Höhle und die Finsternis hinabsteigen. Das indessen ist kein ungefährliches Unterfangen, denn mit Sicherheit wird er sich bei seinen ehemaligen Mitgefangenen lächerlich machen, wenn er ihnen nahezubringen versucht, wie es sich in Wahrheit mit den Dingen verhält. Ja, sie würden ihn wohl, wenn er es unternähme, ihre Fesseln zu lösen und sie hinauf ans Licht zu führen und sie ihn in die Hand bekämen, umbringen. Und doch muss der Philosoph, muss der wahre Pädagoge dieses Wagnis eingehen, darf er nicht darin nachlassen, darf er sich durch nichts davon abbringen lassen, die Seelen der noch mit Unwissenheit Behafteten zum Licht umzuwenden, bis auch sie fähig geworden sind, sich mit dem wahrhaft Seienden, sprich: den Ideen, zu beschäftigen. Allererst dann können sie als Pädagogen ihre

Aufgabe als gut bewältigt ansehen. Und allererst dann verdienen sie es nach Einschätzung Platons, als echte Pädagogen, als wahre Former und Bildner menschlicher Seelen, bezeichnet zu werden.

Abgerundet hat Platon dieses Erziehungs- und Bildungskonzept mit Überlegungen, was die verschiedenen Wissenschaften zur Umwendung der Seele zum Licht und zum Wahren beizutragen vermögen. Zu denjenigen Wissenschaften, welche die Seele hinleitet und umwendet zur Betrachtung des wahrhaft Seienden gehört für Platon fraglos die Rechenkunst, die Mathematik. Die Beschäftigung mit den Zahlen zielt darauf, der Seele die Wendung vom Werden, vom Vergänglichen, vom Sichtbaren zum wahren Sein zu erleichtern. Hierbei geht es allerdings um die Zahlen selbst – und nicht um das, was mit sicht- und greifbaren Körpern verbunden ist, sodass dieses Fach die Seele gleichsam nötigt, sich auf dem Weg des reinen Denkens der reinen Wahrheit zu nähern.

Ähnliches sagt Platon von der Geometrie. Unangesehen ihres offenkundigen Nutzens für das Kriegswesen geht es ihr von ihrer Struktur her doch im Kern um die Erkenntnis von Immerseiendem. Hierzu kann auch die Beschäftigung mit Astronomie einen Beitrag leisten, ist sie doch imstande, den von Natur aus vernünftigen Seelenteil ‚brauchbar' zu machen.

So unbestreitbar der in Mathematik, Geometrie und Astronomie liegende Wert ist, so erachtet Platon doch all das, was sie zur Bildung beitragen, nur als eine Art ‚Vorspiel' für die seines Erachtens eigentliche Wissenschaft: die Dialektik. Ohne Mitwirkung der Sinne versucht die Dialektik allein mittels des reinen Denkens dem eigentlichen Wesen eines jeden Dinges beizukommen, will sagen: es methodisch in jedem einzelnen Fall zu erfassen.[55] So erfasst, um diese Bestimmung an einigen wenigen Beispielen zu verdeutlichen, der Dialektiker ohne Mithilfe der Sinne den Wesensbegriff, das heißt die Idee des Schönen oder die des Guten oder die des Gerechten.

Natürlich birgt diese Zweiteilung der Welt in die sichtbare, sinnlich erfahrbare, körperlich-materielle Welt hier und das intelligible, unkörperliche, nur dem Denken zugängliche Reich der Ideen dort ihre eigene Problematik in sich, die Platon selbst durchaus nicht verborgen geblieben ist, denn schließlich durchmustert er in selbstkritischer Absicht in den Spätdialogen *Sophistes* und *Parmenides* seine eigene Ideenlehre und den mit ihr gekoppelten Dualismus. Aber diese Selbstkritik ebenso wie die Kritik späterer Generationen einmal außen vor gelassen: Für den Platon der *Politeia*, den leidenschaftlichen Erziehungstheoretiker, krönt die auf die Erfassung der Ideen abzielende Dialektik den Bau der Wissenschaft wie ein Schlussstein. Und dementsprechend hat sich alle intellektuelle Bildung an ihr auszurichten. Infolgedessen muss man den Kindern alles das, was zum Rechnen, zur Geometrie und zum ganzen vorbereitenden Unterricht gehört, der demjenigen in der Dialektik vorausgehen soll, bereits in jungen Jahren vorlegen. Wichtig hierbei ist es, wie Platon eigens betont, dass man dem Unterricht eine Form gibt, die das Lernen nicht als Zwang erscheinen lässt, denn schließlich bleibt, wie schon Platon wusste, in der Seele kein erzwungenes Wissen haften, woraus für ihn folgt, die Kinder sollten „spielend" lernen.[56]

All das zusammengenommen, was wir hier über die platonischen Erziehungs- und Bildungsbestrebungen zusammentragen konnten, begründet, wie Platon festhält, gleichsam eine Verfassung im Menschen. Wir überlassen die Kinder, so führt sein Sokrates aus, „nicht eher sich selbst, als bis wir in ihnen gleichsam eine Verfassung, wie im Staat, festgegründet haben".[57]

Aber eben diese Parallelität zwischen der Begründung der Verfassung im Staat und derjenigen in der menschlichen Seele ist die Crux des platonischen Erziehungskonzepts. Denn dieser Staat ist ein *statisches* Gebilde, in dem jegliche Dynamik nach den Vorstellungen seines Gründers Platon zum Stillstand gebracht worden ist. Ist dieser Staat einmal errichtet, dann ist er, wie Platon überzeugt war, perfekt; dann gibt es an und in ihm nichts mehr zu verbessern, nichts zu vervollkommnen. Soll dieser so verfasste Staat nun als vergrößertes Spiegelbild der Seele begriffen werden, dann liegt darin die Vorstellung von einer menschlichen Psyche, die zwar in den verschiedensten Wissensgebieten und Wissenschaften perfekt ausgebildet ist und deren Teile aufs Beste miteinander harmonieren, in der jedoch zugleich jegliche Dynamik erloschen ist: ein statisches, starres Gebilde, das in der Gefahr steht, aufgrund seiner eigenen Statik und Starrheit zu veröden, ja am Ende gar zu verdorren und einzugehen.

Von berufener Seite ist Platons Staatsmodell immer wieder als Urmodell totalitärer Staaten, die den Einzelnen in ein starres System feststehender, unveränderlicher Regeln und Mechanismen einzwängen, denen er sich ohne Wenn und Aber unterzuordnen hat, kritisiert worden – so hat etwa Karl Raimund Popper die platonischen Staatsvorstellungen in dieser Hinsicht einer scharfen, zuweilen beißenden Kritik unterzogen. Doch man würde Leistung und Bedeutung der *Politeia* verkürzt beurteilen, nähme man sie einzig aus dieser Perspektive wahr. Denn die Wirkungsgeschichte gerade auch dieser Schrift – wie das Werk Platons insgesamt – offenbart, dass insbesondere ein Moment der platonischen Staatsphilosophie immer wieder in den Vordergrund getreten ist: die Bemühung um die Formung der menschlichen Seele, das leidenschaftliche Interesse am Menschen und an seiner Bildung. Und genau dieses Moment ist es, das beispielsweise die Hinwendung und die Liebe der Renaissance zu Platon ausgelöst und gefördert hat. Begeben wir uns also vom Athen des fünften und vierten vorchristlichen Jahrhunderts – nach einem kleinen Umweg über das Rom Senecas – ins Italien des fünfzehnten Jahrhunderts!

IV

Seneca: Die Sorge um sich selbst

Mit Seneca tritt uns eine in der europäischen Geistesgeschichte nicht unumstrittene Persönlichkeit entgegen. Er wird nicht müde, in seinen Schriften und zahlreichen Briefen – allein 124 sind an den Freund Lucilius gerichtet – die Übereinstimmung von Denken und Leben, von Gedanke und Tat zu beschwören – so schreibt er in programmatischer Absicht etwa in Brief 75: „Unser leitender Grundsatz sei, zu reden, was wir denken, und zu denken, was wir reden. Die Rede stimme mit dem Leben zusammen"[58]. Indessen verstößt er doch im Laufe seines Lebens immer wieder selbst gegen dieses Ideal. Er, der Verzicht fordert, hat doch selbst auf nichts verzichtet. Er, der gegen den Reichtum wettert, Maßhalten und Bescheidenheit predigt und für ein Sicharrangieren mit der Armut plädiert, gehörte zu den reichsten Männern seiner Zeit. Er, der in seinen Schriften die Mächtigen und ihr Treiben mit harschen Worten geißelt, zählt selbst zu den einflussreichsten und mächtigsten Gestalten des Römischen Reichs. Er, der immer wieder Anlass findet, die eine oder andere Fehlfunktion des Staatswesens kritisch zu beäugen, vernachlässigt in seinem umfangreichen Werk die Fragen nach der bestmöglichen Staatsform: ihren Gründungsbedingungen, ihrer konkreten Ausgestaltung und Ordnung, ihrer idealtypischen Verfassung. Kurz und knapp, wie Ludwig Giesz es einmal auf den Punkt gebracht hat: Seneca ringt „um eine Geschlossenheit von Leben und Denken, wie sie ihm als Ideal des stoischen ‚Weisen' vorschwebt – aber er ist an diesem Ideal gescheitert".[59]

Und dennoch: Mit Seneca begegnet uns eine Gestalt, von der seit zweitausend Jahren eine immer noch ungebrochene Faszinationskraft ausstrahlt. Aber woher rührt diese? Nun, wohl zuvörderst daher, dass er Philosophie als „Wissenschaft vom Leben"[60], als Kunst der Lebensführung, als Lebenskunst begreift. Abstrakte, blutleere und weltfremde

Erörterungen über das Leben ‚an sich' oder über den Menschen ‚als solchen' wird man in seinen Schriften vergebens suchen. Nein, immer ist sein Denken an konkreten Problemen orientiert, an Fragen, die unmittelbar die Lebensführung des Einzelnen betreffen; immer nehmen seine Reflexionen ihren Ausgang von ganz bestimmten Anlässen und Problemlagen, die sich aus dem Bemühen eines konkreten Individuums, sein Dasein eigenverantwortlich zu gestalten, ergeben. Einmal abgesehen davon, dass er hierbei Formulierungen findet, die als Sentenzen die Jahrtausende überdauert haben, ja geradezu sprichwörtlich geworden sind, kreisen all seine Überlegungen, Vorschläge und Darlegungen um das eine Zentrum: die Selbstbestimmung des Menschen. Kant wird später sagen, der Mensch sei dazu bestimmt, sich selbst zu bestimmen. Ähnlich sah das auch Seneca. Wie, so lautet seine Kernfrage, auf die er aus unterschiedlichsten Perspektiven Antworten zu geben versucht, wie ist es dem Einzelnen möglich, ein selbstbestimmtes Leben zu führen, sodass es ein gelingendes, ein gutes, gar ein glückliches Leben wird? Dem einzelnen hinsichtlich dieser Frage Ratschläge an die Hand zu geben, ihm Hilfe anzubieten, ihn anzuleiten bei der Sorge um sich selbst, das sah Seneca als die große Aufgabe seiner Existenz als Philosoph an. So gesehen verstand er sich mit gutem Grund als philosophischer Erzieher und Psychagoge: als „Seelenführer" und „Seelenleiter", wie Ilsetraud Hadot gesagt hat.[61]

Zunächst jedoch sah es gar nicht so aus, als würde dieser Seneca es zu einer die Jahrtausende überstrahlenden Berühmtheit als Philosoph bringen. Geboren wurde er wahrscheinlich um 4 v. Chr. im spanischen Cordoba als Sohn des wohlhabenden Lucius Annaeus Seneca. Aber schon früh kam er nach Rom, um dort die seinem Stand angemessene Ausbildung in Rhetorik zu erhalten. Zudem wurde er durch seinen Lehrer Attalos so nachhaltig mit stoischer Philosophie bekannt gemacht, dass sie fortan seinen Lebensweg als Denker bestimmen sollte. Nach einem längeren Aufenthalt in Alexandria kehrte er 31 n. Chr. nach Rom zurück und wurde als Quästor – heute würden wir sagen: als Finanzbeamter – Mitglied des Senats. Senecas Karriere verlief jedoch nicht ohne Probleme: Seine rhetorische Begabung und seine glänzenden Plädoyers, so wird berichtet, erregten den Neid des späteren Kaisers Caligula. Und nur aufgrund des von einer Konkubine in die Welt gesetzten Gerüchts, Seneca werde ohnehin bald an Schwindsucht sterben, soll er am Leben geblieben sein. Caligula wurde im Jahr 41 ermordet, gleichwohl wurde

Seneca nach der Thronbesteigung von Caligulas Nachfolger Claudius Opfer von Intrigen, mit der Folge, dass er nach Korsika verbannt wurde. Dort begann er, sein philosophisches Lebenswerk in Angriff zu nehmen.

Agrippina, Nichte des Claudius und dessen vierte Ehefrau, erwirkte nach acht Jahren Senecas Rückkehr nach Rom, wo sie ihn mit der Erziehung ihres Sohnes aus erster Ehe, des damals zwölfjährigen Nero betraute. In den fünf Jahren zwischen 50 und 55 bekleidete Seneca höchste Staatsämter und leitete in seiner Funktion als Erzieher und Berater Neros die Geschicke des Römischen Reichs. Nero indessen zeigte sich offensichtlich wenig beeindruckt von den lebenspraktischen Ratschlägen und philosophischen Ausarbeitungen seines Mentors – zumal von dessen Schrift *Über die Milde*, in der Seneca Nachgiebigkeit des Mächtigen gegenüber den Untergebenen fordert –, beseitigte er doch als Siebzehnjähriger seinen Stiefbruder Britannicus und vier Jahre später seine eigene Mutter. Augenscheinlich von Nero dazu gezwungen, unternahm Seneca es, diese Tat vor dem Volk als Notwehr zu rechtfertigen. In der Folge verlor er mehr und mehr an Macht, sodass er 62 von der politischen Bühne abtrat, um sich ins Privatleben zurückzuziehen und sich ganz der philosophischen Schriftstellerei zu widmen.

Im Jahr 65 waren einige Zeitgenossen nicht mehr länger bereit, die Verbrechen Neros hinzunehmen. Unter der Führung des Gaius Calpurnius Piso wurde eine Verschwörung gegen ihn angezettelt, die allerdings scheiterte. Nero verdächtigte seinen ehemaligen Erzieher, Mitwisser dieser Verschwörung gewesen zu sein und forderte ihn auf, sich selbst zu töten. Wie Tacitus in seinen *Annalen* (15, 60 ff.) berichtet hat, schied Seneca nach dem Vorbild des Sokrates in philosophischer Gelassenheit aus dem Leben: Er diktierte einem Sklaven einen Abschiedsbrief an die Römer, verabschiedete sich von seiner Frau, trank einen Becher mit Gift, legte sich ins Bad und schnitt sich die Pulsadern auf. Jedoch war es wohl ein qualvolles Sterben, ein grausames Ende, denn all die ergriffenen Maßnahmen brachten nicht den erlösenden Tod, sodass er letztlich im Dampfbad erstickte. Durch diesen Freitod bewahrheiteten sich die Worte, die Seneca im 26. Brief an Lucilius geschrieben hatte: „Wer zu sterben gelernt hat, hat verlernt, Sklave zu sein. Er ist über jede äußere Gewalt erhaben oder wenigstens außerhalb derselben. Was wollen gegen ihn Kerker und Gewahrsam und Riegel? Er hat freien Ausgang. Nur eine Kette gibt es, die uns gefesselt hält, das ist die Liebe zum Leben. Wir wollen sie nicht von uns weisen, aber wir müssen ihren Druck mindern, damit, wenn die Entscheidung eintritt, uns nichts zurückhalte und hindere bereit zu sein, das ohne Zögern zu tun, was einmal doch geschehen muß."[62]

Sich selbst noch im Angesicht des Todes seine Freiheit bewahren und das als Eigenes willig annehmen, was ein anderer verfügt oder die Natur angeordnet hat: Dies ist ohne Frage eine der wirkmächtigen Ideen, die Senecas Schriften transportieren und die er durch seinen eigenen Tod vorgelebt hat. In ihr spricht sich zugleich das eine große Thema aus, das alle seine Schriften durchzieht: das Ringen um ein selbstbestimmtes Leben, die Sorge um sich selbst.

Aber was hat es mit dieser Sorge um sich selbst eigentlich auf sich? Woher rührt sie? Wodurch werden wir veranlasst, für unser Dasein Sorge zu tragen? Senecas Antwort ist einfach und entschieden: Diese Sorge um sich selbst ist etwas Natürliches, etwas, was den Lebewesen von Natur aus innewohnt, womit die Natur selbst sie ausgestattet hat. An einem eher abseitigen Ort, dem Brief 121 an Lucilius, in dem Seneca der Frage nachgeht: „Haben die Tiere ein Bewußtsein ihres Zustandes?", findet sich die äußerst aufschlussreiche Stelle: „Ein lebendes Wesen ist zunächst für sich selbst eingenommen, denn es muss etwas geben, worauf das andere bezogen werde. Ich hasche nach Vergnügen; für wen? Für mich. Ich trage also Sorge für mich. Ich meide den Schmerz; für wen? Für mich. Ich trage also Sorge für mich. Wenn ich alles aus Sorge für mich tue, so steht alles andere hinter dieser Sorge für mich zurück. Diese Sorge wohnt allen Geschöpfen inne, sie wird ihnen nicht erst beigebracht, sie bringen sie mit auf die Welt. Die Natur geleitet ihre jungen Geschöpfe und stößt sie nicht von sich. Und weil der Schutz aus der Nähe der sicherste ist, so hat jeder zunächst für sich selbst zu sorgen."[63]

Die Natur selbst also ist es, die uns die Sorge um uns selbst ans Herz legt. Freilich gilt dies, wie Seneca akzentuiert, nicht nur vom Menschen, sondern schlechterdings von allen Lebewesen: Alles Lebendige, so erklärt er sich im Fortgang näher, hat die Natur mit einem „Selbsterhaltungstrieb" und der „Liebe zu sich selbst" ausgestattet.[64] So gesehen handelt es sich bei der Sorge um sich selbst zunächst einmal um nichts anderes als um eine natürliche Grundstruktur, die allem, was lebt, gleichermaßen eignet. Darüber, wie sich solche Sorge um sich selbst im Leben des Einzelindividuums konkret gestaltet, ist hiermit noch nichts gesagt. Lassen wir für unseren Zusammenhang nicht-menschliches Leben außer Acht und konzentrieren wir uns auf das des Menschen, so scheint dem ersten Eindruck nach intuitiv klar zu sein, dass diese Sorge um sich selbst eine schier unendliche Formenvielfalt annehmen kann. Sie, so hat es den Anschein, ist so vielgestaltig und zahlreich wie das Menschengeschlecht selbst. Aber ist dem tatsächlich so? Oder gibt es nicht vielmehr nur eine recht überschaubare Anzahl von Lebensformen, in denen sich menschliche Selbstsorge konkretisiert? Ohne Frage, meint Seneca, sei Letzteres der Fall. Bereits Aristoteles nahm die Lebensweisen seiner Zeitgenossen unter die Lupe und konnte die scheinbare Vielfalt auf eine Handvoll von Grundtypen reduzieren, die er dann nach normativen Kriterien bewertete. In erster Linie bemaß sich diese Bewertung an der Frage: Welche Lebensform ist am ehesten in der Lage, den Betreffenden ein gutes, ein gelingendes, ein glückliches Leben zu verbürgen, das zugleich ein von der Vernunft geleitetes ist? Hierbei zeigte sich ihm sehr rasch, dass man, mit diesem Kriterium an der Hand, durchaus gelingende von verfehlten Lebensformen unterscheiden kann.

Ähnlich geht Seneca vor. Auch er hat keinerlei Scheu, bestimmte Daseinsweisen als verfehlte zu brandmarken. Die wohl ausführlichste Liste findet sich in seiner Schrift *Von der Kürze des Lebens*: „Den einen", heißt es dort, „hält unersättliche Habsucht in ihren Banden gefangen, den anderen eine mühevolle Geschäftigkeit, die an nutzlose Aufgaben verschwendet wird; der eine geht ganz in den Freuden des Bacchus auf; der andere dämmert in trägem Stumpfsinn dahin; den einen plagt der Ehrgeiz, der immer von dem Urteil anderer abhängt, den anderen treibt der gewinnsuchende, rastlose Handelsgeist durch alle Länder, durch alle Meere; manche hält der Kriegsdienst in seinem Bann; sie denken an nichts anderes, als wie sie anderen Gefahren bereiten oder ihnen selbst drohende Gefahren abwehren können; manche läßt der undankbare Herrendienst sich in freiwilliger Knechtschaft aufreiben; viele kommen nicht los vom Glücke anderer oder von der Klage über ihre eigene Lage; die meisten jagt mangels jeden festen Zieles ihre unstäte, schwankende, auch sich selbst mißfällige Leichtfertigkeit zu immer neuen Entwürfen. Manche wollen von einer gerichteten Lebensbahn überhaupt nichts wissen, sondern lassen sich vom Schicksal in einem Zustand der Schwäche und Schlaffheit überraschen".[65] So unterschiedlich sich diese Daseinsweisen dem sie überschauenden Blick auch präsentieren mögen, so ist ihnen allen nach Senecas Analyse doch eines gemeinsam: All jenen Menschen, die solchen Lebensformen zuneigen, wird es niemals möglich sein, „zu sich selbst zu kommen", denn „niemals lassen ihre Begierden sie in Ruhe".[66] Begierden nämlich, das wusste Seneca nicht nur als gelehriger Schüler der stoischen Philosophie, sondern wohl auch aufgrund eigenen Erlebens, haben die Tendenz zur Maßlosigkeit. Sich von maßlosen Begierden bestimmen zu lassen, das ist nach stoischer Lehrmeinung aber nichts anderes als fremdbestimmt leben, mithin alles andere als autonome Daseinsgestaltung. Die, meinte Seneca, müsse eine ganz bestimmte Maxime beherzigen, die bei ihm geradezu als Imperativ daherkommt, nämlich diese: „Strebe unaufhaltsam danach, deine Seele zu veredeln."[67] Die Befolgung dieses Imperativs, so gab sich Seneca überzeugt, sei Grundvoraussetzung des Unterfangens, sein Dasein selbst zu gestalten; nur ihre Beherzigung verspreche bei der Sorge um sich selbst den erhofften Erfolg.

Dass solche ‚Veredelung der Seele' und die in ihr gründende Kunst zu leben einigen Aufwand, genauer gesagt: ein enormes Maß an psychischer Energie, eine gehörige Portion Willensanstrengung, erfordert, stand Seneca klar vor Augen. Es gebe „keine Kunst, die schwerer zu erlernen wäre", so erklärt er in der Schrift *Von der Kürze des Lebens*, als „die Kunst zu leben". Diese Kunst zu lernen – mithin leben zu lernen –, so heißt es dann weiter, „dazu gehört das ganze Leben".[68] Freilich gibt es eine Instanz, die uns hierbei treffliche Hilfestellung anbietet. Diese Instanz ist für Seneca keine andere als die Philosophie – für ihn insbesondere die stoisch inspirierte Philosophie. Aber von solcher Schulzugehörigkeit einmal abgesehen, so sieht Seneca generell die Relevanz jeglicher Philosophie in ihrer praktischen Ausrichtung. „Die Philosophie", schreibt er im 16. Brief an Lucilius, „ist keine handwerksmäßige Kunstfertigkeit und bietet nichts zur Schaustellung Geeignetes. Ihr Wesen liegt nicht im Wort, sondern in der Handlung. Sie dient nicht dazu, einen Tag in angenehmer Unterhaltung hinzubringen und die Qual der Langeweile los zu werden: Sie formt und bildet den Geist, ordnet das Leben, regelt unsere Handlungen, zeigt uns, was zu tun und zu lassen ist, sitzt am Steuerruder und lenkt das Schiff durch die Fährnisse des Wogenschwalles. Ohne sie kann niemand ohne Zagen, ohne Sorge leben".[69] Und, im weiteren Verlauf des Textes: „Die Philosophie bleibt uns unentbehrlich", sie ist es, „die uns stützen muß".[70] Bei aller inhaltlichen Differenz, die im Einzelnen seit alters her zwischen epikureischer und stoischer Lehre bestand, bekundet sich in der geforderten praktischen Ausrichtung der Philosophie und ihrem erhofften lebenspraktischen Nutzen doch eine gemeinsame Tendenz dieser beiden Schulen. So heißt es beispielsweise in einem Fragment Epikurs: „Leer ist die Rede jenes Philosophen, durch die keine menschliche Leidenschaft geheilt wird. Wie nämlich die Medizin nichts nützt, wenn sie nicht die Krankheiten aus dem Körper vertreibt, so nützt auch die Philosophie nichts, wenn sie nicht die Leidenschaft aus der Seele vertreibt.“[71]

Wie solche Hilfestellung in der konkreten Durchführung aussieht, führt Seneca seinen Lesern sowohl in seinen philosophischen Schriften, die sich in der Regel an eine bestimmte Person richten und durch eine lebenspraktische Frage des Adressaten veranlasst worden sind, vor Augen, als auch in den Briefen an den jüngeren Freund Lucilius, der sich von Seneca Hilfestellung in der Kunst, leben zu lernen, erwartet. Exemplarisch können wir das hier anhand von Senecas Schrift *De vita beata – Vom glückseligen Leben* – verfolgen. Adressat dieser Schrift ist Senecas älterer Bruder Gallio. Glücklich leben wolle ein jeder, erklärt Seneca ihm gleich zu Beginn, aber was zu einem glücklichen Leben gehöre, fährt er fort, das sei den meisten unklar oder verborgen, dafür fehle nur allzu oft der richtige Blick. Und überhaupt, so warnt er ihn, sei es gar nicht so leicht, sich des glücklichen Lebens teilhaftig zu machen: Vieles nämlich gebe es, das uns vom richtigen Weg abirren lasse. So sei, gibt er dem Bruder zu verstehen, äußerste Vorsicht bei Lockstimmen geboten. Ferner müsse man sich vor dem scheinbar gangbarsten Weg hüten, erst recht vor dem, der von den meisten betreten werde. Zudem dürfe man sich weder nach dem Gerede der Leute noch nach irgendwelchen Vorbildern richten und sich einfach an sie anschließen. Erst recht wäre es verfehlt, sich an der Mehrheit zu orientieren, denn die sei kein Beweis für Wahrheit. Stattdessen müsse man sich in einem ersten Schritt über das Ziel, das man im Leben erreichen wolle, klar werden, und in einem zweiten, auf welchem Weg man dieses Ziel am schnellsten erreichen könne. Bei beidem helfe es, sich einem „Sachkundigen“[72] anzuvertrauen, also jemandem, der genau Bescheid weiß über die Richtung, die man einschlagen will, und der über die entsprechende Erfahrung verfügt, um das Handeln des Suchenden kompetent anleiten zu können. Darüber hinaus solle man auf die eigene Vernunft vertrauen, denn sie sei das Vermögen, Wahres vom Falschen zu unterscheiden. Und ganz wichtig sei es, sich darüber im Klaren zu sein, dass man den festen Besitz beständigen Glücks erstrebe, womit gesagt sein soll: Ein Leben, in dem es hin und wieder einzelne glückliche Momente gibt, ist noch kein glückliches Leben im Vollsinn des Worts. Anders gesagt, geht es Seneca darum, eine

Antwort auf die Frage zu finden: Wie kann ich mein Leben so einrichten, dass das Glücklichsein zu einem festen und beständigen Grundzug dieses Lebens wird?

Diese Antwort liefert er sogleich nach, gibt er dem Älteren doch zu bedenken, glücklich sei ein Leben, das mit seiner Natur in vollem Einklang steht.[73] Freilich bedarf diese Antwort der Erläuterung. Zu diesem Zweck ist eine knappe Skizze des philosophischen Konzepts erfordert, das die Gründer der stoischen Schule im vierten und dritten vorchristlichen Jahrhundert entwickelten. Ihm lag die Annahme zugrunde, das All – das heißt der Kosmos, das Universum – werde von einer göttlichen Kraft durchströmt, die die Stoiker *Logos* – also Vernunft – und *Pneuma* – das bedeutet soviel wie belebender Hauch oder Atem – nannten. Nach ihrer Ansicht geht alles in der Welt aus dieser göttlichen Urkraft mit Notwendigkeit hervor. Diese Notwendigkeit, die wir Menschen als unser Schicksal oder, je nach Sichtweise, als unser Verhängnis erleben – die Stoiker verwendeten dafür den Begriff *Heimarmene*, den die Römer später mit *Fatum* übersetzten –, wurde von ihnen als zweckvoll und gut angesehen, da ja sie es ist, aus der die kosmische Ordnung, in der alles seinen Ort und seinen Sinn hat, hervorgegangen ist.

Des weiteren nun begriffen die Stoiker die menschliche Seele als Abbild der göttlichen Vernunft, des göttlichen Pneumas. Der Mensch hat demnach teil an dem den Kosmos durchwirkenden Logos. Seine ‚Natur', mit anderen Worten, stimmt dem Wesen nach überein mit der ‚Natur' des Alls. Und da diese vernünftig ist, ist es auch die Natur des Menschen. Mensch sein heißt mithin nach stoischer Auffassung: ein *vernünftiges* Wesen sein.

Aus dieser Sichtweise ergab sich für die Stoiker, an den Einzelnen die Forderung zu richten, in Übereinstimmung mit der Natur zu leben. ‚Leben in Einklang mit der Natur' wurde denn auch über die Jahrhunderte hinweg die stehende Formel, mit der die Stoiker das Ziel, das es im Leben zu erreichen gelte, bezeichneten. Und da für sie Natur gleich Vernunft war, wurde der Einzelne damit verpflichtet, ein vernunftgemäßes Leben zu führen. Gelingt ihm das auf Dauer, dann führt er ein gutes Leben, dann führt er ein Leben, das es verdient, als ein glückliches bezeichnet zu werden.

Wie nun ist es dem Einzelnen möglich, dieses Ziel zu erreichen? Dazu, erklärt Seneca seinen Lesern, muss eine ganze Reihe von Bedingungen erfüllt sein. Das erstrebte Ziel zu erreichen ist „nicht anders möglich, als wenn zuvörderst der Geist gesund und im dauernden Besitz dieser seiner Gesundheit ist, wenn er ferner tapfer und voll Feuer ist, sodann auch im Leiden ein schönes Muster von Ergebenheit, in die Umstände sich schickend, achtsam auf den Körper und seine Bedürfnisse, doch nicht bis zur Ängstlichkeit, voll Bedacht auch für alles, was sonst zum Leben gehört, ohne die mindeste Überschätzung, bereit, des Schicksals Gaben zu nutzen, nicht aber, um sich zu ihrem Sklaven zu machen".[74] Übt man sich anhaltend hierin, dann stellt sich, wie Seneca darlegt, als Folge ein bestimmter Gemütszustand ein, den er mit den Wendungen beschreibt: andauernde Ruhe verbunden mit dem Gefühl der Freiheit unter Fernhaltung von allem, was uns reizt oder in Schrecken versetzt; eine erstaunlich frohe Stimmung, die unerschütterlich ist und sich immer gleich bleibt; Friede und Eintracht der Seele; eine hochherzige Gesinnung verbunden mit Sanftmut. All das zusammengenommen ist nichts anderes als Glück (stoisch verstanden, versteht sich; aber auch die Epikureer könnten sich damit im Wesentlichen einverstanden erklären).

Solches Glück fällt einem nun nicht einfach zu. Senecas Rede von den Bedingungen, die erfüllt sein müssen, wenn das Leben glücken soll, lässt deutlich erkennen, dass es den Menschen Kraftanstrengung, Aktivität, Tätigkeit abverlangt. Es ist also keineswegs damit getan, bloß ‚gemäß der Natur' zu leben, sprich: vernünftig zu sein, und dann zu hoffen, das Glück werde sich wohl über kurz oder lang von selbst einstellen. Nein, so verhält es sich ganz und gar nicht. Seneca stellt unmissverständlich klar: Wenn der jedem Stoiker geläufige Gedanke besage, es sei das höchste Gut, naturgemäß zu leben, dann bedeute das, wie er in seiner Schrift *Von der Muße* schreibt: „Die Natur hat uns zu beidem geschaffen, zum Betrachten wie zum Handeln".[75] Die Natur selbst also hat den Menschen zu beiden Aufgaben bestimmt: für „das tätige Leben" – die *vita activa* – ebenso wie für „die denkende Betrachtung": die *vita contemplativa.* Als ein Mensch, der ein glückliches Leben anstrebt, bin ich demnach gut beraten, beides zu vollziehen – wobei ergänzend zu bedenken ist: „Auch die denkende Betrachtung ist nicht ohne Tätigkeit".[76] Vita activa bedeutet für Seneca freilich nicht nur, an seinem Glück zu arbeiten. Auch Geschäftstätigkeit beispielsweise ist eine Aktivität, die mit dem Streben nach einem gelingenden Leben, wie er Lucilius im 62. Brief mitteilt, durchaus vereinbar sein kann.[77] Allerdings darf solche Geschäftstätigkeit nicht die Überhand gewinnen, sodass das eigentliche Lebensziel aus dem Blick gerät.

Integraler Bestandteil eines geglückten Lebens ist für Seneca darüber hinaus das, was im Lateinischen *virtus* heißt und was für gewöhnlich – und höchst unzureichend – mit ‚Tugend' übersetzt wird. Solche Tugend begreift Seneca grundlegend als *Apathia*, als Leidenschaftslosigkeit, welche er des Näheren als Unerschrockenheit und Festigkeit der Gesinnung, als Erhabensein über Furcht und Begierden begreift.[78] Leidenschaftslosigkeit wird dergestalt bei Seneca – wie überhaupt in der stoischen Tradition – nicht negativ bewertet. Verstanden als Freiheit von Affekten wie etwa Furcht, Trauer, Kummer, Zorn und ähnlich negativ getönten, ist sie für Seneca vielmehr gleichbedeutend mit „Geisteshoheit", mit ‚erhabener und unerschütterlicher Freude', mit „Herzlichkeit" und „Gemütsheiterkeit".[79]

Für einen weiteren unverzichtbaren Bestandteil des Glücks erachtet Seneca das *Bewusstsein* des Glücks. Steine und Tiere, meint er, sind wohl auch frei von Furcht und Traurigkeit (was im Blick auf Tiere sicherlich falsch ist), gleichwohl nenne niemand sie glücklich, da ihnen das Bewusstsein des Glücks fehle. Hier greift Seneca vermutlich auf eine Gedankenlinie zurück, die er bei Platon finden konnte, hatte der doch in seinem Dialog *Philebos* (21 c–d) ausgeführt, ein Wesen, das sich seines Glücks nicht bewusst wäre, bliebe sich in seinem Glück völlig verschlossen. Es wüsste dann gar nicht, dass es glücklich ist und was es da eigentlich empfindet. Zudem wäre ihm jeder Ausblick auf zukünftiges Glück unmöglich, kann es für die Zukunft doch weder Glück erwarten noch es selbst handelnd herbeiführen. Ein solches Glück, setzt Platon zwecks Verbildlichung hinzu, wäre das fragwürdige ‚Glück' eines Polypen oder eines Schalentiers auf dem Grund des Meeres.

So gewinnt das glückliche Leben, wie es Seneca vorschwebt, allmählich Kontur. Auch wenn es bislang den Anschein hat, als stehe ein solches Leben allein in des Menschen Hand, als sei es letztendliches Resultat autonomer Daseinsgestaltung, an der Seneca ja so viel gelegen ist, so warnt eben dieser Seneca zugleich davor, die Gestaltungsmacht des Einzelnen zu überschätzen. Das Glück, so betont er, steht keineswegs ausschließlich in der Hand des Menschen. Der Mensch allein genügt sich nicht zum Glück, bedarf er doch bei seinem Streben nach Virtus und einem glücklichen Leben auch eines günstigen Geschicks – und zwar solange er lebt. „Wir alle", stellt Seneca im Kontext seiner Überlegungen zur ‚Gemütsruhe' heraus, „sind an das Schicksal gekettet, die einen mit goldener und gefügiger Kette, die anderen mit eng anschließender und rostiger".[80] Dieses Schicksal durchwaltet, wie gesagt, nach stoischer Überzeugung den gesamten Weltprozess und folglich auch das Leben der Menschen. Daher müssen wir jederzeit damit rechnen, dass, verursacht durch das uns zugedachte Geschick, unser Leben eine andere Färbung annehmen kann, in eine andere Richtung gedrängt wird als in die von uns gewünschte. „Immer glücklich zu sein", heißt es in Senecas Schrift *Von der göttlichen Vorsehung*, „und ohne jede Gemütstrübung das Leben durchwandern, heißt nur die *eine* Seite der Natur kennen".[81] Daher empfiehlt es sich um Willen eines geglückten Lebens, mit eventuellen Schicksalsschlägen zu rechnen, sodass sie einen, wenn sie sich denn ereignen, nicht gänzlich unvorbereitet treffen. Zwar lässt sich unser Schicksal aufgrund seiner Unverfügbarkeit nicht antizipieren, sodass man sich nicht in es einüben kann. Derjenige jedoch, der mögliche Schicksalsschläge bei seiner Daseinsgestaltung als mitbestimmende Faktoren in seiner Planung berücksichtigt, dürfte zumindest etwas gewappnet sein. Daraus folgt zum einen erneut, dass das glückliche Leben kein Zustand ist, der, einmal erreicht, für den Rest des Lebens errungen wäre. Solange ein Mensch lebt, das ist Senecas These, muss er ständig um das Glück ringen, muss er die Spielräume eines eigenbestimmten Daseins angesichts des unverfügbaren Schicksals immer wieder neu gestalten.

Und das wiederum bedeutet zum anderen, dass es über das Schicksal hinaus weitere Faktoren gibt, die dem Bestreben, ein glückliches Leben zu führen, zuwiderlaufen können. Zu den wichtigsten rechnet Seneca die Zeit, in der unser Leben verläuft, sowie den allgegenwärtigen und unberechenbaren Tod.

Was den ersten Aspekt anbelangt, so klingt es fast wie ein Gemeinplatz, wenn Seneca in der Schrift, die die Kürze des Lebens zum Gegenstand hat, festhält: „alles zerstört der Zahn der Zeit und läßt nichts unberührt".[82] Bedeutsam jedoch im Blick auf die Führung eines gelingenden Lebens sind die Konsequenzen, die er hieraus ableitet. Der alltägliche Befund lehrt uns, unser Leben teilt sich in drei Zeiten: in Vergangenheit, Gegenwart und Zukunft. Von diesen drei Zeitdimensionen ist diejenige, „in der wir stehen", wie er in der besagten Schrift ausführt, „kurz, die, welche uns bevorsteht, zweifelhaft, die wir hinter uns haben, gewiß, denn sie ist es, an welche das Schicksal sein Anrecht verloren hat und die keines Menschen Wille rückgängig machen kann".[83] Das aber bedeutet nichts anderes als: De facto leben wir weder in der Zukunft noch in der Vergangenheit, sondern einzig und allein in der Gegenwart. Die jedoch ist, wie Seneca sagt, „kurz". Oder wie er diesen Sachverhalt im 49. Brief an Lucilius umschreibt: „Was wir leben, ist nur ein Punkt, ja noch weniger als ein Punkt."[84]

Was folgt hieraus für die Praxis der Lebensführung? Nun, für Seneca vor allem eins: diese so flüchtige, so vergängliche, so rasch vorübereilende Gegenwart so gut es eben geht auszunutzen. Eben weil die Gegenwart ein so ephemeres Dasein hat, gilt es, wie er formuliert, „die Schnelligkeit der Zeit im Wettkampf überwinden durch schleunigste Ausnutzung". Und er verdeutlicht das mit einem sinnenfälligen Bild: „Wie aus einem reißenden Gießbach, der nicht immer fließt, muß man eiligst schöpfen".[85] Auch diese Folgerung bringt er auf eine knappe imperativische Formel: „Jetzt, auf der Stelle, erfasse das Leben! Auf!"[86] Mithin wäre es aus dieser Perspektive betrachtet äußerst töricht, sich allzu viele Gedanken über die Zukunft zu machen, denn die ist unverfügbar, „zweifelhaft", wie Seneca sich ausdrückt. Menschen, die vor allem mit Entwürfen für die Zukunft beschäftigt sind, bringen sich folglich um ihre Chance, hier und jetzt, im Augenblick zu leben. Pläne, Entwürfe für die Zukunft machen: Das ist für Seneca nichts anderes als „Verzögerung" des Lebens, ein Aufschieben in ein Demnächst, in ein Übermorgen, in ein Im-nächsten-Jahr. Aber alldieweil geht das Leben hin. Und allzu oft, das beweist die Erfahrung, wird man, während man noch mit Zukunftsplänen beschäftigt ist, vom Tod ereilt. So gesehen kann Seneca mit gutem Grund sagen, das Aufschieben auf morgen, das Verzögern, sei „der größte Verlust für das Leben".[87]

Für gleichermaßen sinnlos – da erfolglos – erachtet er das nach rückwärts gewandte Leben, jenes also, das sich ausgiebig oder gar in erster Linie mit Vergangenem beschäftigt. Das Vergangene, so vernahmen wir bereits von ihm, kann kein menschlicher Wille mehr rückgängig machen. Zudem, und das hat für Seneca fraglos etwas Tröstliches, hat das Schicksal über das Vergangene seine Macht verloren. Welchen Nutzen also hat das rückwärts gewandte Leben? Abgesehen davon, dass einem in der Erinnerung die „Tage der Vergangenheit [...] sämtlich zur Verfügung" stehen, keinen.[88] Also bleibt es auch von dieser Warte aus betrachtet dabei: Da uns immer nur die Gegenwart gehört, und das auch nur von Augenblick zu Augenblick, ist man im Interesse eines geglückten Lebens gut beraten, diese Augenblicke so sinnvoll und so intensiv, wie es einem möglich ist, zu nutzen – und das gilt für vita activa und vita contemplativa in gleicher Weise. All dem zufolge verbürgt ein langes Leben nicht per se ein geglücktes Leben. Ja, mehr noch, wie Seneca herausstellt: Ein langes Leben besagt für sich allein genommen noch rein gar nichts hinsichtlich der Frage, ob der betreffende Mensch auch *gelebt*, gar *gut* gelebt habe. „Die grauen Haare und die Runzeln", hält er fest, „geben dir also keinen hinlänglichen Grund zu glauben, es habe irgend einer lange gelebt: Nicht lange gelebt hat er, er ist nur lange dagewesen". Und zur Verdeutlichung setzt er hinzu: „Meinst du etwa, es habe einer eine weite Seefahrt gemacht, den gleich nach Auslaufen aus dem Hafen ein wütender Sturm erfaßte, ihn hierhin und dorthin schleuderte und durch das Rasen der umspringenden Winde auf der nämlichen Meeresfläche immer im Kreise herumtrieb? Keine weite Seefahrt hat er gemacht; er ist nur vielfach hin und hergeworfen worden."[89]

Dieses Plädoyer für ein ‚Carpe diem!', für das ‚Pflücken des Tages', für die Ausnutzung des flüchtigen Augenblicks, formuliert Seneca, wie wir festhalten konnten, auch im Blick auf die andere Macht, die dem Bemühen um ein glückliches Leben nicht nur abrupt ein Ende zu setzen vermag, sondern durch die Furcht vor ihr bereits hier und jetzt die Lebensfreude vergällen kann: den Tod. Da uns der Tod jeden Tag, ja jeden Augenblick ereilen kann, empfiehlt Seneca, sich beizeiten auf ihn vorzubereiten, ja sich gewissermaßen in ihn einzuüben, sodass es am Ende, auch wenn das einigermaßen paradox klingen mag, ein ‚guter' Tod wird. Hierbei mag die philosophische Besinnung eine nicht unerhebliche Hilfestellung zu leisten. Denn diese klärt darüber auf, wie Seneca seinem Briefpartner Lucilius im 120. Brief erläutert, dass wir uns täuschen, wenn wir den letzten Tag fürchten. Streng genommen, und von der Sache her ist das nur zu plausibel, trägt jeder einzelne Tag unseres Lebens ebenso viel zum Tod bei wie der letzte. „Der letzte Tag", teilt Seneca Lucilius mit, „bedeutet die Ankunft beim Tode, jeder andere die Annäherung an ihn. Der Tod vollzieht sein Werk an uns Tag für Tag, rafft uns nicht plötzlich dahin".[90] Zwar fällt es den meisten von uns schwer, sich mit der Sterblichkeit zu arrangieren – für viele ist sie das Skandalon schlechthin –, doch um Willen eines geglückten Lebens hält Seneca es für angebracht, auch über sie zu meditieren und sich jederzeit präsent zu halten, „daß alles sterblich ist und zwar sterblich nach einem unbestimmbaren Gesetz", wie es im 63. Brief heißt. Denn: „Was irgend einmal geschehen kann, das kann auch heute geschehen."[91]

Die Besinnung hierauf nimmt dem Tod wohl nicht seinen Stachel; aber eine solche Meditation, so war Seneca augenscheinlich überzeugt, kann doch immerhin die Todesfurcht etwas abmildern. Jedoch bedarf es, wie er nicht verkennt, auch hierzu langer Übung. Im 30. Brief belehrt er Lucilius, das Denken auf den Tod hin sei „eine Sache, die lange gelernt sein will: gefaßten Mutes zu scheiden, wenn die unvermeidliche Stunde sich einstellt“.[92] Und von sich selbst sagt er im 54. Brief: „Ich werde vor dem letzten Augenblick nicht zittern, ich bin auf alles gefasst, ich rechne nie auf einen ganzen Tag, den ich etwa noch zu leben hätte. Den lobe und ahme ihm nach, der sich nichts daraus macht zu sterben, wenn er noch in voller Lust lebt.“[93] Zwar mag hierin ein gewisses Maß Autosuggestion mitschwingen; aber wenn die in der Lage ist, die gewünschte psychohygienische Wirkung im Blick auf Tod und Todesfurcht zu erzielen – nun, um so besser.

Auch wenn wir für gewöhnlich vor dem Tod zurückschrecken und ihm in unserem Denken möglichst wenig Raum geben möchten, so können doch zuzeiten Situationen und Umstände im Leben des Einzelnen eintreten, die es ihm geradezu nahezulegen scheinen, freiwillig aus dem Leben zu scheiden. Diese Möglichkeit zu ergreifen, meint Seneca, dazu sei der Mensch durchaus befugt. „Verbietet dir etwas gut zu *leben*“, so schärft er im 17. Brief seinem Lucilius ein, „so verbietet dir nichts, gut zu sterben“.[94] Mit dieser Sicht der Dinge bekennt er sich zu der von der älteren Stoa begründeten Traditionslinie, derzufolge es in bestimmten Situationen ethisch erlaubt ist, Hand an sich selbst zu legen. Freilich sollte, wie Seneca ganz in dieser Tradition stehend darlegt, der Selbsttötung eine eingehende Prüfung der Lebensumstände und ein vernünftiges, leidenschaftsloses Erwägen der Gründe für und gegen ein Weiterleben vorangehen. Nur wenn diese Überlegungen unwiderleglich dartun, dass unter den gegebenen Umständen ein naturgemäßes Leben nicht länger möglich ist, darf der Betreffende von eigener Hand aus dem Leben scheiden. Nur ein dergestalt ‚wohlüberlegter Freitod‘ – eine *eulogos exagoge*, wie die Stoiker das nannten: ein gut begründetes Hinausgehen – ist ethisch erlaubt. Möglichkeiten, wie wir das als unerträglich empfundene Lebenshaus verlassen können, gibt es zuhauf. „Blicke nur um dich“, schreibt Seneca beispielsweise in seiner Abhandlung *Über den Zorn*, „überall findet sich ein Ende für dein Leid. Siehst du jene steile Höhe? Dort führt ein Weg zur Freiheit. Siehst du dort das Meer, dort den Fluß, dort den Brunnen? Tief unten im Grunde sitzt da die Freiheit. Siehst du jenen niedrigen, verdorrten, kümmerlichen Baum? Da hängt die Freiheit. Siehst du deine Kehle, deine Gurgel, dein Herz? Sie bieten dir Flucht aus der Knechtschaft. Sind es zu mühevolle Ausgänge, auf die ich damit hinweise, und fordern sie zuviel Mut und Kraft? Suchst du nach einem Weg zur Freiheit? Jede Ader an deinem Körper bietet ihn".[95] Nur indem wir freiwillig aus dem Leben scheiden, wenn dieses uns allzu sehr bedrängt – darauf läuft die stoische Lehre, der sich Seneca auch in dieser Hinsicht verpflichtet weiß, am Ende hinaus –, sind wir imstande, uns unsere Freiheit zu wahren und uns unsere Autonomie zu sichern.

Aber auch den Wert der Erziehung kann man nach Senecas Einschätzung in dieser Hinsicht nicht hoch genug veranschlagen. Insbesondere in seiner Schrift *Vom Zorn* (Buch II, Kap. 18 ff.) hat er sich hierzu geäußert. Sein Ausgangspunkt dort ist die Feststellung, es sei „leicht, die noch zarten Gemüter in Ordnung zu halten, wogegen sich Fehler, die mit uns groß geworden sind, nur schwer ausrotten lassen".[96] Eine Erziehung, die die Grundlagen für ein gelingendes Leben bereitstellt, sollte nicht „weichlich" und „schmeichlerisch" sein, denn die Erfahrung zeige, dass, je mehr man dem Söhnchen nachsehe und ihm erlaube, es um so trauriger um seine Seele stehe. Andererseits dürfe dem Zögling aber auch nie etwas Erniedrigendes oder Sklavenartiges zugemutet werden. Aufs Ganze der Erziehung gesehen sei es von großer Wichtigkeit, dass die Kinder von freundlichen Erziehern angeleitet werden, denn alles, so führt Seneca als Begründung an – und hierin dokumentiert sich, dass er sich, ebenso wie Platon, der Bedeutung des Lernens durch Nachahmung bewusst war –, „was noch in zarter Jugend steht, schließt sich eng an das Nächste an und nimmt es sich in seiner eigenen Entwicklung zum Vorbild: In den Sitten der Jünglinge spiegelt sich das Wesen der Ammen und Erzieher ab".[97] Bei all dem übersieht Seneca zugleich aber auch nicht die Grenzen aller Erziehung: „Die Natur umzuwandeln ist freilich schwer, und die Mischung der Elemente, wie sie bei der Geburt einmal war, läßt sich nicht ändern."[98]

So ist sich auch Seneca des Umstands bewusst, dass es, wie wir heute sagen, genetische Faktoren gibt, die uns zu einem bestimmten Verhalten, zu einer bestimmten Art und Weise, unser Leben zu führen, prädisponieren. Indessen ist Disposition nicht gleich Determination. Daher kann Seneca seine Kernthese, nach der es gilt, unser Dasein autonom zu gestalten, auch im Blick auf angeborene Konstitutionsbedingungen aufrechterhalten. In gleicher Weise gilt das im Blick auf das Schicksal, das einem widerfährt. Zwar entzieht es sich nach stoischer Sicht der Dinge unserer Macht; gleichwohl hat es derjenige, der versucht, sein Dasein selbst zu bestimmen, in der Hand, sich auch angesichts des Schicksals Spielräume zu schaffen und offenzuhalten. Ihm nicht zuletzt auch hierbei – wie generell hinsichtlich der Kunst der Existenz – Hilfestellung anzubieten, das ist das erklärte Ziel des philosophischen Erziehers Seneca. In diesem Sinne hat er im 8. Brief an Lucilius geschrieben: „Die Nachwelt ist es, deren Sache ich betreibe. Ich bringe einiges zu Papier, was ihr nützen kann."[99]

V

Giovanni Pico della Mirandola: Der Mensch als Gestalter seiner Existenz

Seit dem dreizehnten, vierzehnten Jahrhundert verlieren die spätscholastischen Lehren und Institutionen im christlich geprägten Abendland zunehmend an Glaubwürdigkeit. Der letzte große, von Thomas von Aquin (1225–1274) unternommene Versuch, Wissen und Glauben zu einer Synthese zusammenzufügen, Natur und Übernatur in Übereinstimmung zu bringen, hatte nicht lange Bestand. Denker wie Johannes Duns Scotus (zwischen 1266 und 1270 geboren, 1308 gestorben) und Wilhelm von Ockham (1280 oder 1300–1349), beide, wie Thomas, Philosophen und Theologen in Personalunion, rüttelten an den Grundfesten dieser Synthese und höhlten sie gleichsam von innen her aus, indem sie die Freiheit Gottes betonten und argumentierten, aufgrund eben dieser Freiheit könne Gott auch Nicht-Notwendiges, mithin Kontingentes, schaffen und vollbringen. Infolgedessen brauche keineswegs, wie noch Thomas überzeugt war, für alles Wirkliche ein vernünftiger Grund vorzuliegen. Demnach hätte Gott, wie Duns Scotus und Ockham lehrten, die Welt, die er geschaffen hat, auch unerschaffen lassen oder gänzlich anders gestalten können. Wenn nun dergestalt alles, was ist, auch anders oder gar nicht hätte sein können, dann, so folgerte insbesondere Ockham, ist das Dasein und Sosein der Dinge durch und durch kontingent. Ockham zog hieraus überdies die weitergehende Konsequenz, man könne dann auch nicht mehr länger behaupten, wie Thomas es noch getan hatte, die Wirklichkeit insgesamt habe eine vernünftige – weil notwendige – Form und unsere Erkenntnisse könnten die objektiv-vernünftige Ordnung der Dinge abbilden.

Zudem wenden sich die Zeitgenossen mehr und mehr dem natürlichen Weltwissen zu. Daraus resultierte eine Reihe von Erfindungen, wie beispielsweise die Brille, der Pendeluhr, des Kompasses und des Schießpulvers. Angesichts solcher praktischer Neuerungen verloren theologisch-metaphysische Spekulationen und Spitzfindigkeiten in zunehmendem Maße an Interesse. Angestachelt durch ihre Erfolge wurde die menschliche Vernunft selbstsicherer und wandte sich von religiösen Inhalten ab. Die Folge war: Man sagte sich los von den Ordnungsmächten des Mittelalters, die das Leben der Menschen bis in kleinste alltägliche Verrichtungen hinein zu bestimmen und zu regulieren versucht hatten. Zugleich besann man sich neu auf den Eigenwert des Menschen in seiner Diesseitigkeit. Damit war das Ende des Mittelalters eingeläutet, und die Neuzeit kündigte sich an: in Gestalt eines geistigen Wandels, der, von Italien seinen Ausgang nehmend, nach und nach ganz Europa ergriff und nachhaltig veränderte. Hierbei spielte nicht zuletzt eine Reihe von Gründen, die vor allem sozialer, politischer und ökonomischer Natur waren, eine maßgebliche Rolle, als da etwa wären: der durch politische und wirtschaftliche Entwicklungen ermöglichte Aufstieg Italiens, die Entdeckung neuer Seewege und fremder Kontinente, die Anfänge neuzeitlicher Naturwissenschaften und nicht zuletzt die gleichzeitig einsetzende Rückbesinnung auf die Antike, welche die Ansätze eines neu erwachten Kunstinteresses schuf, die sich im Laufe der Zeit zu einer allgemeinen kulturellen Bewegung ausweiteten, die später von dem italienischen Maler, Baumeister und Kunstschriftsteller Giorgio Vasari (1511–1574) „Renaissance" genannt wurde: Wiedergeburt antiker Vorstellungen und Werte und Ansichten über die Kunst. Über die Aneignung der Kunstvorstellungen der alten Welt hinaus gehörte zu den vorrangigen Zielen dieser Rückbesinnung auf die Antike die Formulierung eines neuen Menschenbilds.

Zentraler Hort dieser Bemühungen war die sogenannte „Platonische Akademie" in Florenz. Platons Akademie, mit ziemlicher Wahrscheinlichkeit 387 v. Chr. gegründet, war 529 vom byzantinischen Kaiser Justinian geschlossen worden, weil sie in christlichen Augen als Hochburg antikheidnischen Denkens galt. So hatte sie nach 916 Jahren ihre Pforten schließen müssen – jedoch nicht für immer: 930 Jahre nach ihrer Schließung, nämlich 1459, wurde sie in Florenz von Lorenzo de Medici und dem Philosophen Marsilio Ficino (1433–1499) neu gegründet. Diesmal hatte sie indessen nur gut drei Jahrzehnte Bestand. In diesen wenigen Jahrzehnten aber entfaltete sich in ihr eine intensive Neuaneignung, Übersetzung, Interpretation und Kommentierung des platonischen Werks – und es erwuchs jene geistige Bewegung, die als „Florentiner Platonismus" in die europäische Philosophie- und Geistesgeschichte eingehen sollte.

Das späte Mittelalter war von einer starken Aristoteles-Rezeption gekennzeichnet. Mit der Renaissance nun beginnt, wie gesagt, eine erneute Besinnung auf und Beschäftigung mit Platon. Was sind die Gründe für diesen Wandel? Nun, hierbei spielen durchaus äußere Ereignisse eine nicht unerhebliche Rolle. Seit der zweiten Hälfte des vierzehnten Jahrhunderts waren vereinzelt byzantinische Gelehrte von Konstantinopel nach Italien gekommen und hatten platonische Schriften und platonisches Gedankengut mit sich gebracht. Enorm verstärkt wurde dieser Zustrom durch die Eroberung Konstantinopels durch die Türken im Jahre 1453. Bereits vorher hatte die Zuwanderung byzantinischer Gelehrter dazu geführt, dass an der Universität Florenz ein Lehrstuhl für Griechisch eingerichtet und mit Manuel Chrysoloras besetzt worden war, der die erste griechische Grammatik der Renaissance verfasste. Auf dessen Anregung hin wurde damit begonnen, Platon-Texte zum ersten Mal ins Lateinische zu übersetzen.

Federführend hierbei war der bereits erwähnte Marsilio Ficino. Im Auftrag des Hauses Medici und entsprechend von ihm finanziell unterstützt – insbesondere von Cosimo I., dem Großherzog von Toskana – fertigte er eine vollständige lateinische Platon-Übersetzung an, die 1468 abgeschlossen werden konnte. Außerdem tat er sich als Kommentator platonischer Schriften hervor. So verdanken wir ihm unter anderem die Schrift *De amore – Über die Liebe* –, einen außergewöhnlichen Kommentar zu Platons *Symposion*. Darüber hinaus übersetzte Ficino neuplatonische Schriften, vor allem diejenigen Plotins.

Dieser Florentiner Platonismus versuchte Platon in eine einzige, Völker und Zeiten übergreifende Traditionskette einzugliedern, die von altägyptischen Überlieferungen über den mythischen Sänger Orpheus, den persischen Religionsstifter Zoroaster – Nietzsches „Zarathustra" – bis zu Plotin und mystischen Tendenzen des Mittelalters reicht.

Mitstreiter Ficinos und die zweite Hauptfigur dieses Florentiner Platonismus war Giovanni Pico della Mirandola. 1463 wurde er in dem norditalienischen Städtchen Mirandola in der Nähe von Modena als Sohn des Grafen der Städte Mirandola und Concordia geboren. Er erhielt eine humanistische Grundausbildung und wurde auf Betreiben seiner Mutter, die für ihn eine Karriere in der Kirche vorgesehen hatte, 1477 – also im Alter von 14 Jahren – zum Notar der päpstlichen Kanzlei ernannt. Aber Pico hatte für sich offenbar andere Pläne. Er nämlich widmete sich in der Folgezeit juristischen und philosophischen Studien.

Zudem knüpfte er Kontakte zu jüdischen Gelehrten, lernte Hebräisch und Arabisch und arbeitete sich tief in die Kabbalistik hinein, in jene jüdische Geheimlehre, die nachhaltig von neuplatonischem Denken beeinflusst und insbesondere zwischen dem zwölften und siebzehnten Jahrhundert in Europa verbreitet war.

Dieser auf Universalität hin angelegte Bildungsgang mündete in Picos Überzeugung ein, aus all den überlieferten Texten der Philosophen und Theologen, mit denen er sich beschäftigt und auseinandergesetzt hatte, lasse sich ein und dieselbe Wahrheit herauslesen, die er als universal gebildeter Philosoph zu einem umfassenden Lehrgebäude zusammenzufassen gedachte. Ergebnis dieses Mammutprojekts waren seine berühmten *900 Thesen*: die *Conclusiones philosophicae, cabalisticae et theologiae*, die 1486 erschienen. (Nur nebenbei bemerkt: Pico war zu diesem Zeitpunkt gerade einmal 23 Jahre alt! Und er sollte jung sterben: 1494, mit 31 Jahren.) Diese Schrift markiert exemplarisch den Epochenwechsel, in dem sie entstand. Auf der einen Seite bezeugt sie noch die starken Einflüsse, die Pico von der mittelalterlich-scholastischen Philosophie erhalten hatte. Zudem ist ihre Form – die Wahrheit in einzelne als Thesen formulierte Sätze aufzulösen, die jeweils für sich diskutiert werden können – der Grundstruktur scholastischer Disputierkunst verpflichtet. Auf der anderen Seite jedoch greift Pico Ficinos Konzept einer natürlichen Religion auf und versucht ebenso wie dieser, Platonismus, Neuplatonismus und Christentum in Übereinstimmung zu bringen.

Eine solche Grundhaltung, welche dem ersten Eindruck nach heterogene Denkansätze miteinander zu verbinden und zu verschmelzen unternimmt, wird gemeinhin als ‚Synkretismus' bezeichnet. Mancher rümpft darüber die Nase und erachtet einen synkretistischen Ansatz für wenig originell. Im Blick auf Picos *900 Thesen* sollte dabei jedoch nicht übersehen werden, dass deren Grundkonzeption – die verschiedenen Philosophien und Theologien transportierten ein und dieselbe universale Wahrheit – bereits im Kern den Gedanken der religiösen Toleranz in sich birgt, der dann im Zeitalter der Aufklärung von außerordentlicher Bedeutung werden wird. Damit weisen Picos *Thesen*, die in vielem rückwärts gewandt sein mögen, weit über ihre Zeit hinaus in die Zukunft.

Pico hatte diese Thesen auch in der Hoffnung verfasst, mit ihnen eine Diskussion unter den bedeutendsten Gelehrten Europas anzuregen. Zu diesem Zweck lud er sie im Erscheinungsjahr dieser Schrift zu einem Kongress nach Rom ein. Zu diesem Kongress kam es jedoch nicht, da

Papst Innozenz VIII. eine Kommission einberief, die Picos Thesen überprüfen sollte und die zu dem Urteil gelangte, sieben der von Pico vorgetragenen Thesen seien ketzerisch und sechs weitere mindestens verdächtig. Pico reagierte darauf mit einer Verteidigungsschrift, was dazu führte, dass der Papst jetzt alle 900 Thesen verurteilte. Daraufhin floh Pico nach Frankreich, wo er allerdings auf Betreiben der päpstlichen Gesandtschaft verhaftet wurde. Da inzwischen mehrere italienische Fürsten interveniert hatten, konnte Pico nach Florenz zurückkehren, wo Lorenzo de Medici ihn unter seinen persönlichen Schutz stellte.

Zur Eröffnung des geplanten Gelehrtenkongresses hatte Pico eine Rede verfasst, die ursprünglich nur schlicht *Oratio* hieß, in der Folgezeit aber unter dem Titel *De dignitate hominis – Über die Würde des Menschen* – bekannt und berühmt wurde und die Jakob Burckhardt als ‚eines der edelsten Vermächtnisse der Kulturepoche der Renaissance' bezeichnet hat. Und in der Tat handelt es sich bei dieser Rede um einen zentralen Text dieser Epoche, lautet doch seine Kernaussage: Das Wesen des Menschen ist nicht von Natur aus festgelegt, sondern aufgrund der Freiheit des Menschen grenzenlos offen, sodass sich der Mensch zu dem, was und wer er sein möchte, selbst bilden und gestalten und mithin über sein Wesen selbst entscheiden kann.

Damit nun war gegenüber den mittelalterlichen Vorstellungen ein völlig neues Menschenbild entworfen. Sehen wir uns diese aufreizende These Picos einmal im Detail an! Pico geht bei seinen Überlegungen von der Geschichte aus, die er, wie er sagt, in den Schriften der Araber gelesen habe, nach welcher der Sarazene Abdala – bei dem es sich möglicherweise um einen Vetter Mohammeds handelte – gefragt worden sei, welche Erscheinung auf der „Bühne dieser Welt" am meisten zu bewundern sei. Und der habe darauf geantwortet, nichts erscheine bewundernswerter als der Mensch. Pico stimmt dieser Auffassung grundsätzlich zu, betont aber zugleich, die herkömmlichen Erklärungen und die vielfach und zahlreich beigebrachten Argumente für die Vorzüglichkeit der menschlichen Natur gegenüber allen anderen Lebewesen würden ihn nicht zufriedenstellen.

Um welche Erklärungen und Argumente handelt es sich hierbei? Nun, zunächst gibt es da die Ansicht, der Mensch sei ein Vermittler zwischen den Geschöpfen, da er Verkehr habe mit den Höchsten und über die Tieferstehenden herrsche. Ferner wird behauptet: Begabt mit scharfen Sinnen, mit forschendem Verstand und mit dem Licht des Geistes, sei er der Dolmetscher, der Interpret der Natur, könne er, mit anderen Worten gesagt, die Natur erkennen und verstehen. Und außerdem wird die Vorrangstellung des Menschen noch damit begründet, er sei das Zwischenstück zwischen der festen Ewigkeit und dem Fluss der Zeit, er sei – wie die Perser es formulieren – das einigende Band der Welt, ja ihre hochzeitliche Verbindung und stehe, wie David bezeugt, von den Engeln nicht allzu weit entfernt.

Gewiss, das sind gewichtige Gründe, räumt Pico ein. Allerdings hält er sie alle nicht für so grundlegend, dass von ihnen wirklich das Privileg auf höchste Bewunderung der Stellung des Menschen abgeleitet werden könne. Denn, so fragt Pico, warum sollten wir dann nicht eher die Engel und die seligen Chöre des Himmels bewundern?

Aber welches Argument hält nun Pico selbst für grundlegend? Um diese Frage beantworten zu können, rekapituliert und rekonstruiert Pico in großen Zügen die Weltschöpfung, wie sie in den alttestamentarischen Texten überliefert ist. Nach Vollendung des Schöpfungswerks, so führt Pico aus, sehnte sich der Erbauer der Welt und des Kosmos nach einem Wesen, welches „den Sinn dieses großen Werks erwägen, seine Schönheit lieben und seine Größe bewundern könnte“.[100] Daher dachte er, als bereits alles vollbracht war, erst zuletzt an die Erschaffung des Menschen. Nun war aber unter den Archetypen keiner mehr, woraus er ein neues Geschöpf hätte bilden können: In seinen Kammern war dummerweise nichts mehr, was er ihm als Erbgut hätte schenken können. Zudem gab es in der ganzen Welt keinen Ort mehr, den der zu schaffende Betrachter des Universums hätte einnehmen können, war doch schon alles gefüllt, alles unter die oberen, mittleren und unteren Ordnungen verteilt. (Dieses Dilemma, nebenbei angemerkt, dürfte uns sehr bekannt vorkommen, begegnete es uns doch bereits im Schöpfungsmythos des Sophisten Protagoras, wie Platon ihn uns überliefert hat. Ganz offensichtlich steht jener Mythos Pico hier vor Augen – bei einem der Hauptvertreter des Florentiner Platonismus eigentlich kein Wunder.) Gleichwohl aber konnte die Macht des Schöpfers, wie Pico weiter darlegt, nicht aus sozusagen erlahmender Kraft bei dem letzten zu schaffenden Wesen versagen, konnte seine Weisheit sich nicht bei so notwendiger Tat in Ratlosigkeit verlieren, konnte seine wohltätige Liebe bei einer Tat, die doch so notwendig war, nicht zulassen, dass eben jenes Wesen, das Sinn, Schönheit und Größe des Weltenbaus preisen sollte, all das im Blick auf sich selbst verurteilen müsste.

Was also macht der Weltschöpfer angesichts dieser Problemlage? Pico zufolge beschloss der Demiurg: Der, dem er nichts Eigenes mehr geben konnte, sollte an allem zugleich teilhaben, was den Einzelnen sonst je für sich zugeteilt war. Folglich entwarf er den Menschen als ein Gebilde ohne unterscheidende Züge. Dann stellte er ihn in den Mittelpunkt der Welt, und in einer fingierten Rede an ihn, den er mit „Adam" anspricht, teilt er ihm Folgendes mit: „Keinen festen Ort habe ich dir zugewiesen und kein eigenes Aussehen, ich habe dir keine dich allein auszeichnende Gabe verliehen, da du, Adam, den Ort, das Aussehen, die Gaben, die du dir wünschst, nach eigenem Willen und Ermessen erhalten und besitzen sollst. Die beschränkte Natur der übrigen Wesen wird von Gesetzen eingegrenzt, die ich gegeben habe. Du sollst deine Natur ohne Beschränkung nach deinem freien Ermessen, dem ich dich überlassen habe, selbst bestimmen. Ich habe dich in die Weltmitte gestellt, damit du umso leichter alles erkennen kannst, was ringsum in der Welt ist. Ich habe dich nicht himmlisch noch irdisch, nicht sterblich noch unsterblich geschaffen, damit du dich frei, aus eigener Macht, selbst modellierend und bearbeitend zu der von dir gewollten Form ausbilden kannst. Du kannst ins Untere, zum Tierischen, entarten; du kannst, wenn du willst, in die Höhe, ins Göttliche wiedergeboren werden."[101]

Halten wir hier inne und vergegenwärtigen wir uns, welch bahnbrechend neue Sicht auf den Menschen hier von Pico formuliert wird. Nach mittelalterlicher Vorstellung hat Gott im Zuge der Erschaffung der Welt und der sie bewohnenden Geschöpfe den Menschen – ebenso wie alle anderen Lebewesen – mit einer bestimmten, ein für alle Mal feststehenden Natur, einer unveränderlichen, die Zeiten überdauernden *Essentia* ausgestattet, die all sein Handeln und Verhalten im Voraus festlegt, determiniert. Die scholastische Philosophie drückte diesen Sachverhalt mit der Wendung aus: *Operari sequitur esse* – das Handeln folgt aus dem Sein, aus der *Essentia*, über die jede *Existentia* verfügt.

Pico nun dreht dieses Bedingungsverhältnis um: Keineswegs, so geht aus dieser fingierten Rede Gottes an Adam hervor, verfügt der Mensch von Anfang an über eine immer schon fertige Essenz, keineswegs ist seine Natur von vornherein festgelegt und festgestellt, sondern das, was wir mit der Rede von der ‚Natur' oder dem ‚Wesen' des Menschen meinen, muss der Mensch – und zwar jeder für sich und auf seine eigene Weise – aufgrund seines freien Willens selbst bestimmen. Das, zu dem er sich macht, ist seinem freien Ermessen anheimgestellt. So gesehen ist er

Modelleur und Gestalter – *plastes et fictor*, wie es im lateinischen Text heißt – seiner Lebensform. Mitnichten geht demnach die Essentia der Existentia voraus. Vielmehr verhält es sich genau umgekehrt: Was der einzelne Mensch aus seiner Existentia macht, welche Essentia, welche Natur, welches Wesen er sich zulegt, das liegt allein in seinem freien Ermessen, das ist Resultat seiner freien Willensentscheidung.

„Diese Worte", merkt Paul Oskar Kristeller in seinem Buch *Acht Philosophen der italienischen Renaissance* an, „klingen modern und gehören zu den wenigen Stellen aus der philosophischen Literatur der Renaissance, die fast uneingeschränkt bei modernen, sogar bei existentialistischen Lesern Anklang gefunden haben".[102] Und in der Tat dürfte eine gewisse Nähe zum französischen Existentialismus, insbesondere der sartreschen Spielart, nicht zu übersehen sein, betont doch auch Sartre, der Existenz gehe keine Essenz voran, der Mensch verfüge über kein fertiges, kein vorgegebenes Wesen, vielmehr sei er das, wozu er sich selbst mache, welchen Entwurf seiner selbst er kraft seiner Freiheit, zu der er geradezu verurteilt sei, konzipiere.

Halten wir mithin fest: Nicht etwa deswegen, weil er von Gott nach seinem Ebenbild geschaffen worden ist, besitzt der Mensch nach Picos Überzeugung einen Vorzug vor allen anderen Lebewesen. Aber auch nicht aus dem Grund ist er privilegiert, weil er über bestimmte Fähigkeiten – wie beispielsweise über Vernunft – verfügt. Seine bevorzugte Stellung im Gesamtgefüge der Lebewesen besteht vielmehr in seiner Freiheit – und das heißt für Pico: in dem, was er aus sich selbst macht. Hierin besteht seine *Dignitas*; dies macht seine Würde, dies macht seinen Wert aus.

Kraft dieser Freiheit muss der Mensch – und zwar jeder Einzelne für sich – seine ‚Form', seine Essenz selbst finden, das heißt, muss er sich entscheiden, was und wer er sein will. „Wir sind", so trägt Pico vor, „unter der Bedingung geboren, das zu sein, was wir wollen".[103] Dem Menschen ist von Anfang an keine bestimmte Form vorgegeben; das, was ihn auszeichnet, ist gerade seine prinzipielle Unbestimmtheit. Und genau hierin liegt seine große Chance. Denn eben weil sein Wesen nicht festgelegt ist, ist es grenzenlos offen, ist es bildbar und gestaltbar. Daher ist allein der Mensch – als einziges der Lebewesen – Former und Gestalter seines Lebens. Hierin liegt das Schöpfertum des Menschen, hierin bezeugt sich, dass er ein *alter Deus*, ein zweiter Gott ist, wie eine der Lieblingsideen der Renaissance lautet.

Nun kann man natürlich fragen: Was soll der Mensch mit seiner Freiheit anfangen? Wozu soll er seine Wahlmöglichkeit nutzen? Welche Lebensform soll er wählen: die tierische oder die moralisch hochstehende? Denn schließlich ist ja beides in sein Belieben gestellt. In sich trägt er Anlagen zu beidem. Bei seiner Geburt, so betont Pico, habe Gott Vater vielerlei Samen und Keime zu jedweder Lebensform in ihm angelegt. Nun liege es an ihm, was er daraus mache. Will er bloß dahinvegetieren oder wird er sich seines Verstandes bedienen und ein Wesen des Geistes werden?

Hinsichtlich dieser Frage nun ist Pico ganz entschieden – und damit nehmen seine Überlegungen einen normativen Zug an –, lautet doch seine Antwort (und in ihr bekundet sich deutlich der Einfluss Platons): Der Mensch solle nach dem Höchsten streben, und das heißt: werden wie Gott. Hieran schließt sich natürlich sofort die Frage an: Wie ist das möglich? Picos Antwort gibt zu bedenken: Dieses Streben zum Höchsten, dieses Werden wie Gott, sei als ein Aufstieg zu begreifen, der im Wesentlichen drei Stadien durchlaufe: nämlich das Stadium der Läuterung (*purgatio*), der Erleuchtung (*illuminatio*) und endlich der Vollkommenheit (*perfectio*).

Das erste Stadium, das der Läuterung, besteht in einer durch Ethik zu bewirkenden Reinigung der Affekte. Auf dieser ethischen Stufe versucht man sich von der Macht der Begierden und Leidenschaften, so weit es eben möglich ist, freizumachen. Das zweite Stadium dient der Klärung des Denkens. Bewirkt werden kann das aufgrund einer Beschäftigung mit der Dialektik, hält Pico diese doch für fähig, die Verwirrungen und Irrungen des Verstandes zu beseitigen, sodass dieser in die Lage versetzt wird, die gesamte Natur zu erkennen. Durch diese beiden Stufen – weil geläutert und beruhigt – vorbereitet, kann unsere Seele dann schließlich durch die Erkenntnis der göttlichen Dinge mittels der Theologie zur *Perfectio*, zur Vollkommenheit, gelangen. Auf diese Weise lässt Pico die Theologie, die sich mit den göttlichen Dingen beschäftigt, Ethik und Dialektik übergreifen. So mündet seine Anthropologie am Ende in Theologie ein. Letztere wäre demnach das non plus ultra der Wissenschaften. Die durch sie bewerkstelligte Erkenntnis der göttlichen Dinge ist der höchste dem Menschen zu erreichende Zustand: ein Gott-ähnlich-Werden. Freilich ist sich Pico völlig darüber im Klaren, dass ‚Werden wie Gott' nur bedeuten kann: Das Göttliche ist im menschlichen Denken nur näherungsweise erreichbar.

Nun wird man in diesem dreistufigen Aufstieg unschwer eine Nähe zu der im Neuplatonismus geläufigen Rückwendung des Menschen zum Göttlich-Einen erkennen. Aber Pico setzt die Akzente dann doch anders. Während es der neuplatonischen Tradition ganz wesentlich auf die *unio mystica*, die *Henosis*, wie es im Griechischen heißt, also auf die geheimnisvolle, ekstatische Vereinigung mit dem Göttlich-Einen ankommt, betont Pico das nur näherungsweise Werden wie Gott. Zudem erhebt sich für ihn die Frage, wie sich dieses inhaltlich näher fassen lasse. Und hierauf antwortet er: Solches Streben nach dem Höchsten konkretisiere sich als Streben nach *Frieden*: Dieser nämlich sei die eigentliche Bestimmung des Menschen.

Solchen Frieden verortet Pico nun nicht primär in der politischen Sphäre, wie wir es als durch neuzeitliche und aufklärerische Vorstellungen geprägte Wesen wohl zunächst vermuten würden. Nein, für Pico ist Frieden in erster Linie ein anthropologisches Konzept, bezeichnet dieser Begriff doch einen psychischen Zustand, der auf die Verbundenheit aller Menschen verweist – und so ist er in einem weiteren Sinn von ‚politisch' dann doch mit dem Politischen konnotiert. Unter Frieden nämlich versteht er „unlösliche Bindung, einhellige Freundschaft, durch die sich alle in dem einen Geist, der höher ist als alle Vernunft, zur Harmonie zusammenfinden – nein, ganz und gar in einem nicht mehr beschreibbaren Vorgang Eines werden".[104] „Diesen Frieden", so heißt es in seiner *Oratio* dann weiter, „wollen wir unseren Freunden, unserem Jahrhundert und jedem Hause wünschen, das wir betreten". Und selbstredend wollen wir ihn auch „unserer eigenen Seele wünschen".[105] So rundet sich Picos Nachdenken über, rundet sich seine Neubesinnung auf den Menschen am Ende zu einer umfassenden Friedensvision.

Mit dem Bestehen auf der Freiheit des Menschen und der durch sie ermöglichten Wahl seiner Essenz ist bei Pico ein weiterer bedeutsamer Aspekt verbunden: seine Kritik der *Astrologie* nämlich. In seinem polemischen Traktat *Disputationes adversus astrologiam divinatricem* betont Pico zwar, er stelle keinesfalls die physische Verbundenheit des Alls infrage, verweist zugleich aber mit gutem Grund darauf, dass, würden die Konstellationen der Sterne Einfluss auf das Wesen des Menschen und sein Handeln haben, in der Konsequenz die menschliche Freiheit aufgehoben wäre. Dann wäre die Selbstbestimmung der Essentia hinfällig, dann wäre vom Ansatz her die Möglichkeit vereitelt, nach dem Höchsten zu streben, und dann wäre auch die erhoffte universale Friedensordnung nichts als ein chimärisches Blendwerk. Getragen wird Picos Haupteinwand gegen die Astrologie und den von ihr behaupteten direkt bestimmenden Einfluss auf Leben und Charakter der Menschen von dem Argument: Die Sterne sind Körper; wir hingegen sind, außer dass wir auch Körper sind, vor allem Geistwesen. Und, so Pico weiter, man kann unmöglich zugeben, dass ein körperliches, mithin niedrigeres Sein auf unser höheres geistiges Selbst einwirken und seine Freiheit einschränken könnte.

Wie Eugenio Garin in seiner Schrift *Der italienische Humanismus* herausgestellt hat, brachte Picos Polemik gegen die astrologische Vorhersage ihn in Gegensatz zu allem mehr oder weniger erklärten Okkultismus.[106] Und Paul Oskar Kristeller akzentuiert eigens, Picos Werk über die Astrologie sei oft von modernen Wissenschaftlern als Meilenstein im Kampf gegen den Aberglauben gepriesen worden.[107] Pico jedenfalls wurde offensichtlich durch die Auseinandersetzung mit der Astrologie und deren Behauptung einer direkten Einwirkung der stellaren Konstellationen auf das Leben und den Charakter der Menschen veranlasst, das Problem der Beziehung des Menschen zur Natur sowie zu seiner eigenen Natur, seiner Essenz, erneut aufzuwerfen und mit der These von der Selbstbestimmung des Menschen und dem freien Entwurf dessen, wer und was er sein will, auf eine bis dahin völlig neue, weit in die Zukunft vorweisende Grundlage zu stellen. Dieses „Hohe Lied auf die Würde des Menschen", wie Kristeller die *Oratio* einmal bezeichnet hat,[108] hat durch die Jahrhunderte bis in unsere Zeit Gehör gefunden.

Halten wir abschließend fest: Picos vom Gedanken der Würde des Menschen geleitete Anthropologie der Freiheit eröffnet dem Menschen die Möglichkeit, seine Existenz selbst eigenverantwortlich zu modellieren. Diese Perspektive ist bei ihm, wie wir soeben sahen, mit der Orientierung an dem Ideal einer weltumspannenden Friedensordnung gekoppelt. Ohne Frage vermögen Bildung und Erziehung in diesen beiden Hinsichten einen entscheidenden Beitrag zu leisten. Ebenso können sie Hilfestellung bei der von Pico geforderten Läuterung geben, damit Menschen nicht zur Bestie entarten, sondern die von ihm anvisierte höhere Daseinsform anstreben. Zwar hat er diesen Aspekt nicht eigens herausgestellt; gleichwohl ist er als Unterströmung in seiner Denkbewegung präsent.

VI

John Locke: Leben in einer Gemeinschaft mit Anderen

Wenden wir uns nun dem ‚modernen Aristoteles' und seinen Gedanken zur Erziehung zu: John Locke. Da muss jemand schon über eine ungeheure Bandbreite des Wissens verfügen und in den unterschiedlichsten Fachgebieten Beiträge auf hohem und höchstem Niveau beigesteuert haben, wenn ihm dieser Ehrentitel des ‚modernen Aristoteles' verliehen wird. Nun, im Fall John Lockes, dem eben diese Ehre zuteilwurde, trifft dies ohne jeden Zweifel zu, verfasste er doch Essays, Abhandlungen, Traktate und Untersuchungen nicht nur zu erkenntnistheoretischen sowie rechts- und staatsphilosophischen Themen, sondern trat auch auf den Feldern Theologie, Kirchenpolitik und Bibelexegese hervor und machte – hiermit immer noch nicht genug – auch in Ökonomie, Mathematik, Medizin und Pädagogik von sich reden. Zudem, schreibt Thomas Schneider über ihn, „bedachte er seine Landsleute reich mit Traktaten über Weinbau, mit Reiseberichten und praktischen ökonomischen Kompendien, wie das eigene Hab und Gut zu mehren sei".[109] Kurz und gut: „Die Nachwelt versetzte der Enzyklopädist Locke mit seinem allumfassenden Wissen in Schrecken und Bewunderung: Es gab nichts, worüber er nicht auf dem vollen Kenntnisstand seiner Zeit etwas beizutragen wusste, das für die europäische Aufklärung bahnbrechend war, ihr zumindest jedoch neue Anstöße gab."[110]

Zunächst jedoch sah es gar nicht danach aus, als würde dieser John Locke zu einem wichtigen Impulsgeber der europäischen Aufklärung. Geboren als Sohn eines Rechtsgelehrten und Gerichtsbeamten in Wrington bei Bristol am 29. August 1632, wurde er an der berühmten aristokratischen Westminster School streng royalistisch erzogen. Während des Studiums in Oxford offenbarte sich bereits die Bandbreite seiner Interessen, studierte er doch neben Philosophie auch Chemie und Medizin und lernte er über Latein und Griechisch hinaus auch Hebräisch und Arabisch, um das Alte Testament und die mittelalterlichen Kommentare zu Aristoteles jeweils im Original studieren zu können. Dort kam er in Kontakt mit der scholastischen Lehrtradition, die ihm indessen wenig behagte, weil er sie als zu starr, zu schulhaft, zu abstrakt empfand und sich in der Folge von ihr abwandte, da sie mit empirischer Forschung, der sich Locke selbst mehr und mehr verschrieb, so gut wie nichts im Sinn hatte. Angeregt zu solch kritischer Einstellung wurde er durch Wilhelm von Ockham und René Descartes. Nachhaltigen Einfluss auf seine wissenschaftsphilosophische Ausrichtung übte zudem Francis Bacons Grundlegung empirischer Forschung aus, die im frühen siebzehnten Jahrhundert die Devise ausgab: „Mit dem Faseln und Spekulieren ist nichts geholfen; man muß wissen, wie die Natur es macht!“[111] und zu diesem Zweck forderte, man müsse die Natur auf die Folterbank des Experiments spannen, um ihr ihre Geheimnisse entreißen zu können, wie es einigermaßen martialisch bei Bacon heißt. *Empirie*, *Erfahrung*: Das ist nicht nur für Francis Bacon, sondern in gleicher Weise auch für John Locke der Schlüsselbegriff, das *eine* Zauberwort. Der Erfahrung und der empirischen Forschung fühlte sich Locke in der Folgezeit sowohl bei seiner Tätigkeit als Arzt als auch bei seinen späteren erkenntnistheoretischen, sprachphilosophischen, staats- und politiktheoretischen sowie pädagogischen Bemühungen verpflichtet.

1667 wird Locke Arzt im Haus des Earl of Shaftesbury, des Führers der Whigs, der gegen die absolute Macht der Krone, gegen Willkürherrschaft, Unterdrückung und Intoleranz auf allen gesellschaftlichen Ebenen opponierte und für die Wiedergewinnung der Rechte des Parlaments kämpfte. Als eben dieser Shaftesbury – übrigens der Großvater des gleichnamigen Aufklärungsphilosophen – 1672 Lordkanzler wird, beauftragt er Locke mit politischen Aufgaben: zunächst mit Kirchen-, dann mit Handelsfragen. Shaftesbury wird allerdings schon ein Jahr später entlassen und Oppositionsführer. Locke selbst geht in den Jahren 1675 bis 1679 nach Frankreich, weil er sich dort Erleichterung seiner asthmatischen Beschwerden erhoffte. Während dieser Zeit arbeitet er an den Werken, zu deren Ausarbeitung er durch Shaftesbury angeregt worden war und die späterhin seinen Ruhm begründen sollten: die *Zwei Abhandlungen über die Regierung*, die *Untersuchung über den menschlichen Verstand*, der *Brief über Toleranz* und die *Gedanken über Erziehung*.

1682 zettelt Shaftesbury eine Verschwörung gegen den Stuart Karl II. an, die jedoch rasch auffliegt. Shaftesbury flieht nach Holland ins Exil, wohin ihn Locke begleitet. Dort stirbt Shaftesbury bereits im darauffolgenden Jahr. Für Locke bringt die enge Verbindung zu ihm die Konsequenz mit sich, dass ihm in England die akademische Lehrbefugnis entzogen wird.

1688, im Jahr der sogenannten „Glorious Revolution", wendet sich das Blatt der britischen Geschichte: Wilhelm von Oranien besteigt den Thron, und John Locke kann nach England zurückkehren. Jetzt beginnt die Zeit seiner enormen Wirkung, kann er doch nun jene vorhin genannten Werke – und viele andere mehr – publizieren, an denen er all die Jahre gearbeitet hatte, an deren Veröffentlichung aber wegen der für sie wenig günstigen politischen Großwetterlage bislang kaum ein Gedanke verschwendet werden konnte. Vollauf beschäftigt mit der Fertigstellung seines Mammutwerks lehnt John Locke eine erneute Annahme eines Regierungsamts ab. Er stirbt am 18. Oktober 1704 – zwanzig Jahre bevor Immanuel Kant das Licht der Welt erblicken wird.

Ebenso wie Descartes geht es auch Locke darum, die mittelalterlich-scholastische Denkweise und ihre schulmäßige Darstellung in ‚Summen', ‚Quaestionen' und ‚Disputationen' zu überwinden und zu einer neuen Art des Denkens zu gelangen. Aber während Descartes seine denkerischen Bemühungen als Theorie zur Deutung der Welt im Ganzen anlegt, wird ein solcher Anspruch von Locke nicht mehr erhoben. Er vielmehr verfolgt, zunächst in seinem 1690 erschienenen *Versuch über den menschlichen Verstand*, andere, bescheidenere Ziele, die aber nichtsdestotrotz auf Dauer die Auffassung über das Zustandekommen und die Funktionsweise menschlicher Erkenntnis revolutionieren sollten. In dieser Schrift nämlich richtet er das Augenmerk auf die Frage nach dem Ursprung, der Gewissheit und dem Umfang menschlicher Erkenntnis, eine Frage, die später von Kant, dem Lockes Schrift in einer deutschen Übersetzung bekannt war, aufgegriffen wurde. Für Locke steht bei der Suche nach einer begründeten Antwort auf sie fest: All unser Wissen stammt letzten Endes aus der Erfahrung; all unsere Erkenntnisse können nur dann und nur insoweit Geltung beanspruchen, als sie der Erfahrung entsprungen sind und sich an ihr ausweisen lassen.

Und zwar nimmt Locke dieses Projekt in Angriff, indem er den Prozess der Erkenntnisgewinnung zu rekonstruieren versucht.[112] Hierbei zeigt sich ihm, dass sich grundlegend zwei Quellen der Erkenntnis unterscheiden lassen, die er „sensation" und „reflection" nennt. „Sensation": Die äußere, die sinnliche Wahrnehmung. Locke war überzeugt, ohne sie könne es überhaupt gar keine Erkenntnis geben. Dabei geht er davon aus, die Seele des neugeborenen Kindes besitze keinerlei Vorstellungen oder angeborene Ideen, wie etwa Descartes gemeint hatte. Die Seele des Menschen, so glaubt Locke, gleiche bei der Geburt vielmehr einem unbeschriebenen Blatt Papier, auf dem die mittels der Sinne, der „sensations", auf sie einwirkenden Objekte der äußeren Welt im Laufe der Zeit ihre Spuren hinterlassen und so nach und nach dieses Blatt beschreiben, will sagen: das Bewusstsein mit Inhalten füllen, mit Bildern, Vorstellungen, Ideen. Auch wenn wir heute dank moderner Forschungen wissen, dass unser Bewusstsein – unser „Geist" – bei unserer Geburt alles andere als leer ist, sondern über evolutionär erworbene Erkenntnisstrukturen und Verarbeitungsmechanismen verfügt, wurde Lockes Neuansatz gleichwohl außerordentlich folgenreich, weil er die Suche nach dem Ursprung, dem Umfang und der Gewissheit unserer Erkenntnis auf ein völlig neues, eben empirisches, Fundament stellte.

Bei den Vorstellungen, den „Ideen", wie Locke bevorzugt sagt – wobei man sich allerdings hüten muss, sie in einem platonischen Sinn aufzufassen, versteht Locke doch darunter das mittels der Sinne im Bewusstsein erzeugte Bild der Welt –, die wir empfangen, lassen sich nach seinem Dafürhalten zwei Arten unterscheiden: *primäre* Vorstellungen oder „Qualitäten", wie er sie auch nennt, und *sekundäre*. Den Unterschied zwischen beiden erklärt er wie folgt. Einerseits stellen die Vorstellungen, die unser Bewusstsein empfängt, die Dinge so vor, wie sie wirklich sind. Bei diesen primären Qualitäten handelt es sich um die geometrischen Eigenschaften der Objekte, also um ihre Gestalt, Zahl, Undurchdringlichkeit – das ist ihre Solidität – und ihre Bewegung. Darüber hinaus werden, wie Locke die Sache sah, in unserem Bewusstsein durch sinnlich nicht mehr erfassbare Materieteilchen Vorstellungen erzeugt, die den Objekten nicht an sich zukommen. Hierzu rechnet er Farbe, Wärme, Töne, Geräusche und Geschmacksarten. Diese sekundären Qualitäten wären demnach nichts Objektives; bei ihnen handelt es sich um *subjektive* Gegebenheiten, die wir den Objekten, veranlasst durch auf unser Bewusstsein einwirkende Materieteilchen, zuschreiben. Ohne dass Locke das seinerzeit bewusst sein konnte, arbeitet er damit den durch moderne Sinnesphysiologie und Wahrnehmungspsychologie erbrachten Einsichten hinsichtlich des *konstruktiven* Anteils am Aufbau dessen vor, was wir für gewöhnlich ‚Welt' und ‚Wirklichkeit' nennen.

Wie nun verläuft der Erkenntnisprozess weiter? Dieses durch die Sinne bereitgestellte Material, erklärt Locke, wird mit Hilfe der „reflection" weiterverarbeitet. Die „reflection" nämlich: Das ist für Locke die Fähigkeit unseres Geistes, über seine eigenen Operationen nachzudenken, die er an den durch die „sensation" gewonnenen Ideen vornimmt, als da im Wesentlichen sind: Unterscheiden, Vergleichen, Benennen, Erinnern und Abstrahieren. Mittels dieser Aktivitäten entstehen aus einfachen Vorstellungen zunehmend komplexere, zusammengesetzte Ideen.

Dergestalt baut sich Lockes Ansatz zufolge unsere gesamte Erkenntnis aus dem Zusammenspiel von „sensation" und „reflection", von äußerer, sinnlicher Wahrnehmung und den Aktivitäten unseres Geistes auf. Daher kann Locke seine Überlegungen mit dem berühmten Satz, der sich bis zu Thomas von Aquin zurückverfolgen lässt, zusammenfassen, nichts sei im Geist, was nicht zuvor in den Sinnen war.

Damit sind Ursprung und Gewissheit unserer Erkenntnisse bestimmt: Ihren Ursprung haben sie in dem sinnlichen Wahrnehmungsmaterial, das durch die genannten Tätigkeiten unseres Verstandes oder Geistes weiterverarbeitet wird, und gewiss können sie insofern sein, als sie an der Erfahrung ausweisbar sind. Hiermit ist zugleich auch etwas über ihren Umfang gesagt, denn sie reichen nie weiter als unsere Erfahrung. Das aber heißt: So etwas wie ‚das Seiende', wie es die mittelalterlich-scholastische Philosophie zu erkennen vermeinte, ist seinem eigentlichen Wesen nach ebenso unerkennbar wie Gott. Und das sagt ein John Locke, der doch gläubiger Christ war!

Locke koppelt diese Ausführungen über Ursprung, Gewissheit und Umfang unserer Erkenntnis mit Ansätzen zu einer Philosophie der Sprache, sodass er auch von dieser Seite her für die Nachwelt zu einem entscheidenden Anreger und Wegbereiter werden konnte. Diese Linie kann hier nicht mehr weiterverfolgt werden. Stattdessen sei ein anderer Aspekt, der bereits erwähnt wurde, etwas eingehender beleuchtet: der des konstruktiven Anteils unseres Verstandes, unseres Geistes, beim Aufbau unserer Weltvorstellung. Gut verdeutlichen lässt sich das anhand von Lockes Ausführungen zum Substanzbegriff[113] und Kausalgesetz.[114]

So etwas wie eine Substanz, also so etwas wie ein eigentliches Wesen der Dinge, das im Wechsel der Eigenschaften dieses Objekts als das ihm Zugrundeliegende beharrt, lässt sich nach Locke in der Erfahrung nicht finden. Gleichwohl, meint er, ist der Substanzbegriff aber insofern sinnvoll, ja geradezu unentbehrlich, damit wir Wahrnehmungen und Vorstellungen überhaupt auf ein Objekt beziehen und als Bestimmungen eines äußeren, selbstständigen, unabhängig vom vorstellenden Subjekt existierenden Objekts auffassen können. Aber wohlgemerkt: Eine solche Substanz wird uns nicht durch die Sinne gegeben, sie ist vielmehr ein Konstrukt unseres Verstandes, mithin etwas, was unser Verstand schafft, was er erzeugt.

Ähnlich verhält es sich laut Locke mit der Kausalität. Intuitiv, so führt er aus, sind wir gewiss, dass alles, was geschieht, durch etwas von ihm Unterschiedenes bewirkt worden ist, denn *nichts*, so Locke, kann unmöglich die Ursache von etwas sein. Damit betont er, dass wir bei bestimmten Ereignissen quasi-notwendige, gesetzmäßige Naturabläufe unterstellen. Aber auch hier wiederum gilt: Die Herstellung dieses Zusammenhangs zwischen zwei Ereignissen ist ein konstruktiver Akt unseres Verstandes.

Mit all diesen Ausführungen ist zugleich klar geworden: John Locke versteht sich als ein Aufklärer, der uns zu einer kritischen Reflexion auf unser Erkenntnisvermögen anleiten will, indem er dessen Grenzen und Reichweite untersucht und absteckt. Dies gehört für ihn unverzichtbar zur Aufklärung des Menschen über sich selbst und somit zur Selbst-Bildung. Genau damit umreißt er ein philosophisches Bildungsprojekt, dem es darüber hinaus geradezu existentiell wichtig erschien, darüber nachzudenken und aufzuklären, wie Menschen ihre Lebenspraxis sinnvoll und vernünftig gestalten können. Resultat dieser Bildungs-, Erziehungs- und Aufklärungsbemühungen sind seine vorhin bereits genannten Schriften zur Rechts- und Staatsphilosophie, sein *Brief über Toleranz* sowie seine *Gedanken über Erziehung*. Ihnen sollten wir uns nun zuwenden.

Im Jahre 1680 veröffentlichte Sir Robert Filmer ein Buch mit dem Titel *Patriarcha: or the Natural Power of Kings*, in welchem er die These vertrat, die Ansprüche der Könige auf politische Herrschaft, Eigentum und absolute Gewalt seien angeboren, gingen sie doch durch Erbfolge in der Abstammung der Königshäuser auf Adam zurück, dem Gott seine väterliche Autorität sowie die Herrschaft und den Besitz der Erde selbst übertragen habe. Durch diese Schrift fühlte sich Locke dermaßen provoziert und herausgefordert, dass er sich genötigt fühlte, ihr ein völlig anders gelagertes Konzept hinsichtlich Recht, Eigentum, staatlicher Ordnung und Verfassung entgegenzusetzen, ein Konzept, von dem der Politikwissenschaftler Alexander Schwan einmal gesagt hat, John Locke habe sich mit ihm als der „philosophisch gründlichste, methodisch überlegteste und politisch wirkmächtigste Verfechter des freiheitlichen Rechts- und Verfassungsstaates und der konstitutionellen Monarchie im 17. Jahrhundert" profiliert.[115] Vorgestellt hat Locke es in seinen ebenfalls 1690 publizierten *Two Treatises of Government*, den *Zwei Abhandlungen über die Regierung*. Der erste dieser zwei Traktate ist eine gründliche Abrechnung mit den Thesen Filmers, die Locke selbst mit den Worten zusammenfasst, es sei „unmöglich, daß die heutigen Herrscher auf Erden irgendeinen Nutzen oder auch nur den entferntesten Herrschaftsanspruch aus dem herleiten, was als Quelle aller Macht angesehen wird: nämlich Adams persönliche Herrschaft und väterliche Gerichtsbarkeit".[116]

Nachdem er diesen Schutt beiseite geräumt hat, macht sich Locke im zweiten Traktat ans Werk, andere Perspektiven zur sinnvollen und vernünftigen Gestaltung unseres Lebens in einer staatlichen Gemeinschaft aufzuzeigen. Dabei geht er, wie es zu seiner Zeit üblich war, von einem angenommenen „Naturzustand" der Menschen aus. Für Locke ist dies ein Zustand vollkommener *Freiheit*: Die Menschen sind demzufolge von Natur aus *freie* Wesen. Und da sie hierin alle übereinkommen, ist der Naturzustand zugleich ein Zustand der *Gleichheit* aller Menschen. Damit sind der weiteren Ausarbeitung des lockeschen Konzepts die Wegmarken gesteckt. Denn hieraus leitet er ab, ein Vertrag, durch den sich jemand einem anderen unterwerfe, alle seine Rechte aufgebe und sie auf einen anderen überträgt – beispielsweise auf einen absoluten Herrscher, wie es die staatsphilosophische Konzeption des Thomas Hobbes verlangt –, sei ein Vertrag der Versklavung, und ein solcher sei schlechterdings rechtswidrig, setze er doch eine Verfügungsgewalt voraus, die derjenige, der sich einem anderen unterwirft, überhaupt nicht besitzt. Niemand nämlich, so schärft Locke uns ein, sei frei, seine Freiheit aufzugeben. Denn da die Freiheit für ihn ein wesentliches Kennzeichen des Menschseins darstellt, begibt sich derjenige, der sich seiner Freiheit entäußert, seines Menschseins. Damit ist der entscheidende Gedanke der rechts- und staatsphilosophischen Aufklärungs- und Bildungsbemühungen John Lockes ausgesprochen: Hier wird zum ersten Mal in der europäischen Geistesgeschichte die *Freiheit* zum zentralen Begriff des Rechts erklärt und ins Zentrum aller weiteren Ausgestaltung des sozialen und politischen Zusammenlebens gerückt.

Solche Freiheit, betont Locke in § 22 des zweiten Traktats, sei nicht, wie es bei Robert Filmer der Fall ist, mit *schrankenloser Willkür* zu verwechseln, derzufolge es jedem frei stehe, zu tun, wonach ihm gelüstet, zu leben, wie es ihm gefällt, und durch keinerlei Gesetze gebunden zu sein.

Nein, erklärt Locke, diese „natürliche Freiheit" des Menschen bestehe vielmehr darin, „daß er von jeder höheren Macht auf Erden frei ist und nicht dem Willen oder der Gesetzesgewalt eines Menschen untersteht, sondern als seiner einzigen Richtschnur dem Naturgesetz folgt". Von hierher gewinnt Locke dann seinen Begriff von der „Freiheit des Menschen in der Gesellschaft", besteht die doch, den Begriff der natürlichen Freiheit konsequent weitergedacht, darin, „daß er keiner anderen als der in dem Gemeinwesen mit seiner Zustimmung errichteten Gesetzesgewalt untersteht und abgesehen von dem, was der Gesetzgeber kraft des in ihn gesetzten Vertrauens verfügt hat, keinem fremden Willenszwang und keiner Einschränkung seiner Rechte ausgesetzt ist".[117] Hierbei war sich Locke durchaus des Umstands bewusst – und er stellt ihn unübersehbar in § 129 heraus –, dass die Gesetze der Gesellschaft die natürliche Freiheit des Menschen „in vielfacher Hinsicht" einschränken.[118]

Über die so verstandene Freiheit hinaus sind nach Lockes Entwurf einer sinnvoll-vernünftigen Lebenspraxis vor allem zwei weitere Güter durch das Naturrecht geschützt: das Leben – also die körperliche Unversehrtheit – und materielle Güter, sprich: das Eigentum. Dass das Leben naturrechtlichen Schutz genießt, erachtet Locke als für so offensichtlich und fundamental, dass er dieses Thema nicht weiterverfolgt und sich im Wesentlichen mit dem Hinweis begnügt, jeder Mensch habe ein Eigentum an seiner Person, und darauf habe niemand ein Anrecht als er selbst. Stattdessen konzentriert er sich in der Hauptsache auf das Eigentum und dessen Schutz.

Indessen: Was genau ist Eigentum? Und wie wird ein Anspruch auf Eigentum überhaupt begründet? Hier ist John Locke sehr entschieden – und bahnt auch in dieser Hinsicht späteren Debatten und Auffassungen den Weg. Ein Eigentumsrecht wird einzig und allein durch *Arbeit* begründet. Wer sich von Eicheln nährt, die er unter einer Eiche auflas, oder von den Äpfeln, die er von den Bäumen des Waldes sammelte, so verdeutlicht er seine Position in § 28 des zweiten *Treatise*, der habe sich diese klar angeeignet und niemand könne bestreiten, dass diese Nahrung sein eigen sei. Die Frage für Locke ist nur: Zu welchem Zeitpunkt wurde sie sein eigen? Als er sie aß? Oder als er sie verdaute? Oder als er sie abkochte? Oder als er sie heimbrachte? Oder gingen sie bereits in seinen Besitz über, als er sie aufsammelte? Ganz klar, sagt Locke, durch Letzteres: Durch das erste Aufsammeln machte er sich jene Eicheln oder Äpfel zu eigen. „Diese Arbeit", setzt er erläuternd hinzu, „bewirkte einen Unterschied zwischen ihnen und dem, was allen gehört. Sie fügte ihnen etwas hinzu, das über das Werk der Natur, der allen gemeinsamen Mutter, hinausging, und gab ihm so ein persönliches Recht auf sie".[119] Durch Arbeit allein also sieht Locke das Recht auf Eigentum begründet. Durch seine Arbeit hat der betreffende Mensch der Natur etwas hinzugefügt. Daher rührt es, dass all das, was sich jemand auf solche Weise aneignet, sein rechtmäßiges Eigentum wird. Mit diesen Argumentationslinien begründet Locke theoretisch nichts anderes als einen – um dem Kind einen Namen zu geben – Wirtschaftsliberalismus individualistischer Prägung.

Wer aber nun meint, Locke rede damit einer schrankenlosen Aneignung der Natur durch einzelne Individuen das Wort, ist auf dem Holzweg, betont Locke doch gerade die natürlichen Grenzen des Eigentums, wenn er in § 31 unmissverständlich klarstellt: „Jeder darf sich durch seine Arbeit nur so viel aneignen, wie er zum Vorteil für sein Leben nutzen kann, ehe es verdirbt. Alles, was darüber hinausgeht, ist mehr als ihm zusteht, und gehört anderen."[120]

Nun sieht Locke aber auch selbst: Diese Grenze, die die Natur dem Eigentumsstreben der Individuen setzt, haben die Menschen durch die Erfindung des *Geldes* überwunden, bot ihnen diese Erfindung doch die Möglichkeit, den Besitzstand zu wahren und weiteren Zuwachs zu sichern: Anders als Naturprodukte nämlich verdirbt Geld nicht, sodass es gleichsam schrankenlos angehäuft werden kann. Dass Ungleichheit des privaten Besitzes die zwangsläufige Folge der Erfindung der Geldwirtschaft war und ist, nimmt Locke zwar zur Kenntnis, aber das scheint ihn nicht zu beunruhigen. Offensichtlich erblickte er in solcher Ungleichheit noch keinen Anlass für soziale Probleme.

So sind für Locke Freiheit, Leben und Eigentum diejenigen Güter, die durch das Naturrecht geschützt sind. Aus diesem Sachverhalt leitet er weitergehende Folgerungen ab, die die Rechtspraxis eines Gemeinwesens betreffen. Erstens nämlich ergibt sich für ihn daraus, dass jeder Richter ist, um Verletzungen dieser Güter festzustellen, und zweitens koppelt er das mit der Ansicht, bei Verletzungen dieser drei naturrechtlich geschützten Güter sei jeder zur Eintreibung einer Entschädigung und zum Bestrafen befugt. Aber Locke befürchtet zugleich auch – und die Erfahrung dürft das allenthalben bestätigen: In der Ausübung solcher Ämter sind die Menschen parteiisch. Folglich müssen beide Ämter oder Gewalten, das des Richters und des Ausführenden, an den Staat delegiert werden, aber so, dass beide Gewalten getrennt bleiben und nicht in einer

Hand versammelt sind. Hierin ist die moderne, über Locke hinaus von Montesquieu in seiner 1748 erschienenen Schrift *Über den Geist der Gesetze* geforderte Teilung der Gewalten im Staat – Legislative, Judikative und Exekutive – vorweggenommen. Locke selbst unterscheidet zunächst nur zwei Gewalten: die gesetzgebende und die ausführende, Legislative und Exekutive also. In der Legislative erblickt er „die höchste Gewalt des Gemeinwesens", wie er in § 134 des zweiten Traktats schreibt.[121] Sie stelle eine vom Volk übertragene Gewalt dar und könne deshalb nicht in andere Hände weitergehen. „Allein das Volk", heißt es in § 141, „kann über die Form des Gemeinwesens bestimmen, was dadurch geschieht, daß es die Legislative einsetzt und bestimmt, in wessen Händen sie liegen soll".[122] Das Volk, mit anderen Worten, ist der Souverän – und niemand sonst: kein absoluter Monarch, kein Gewaltherrscher, kein ‚Patriarch' à la Filmer.

Der Exekutive weist Locke die Aufgabe zu, die – wie in modernen Demokratien üblich – von der Legislative erlassenen Gesetze auszuführen, sie zu vollstrecken. Verletzt sie nun hierbei die Rechte der Bürger, die sie ja schützen soll – nämlich zuvörderst Freiheit, Leben und Eigentum –, dann löst sie das Vertrauens- und Vertragsverhältnis auf. Die Exekutive – beziehungsweise die Regierung – erklärt in einem solchen Fall dem Volk, mithin dem Souverän, den Krieg, stellt, wie Locke sagt, den Natur- als Kriegszustand wieder her. Das, was sie in einem solchen Fall tut, ist nichts anderes als „rebellare", wie Locke in § 226 festhält: Sie fällt wieder in den Krieg zurück. Der wahre „Rebell" ist folglich jener, der die Legislative mit Gewalt abschafft oder abzuschaffen versucht; er macht sich nichts weniger denn der „Rebellion" im ursprünglichen Wortsinn, des Rückfalls in den Krieg, schuldig. In einem solchen Fall ist das Volk qua Souverän ermächtigt, der Exekutive Widerstand entgegenzusetzen. Die Staatsbürger haben dann nicht nur das Recht, sondern sogar die Pflicht, sich gegen die Regierung zur Wehr zu setzen – ganz genauso, wie sie im Naturzustand das Recht und die Pflicht haben, sich selbst, ihre Freiheit und ihr Eigentum vor Verletzungen zu schützen oder begangene Rechtsverletzungen mittels Strafen zu verfolgen.[123]

Locke hat seine Forderung nach Trennung der Gewalten im Staat durch die Einführung einer weiteren, dritten Gewalt ergänzt: der von ihm so genannten „föderativen". Über sie erklärt er sich nur kurz (in § 146 f.), indem er ihr die Aufgabe der Regulierung des Verhältnisses zwischen den Staaten zuweist.

So weit, so gut – könnte man meinen. Aber wo viel Licht ist, gibt es bekanntlich auch Schatten. Und Schattenseiten hat Lockes rechts- und staatstheoretischer Entwurf durchaus. So hat Locke, wie etwa Alexander Schwan herausgestellt hat, „die konsequente demokratische Durchstrukturierung der Machtordnung von unten nach oben [...] noch gar nicht im Blickfeld".[124] Das kommt zum einen darin zum Ausdruck, dass er zum theoretischen Verfechter einer konstitutionellen Monarchie wurde, die ja noch zu seinen Lebzeiten und unter seiner tatkräftigen Mitwirkung nach der „Glorreichen Revolution" des Jahres 1688 in Großbritannien realisiert worden ist. Und zum Zweiten spricht er ein Wahlrecht nur den erwachsenen Männern zu, nicht dagegen den Frauen. Auf diese Weise lässt Locke das familiäre Patriarchat unangetastet – und widerspricht damit seiner Forderung, keinerlei Diskriminierung im Staat zuzulassen, in eklatanter Weise, arbeitet jedoch mit am Sturz des politischen Patriarchats.

Nicht ganz frei von Ungereimtheiten sind auch einige seiner Überlegungen, die er im Zusammenhang mit der Forderung nach einer strikten Trennung von Staat und Kirche anstellt, wie er sie in seiner *Epistola de Tolerantia*, dem *Brief über die Toleranz* aus dem Jahre 1689 erhebt. Den Ausgangspunkt dieser Schrift markiert seine Überzeugung, der er im weiteren Verlauf wiederholt Ausdruck verleiht, dass *Toleranz* das hauptsächlichste Kennzeichen der wahren Kirche zu sein habe. Toleranz wird hier des Näheren verstanden als Duldung derer, die von anderen in Religionsangelegenheiten abweichen. Aus dieser Kernüberzeugung leitet Locke ab, erstens, ein solches Toleranzgebot verbiete die Erzwingung religiöser Überzeugungen. Das, so arbeitet er heraus, gehe ganz eindeutig aus der Lehre Jesu hervor. Und zweitens resultiert hieraus für ihn, zwischen dem Geschäft der staatlichen Gewalt und dem der Religion genau zu unterscheiden und entsprechend die Grenzen dieser beiden Sphären präzise festzulegen. Zwar habe der Staat, und dies ist uns bereits bestens bekannt, Leben, Freiheit und Eigentum seiner Bürger zu schützen; die Rechtsgewalt der Obrigkeit könne jedoch nicht und dürfe auch nicht auf das Seelenheil derjenigen Menschen, die ihn konstituieren, ausgedehnt werden. „Gott", betont Locke in diesem Zusammenhang mit Nachdruck, „hat keinem Menschen eine Autorität über einen anderen gegeben, irgendjemand zu seiner Religion zu zwingen".[125]

Zwischen Staat und Kirche ist demnach scharf zu trennen. Weder darf sich der Staat, wie Locke ausführt, in die religiösen Angelegenheiten der

Menschen, das heißt in ihre Glaubensüberzeugungen, Riten und Kulte einmischen, noch dürfen Religionen Einfluss auf die Staatsgeschäfte nehmen. Hiermit ist ein Zweifaches zu verstehen gegeben. Mit solchen Forderungen verabschiedet Locke zum einen die mittelalterliche Sakralisierung des Gemeinwesens und die Allianz von kirchlicher Macht und staatlich-politischer Gewalt. Zum Zweiten erklärt er damit Religion zur Privatsache eines jeden einzelnen Menschen. Die Sorge für sein Seelenheil, so akzentuiert er, steht jedem Einzelnen selber zu und muss ihm unbedingt belassen werden.

Nun ist es in der Regel ja so, dass sich der Einzelne um sein Seelenheil im Kontext einer Gemeinschaft mit anderen, einer Glaubensgemeinschaft, einer „Kirche", kümmert. Unter einer „Kirche" versteht Locke hierbei „eine auf Freiwilligkeit beruhende Gesellschaft von Menschen, die sich nach eigner Vereinbarung zusammentun, um Gott in der Weise zu verehren, die sie als annehmbar für ihn und als wirksam für ihr Seelenheil betrachten".[126] In dieser Sichtweise liegt beschlossen, und Locke unterstreicht es auch noch ausdrücklich, niemand werde als Glied einer Kirche geboren, kein Mensch sei von Natur an irgendeine besondere Kirche oder Sekte gebunden, vielmehr trete jeder freiwillig derjenigen Religionsgemeinschaft bei, in der er nach seiner Überzeugung dasjenige Bekenntnis und denjenigen Dienst findet, das und den er als für Gott wahrhaft annehmbar erachtet.

Zwar müssen auch Kirchen eine bestimmte Ordnung bewahren und sich zur Aufrechterhaltung dieser Ordnung Gesetze geben. Aber diese Gesetze geben sie sich ganz und gar allein. Folglich dürfe sich die staatliche Obrigkeit unter keinen Umständen anmaßen, den Religionsgemeinschaften irgendwelche Glaubensartikel vorzuschreiben oder durch Gesetze bestimmte, ihr genehme gottesdienstliche Formen zu erzwingen. Mit anderen Worten: Die staatliche Obrigkeit muss all jene Riten dulden und all jene Kulthandlungen erlauben, die in einer Religionsgemeinschaft üblich sind und die die Mitglieder dieser Gemeinschaft für gottgewollt halten.

Dies ist ein fulminantes Plädoyer für Toleranz in Religionsangelegenheiten, so wird man meinen, das Locke da formuliert. Ja, sicher – aber wären da nicht seine Ausführungen zu dem Problem, wie man mit *Katholiken* und *Atheisten* umzugehen habe. Wie bitte? – wird man sich womöglich einigermaßen verwundert fragen. Hat denn Locke nicht gerade betont, Religion sei Privatsache eines jeden Einzelnen? Ist denn dann nicht auch die Entscheidung, sich zum katholischen Glauben zu bekennen oder jeden religiösen Glauben von sich zu weisen, ebenso Privatsache wie jede andere Glaubensüberzeugung auch und folglich von dem Toleranzgebot gedeckt? Eben nicht, erklärt Locke mit aller Entschiedenheit. Seine Begründung hierfür fällt für die beiden genannten Gruppen unterschiedlich aus.

Sehen wir uns zunächst an, wie er die Angelegenheit hinsichtlich der Katholiken beurteilt. Sie, so argumentiert er, unterstehen dem Papst als einer Macht, die nicht nur religiöse Funktionen ausübt, sondern zugleich auch weltliche und politische. Dieser Sachverhalt aber bringe zwei bedeutsame Konsequenzen mit sich. Erstens nämlich sei damit keine Trennung von religiöser und weltlich-politischer Macht gegeben. Und zweitens stünden Papsttum, Kirchenstaat und dessen Politik in Konkurrenz zum nationalen Staat. Der aber sei, da er aus der Souveränität des Volkes begründet worden ist, der einzig legitime Staat. Und der könne keine andere Macht neben sich dulden, sodass den Katholiken als den Anhängern der päpstlichen Macht kein Anteil an der Volkssouveränität eingeräumt werden könne. Daher falle diese Glaubensgemeinschaft nicht unter das Toleranzgebot.

Und den Atheisten, bei denen es sich zu Lockes Zeit um eine wohl eher kleine Gruppe gehandelt haben dürfte, spricht er die moralische Fähigkeit ab, Versprechen, Verträge und Eide, die, wie er schreibt, das Band der menschlichen Gesellschaft sind, zu halten, fehle ihnen doch die letzte, unbedingt verpflichtende Bindung des Menschen an eine höchste Instanz, nämlich Gott. Zudem könnten diejenigen, die durch ihren Atheismus alle Religion untergraben und zerstören, sich nicht auf eine Religion berufen, auf die hin sie das Vorrecht der Toleranz fordern könnten.

Das ist zwar fein gedacht und subtil argumentiert, gleichwohl durchbricht Locke damit die von ihm im Übrigen ja mit Nachdruck erhobene Forderung nach Toleranz in religiösen Dingen. Dazu kommt: Solche Ausgrenzung zweier Gruppen aus der Gemeinschaft dürfte dem sozialen und politischen Frieden nicht eben zuträglich sein.

Aber trotz alledem: Locke eröffnet mit seinem Beharren darauf, die individuelle Glaubensüberzeugung und -praxis sei Privatsache des Einzelnen, der Ausübung des Glaubens einen Raum des Privaten, aus dem der Staat sich herauszuhalten, in den er nicht hineinzuregieren hat. Für Locke steht das im Zusammenhang mit seinem Bildungsprojekt, die individuellen Handlungsspielräume möglichst groß zu gestalten. Von dieser Intention sind auch seine Gedanken über die Erziehung geleitet, wie er sie in seiner 1693 publizierten Schrift *Some Thoughts concerning Education* entwickelt hat. Der Anlass zu diesem Werk war ein praktischer, nämlich der, einem Freund Briefe zu schreiben, um ihm bei der Erziehung seines kleinen Sohnes behilflich zu sein. Die Gedanken, die er zu diesem Zweck entfaltet, weisen jedoch weit über diesen persönlichen Anlass hinaus und begründen in Grundzügen eine Pädagogik, deren Wirksamkeit bis in die Gegenwart reicht.

Lockes Grundidee ist die individuelle Erziehung, womit er akzentuieren will: Jegliche Erziehung, die von Erfolg gekrönt sein wolle, habe die Möglichkeiten und Bedürfnisse, die Fähigkeiten und das Geschlecht des Kindes zu berücksichtigen und hierauf entsprechend einzugehen. Ebenso wie die Erfahrung für ihn die Grundlage aller Erkenntnis und alles Wissens ist, müssen seiner Überzeugung nach auch pädagogische Einsichten auf einer Erfahrungsgrundlage gewonnen werden. Und die Erfahrung zeigt: Kinder sind *vernunftbegabte* Wesen – auch wenn sie nicht immer schon vernünftig agieren und Vernunftargumenten durchgängig Gehör schenken, so sind sie dazu doch grundsätzlich fähig. Damit ist gesagt: Für Locke gründet sich alles erfolgreiche pädagogische Tun auf der Vernunft statt auf Überlieferung, Konvention, Tradition und Autorität. Als das oberste Ziel aller Erziehung erklärt Locke folgerichtig den vernünftigen Menschen, das heißt denjenigen Menschen, der sich bei seinen Entscheidungen und seinem Handeln in erster Linie von vernünftigen Erwägungen leiten und sich nicht primär von seinen Begierden und Leidenschaften hinreißen lässt. Im Ausgang von dieser Sicht der Dinge ergeben sich für Locke dann als die vorrangigen Erziehungsziele (§ 134): *Tugend*, *Lebensklugheit* – worunter er, wie er in § 140 seiner Erziehungsschrift ausführt, die Fähigkeit des Menschen versteht, seine Geschäfte in dieser Welt geschickt und mit Umsicht zu führen –, *Lebensart* (die sich an der Regel orientiert: nicht zu gering von sich selbst und nicht zu gering von anderen zu denken) sowie *Kenntnisse*.[127]

Bei all dem sind für Locke insbesondere drei wichtige Aspekte zu beachten. Erstens soll die Erziehung keinen weltfremden Gelehrten hervorbringen, sondern den vernünftigen, mit den genannten Fertigkeiten ausgestatteten, weltgewandten „Gentleman". Mit anderen Worten: Erziehung soll die jungen Menschen auf die Welt und das Leben vorbereiten, wohingegen, wie Locke mit kritischem Seitenblick auf die

Gepflogenheiten seiner Zeit in § 94 anmerkt, die derzeitige Erziehung die Menschen eher auf die Universität als auf das Leben vorbereitet und sich damit an einem in seinen Augen falschen Ziel orientiert.

Zweitens erkennt Locke mit aller Klarheit die immense Bedeutung des *spielerischen* Lernens und des Lernens durch *Nachahmung* im Entwicklungsgang und Bildungsprozess junger Menschen. Da Kinder, wie die Erfahrung zeige, besonders zur Nachahmung neigen, komme es folglich in der Erziehung ganz entscheidend darauf an, sie zum Nachahmungslernen anzuregen. „Tugend und Laster", schreibt Locke in § 82, „können ihnen durch keine Worte so klar zum Verständnis gebracht werden, wie das Tun anderer Menschen ihnen zeigen wird, wenn man ihre Beobachtung lenkt und sie auffordert, diese oder jene gute oder schlechte Eigenschaft im Tun anderer ins Auge zu fassen".[128] Entsprechend großen Wert legt Locke auf das ‚gute Beispiel' des Erziehers, auf seine Vorbildfunktion für den zu erziehenden jungen Menschen.

Und im Blick auf das spielerische Lernen erklärt er in § 69: „Man darf sie nicht hindern, Kinder zu sein, zu spielen, sich als Kinder zu geben."[129] Bereits hier kündigt sich eine Neueinschätzung des Kindes an, eine Entdeckung des Kindes als einer eigenen Entwicklungsstufe des Menschen; eine Entdeckung, die dann vollends durch Rousseau geleistet wird, auf dessen Erziehungskonzept Lockes Denken, wie Rousseau unumwunden einräumt, nachhaltigen Einfluss ausgeübt hat. „Nichts von dem, was sie zu lernen haben", so führt Locke seine Überlegungen zum spielerischen Lernen in § 73 weiter, „sollte je zu einer Last für sie gemacht werden oder ihnen als *Aufgabe* auferlegt werden. Was so nahegelegt wird, wird sofort lästig; der Geist faßt Abneigung dagegen, wenn es auch vorher ein Gegenstand der Freude oder etwas Gleichgültiges war".[130]

Um die genannten Erziehungsziele zu erreichen, und dies ist der dritte hier herauszustellende Aspekt, bedarf es nach Locke fraglos eines gewissen Maßes an Disziplin. Auf körperliche Züchtigungen muss hierbei jedoch grundsätzlich verzichtet werden. Daher schreibt er den Erziehern ins Stammbuch (§ 52): „Schlagen und alle andern Arten sklavischer und körperlicher Strafen sind nicht das geeignete Zuchtmittel, wenn man weise, gute und aufrechte Männer erziehen will."[131]

Bei all seinen Überlegungen, Ausführungen und Ratschlägen, wie Erziehung gelingen kann und wie sie sinnvoller- und vernünftigerweise ins Werk gesetzt werden kann, ist sich Locke jederzeit der Grenzen von Erziehung bewusst. Er fragt: Was kann Erziehung? Und er antwortet: Sie kann immer nur die natürlichen Anlagen des jungen Menschen entwickeln. Was kann sie hingegen nicht? Antwort: Sie ist nicht in der Lage, den Charakter des Menschen zu ändern. „Wir können nicht hoffen“, hält er in § 66 fest, „die Grundlage des Charakters völlig zu ändern, den Fröhlichen nachdenklich und ernst oder den Schwermütigen lustig zu machen, ohne ihn zu verderben“.[132] Hier, so kann man sagen, stößt jede Erziehung an ihre natürliche Grenze, will sagen, an die Grenze, die ihr die Natur gesetzt hat. Dies hatte, daran sei erinnert, bereits Seneca betont.

Versuchen wir nach diesem Durchgang durch die Gedankenwelt der Hauptschriften John Lockes ein Fazit zu ziehen! Wie ‚erzieherisch‘ dieser John Locke auf die weitere Entwicklung der abendländisch-westlichen Kultur gewirkt hat, wie nachhaltig seine Einflüsse waren – ja, bis heute sind –, kann man in etwa ermessen, wenn man zunächst einige Eckpunkte der politischen Geschichte der Neuzeit in den Blick nimmt – einmal ganz abgesehen von dem Sachverhalt, dass er das Erkenntnisproblem von einer ganz neuen Seite her, einer erfahrungsbasierten nämlich, in Angriff nahm, die im Übrigen für die weitere Entwicklung der Naturwissenschaften folgenreich wurde. So finden sich beispielsweise in der „Allgemeinen Erklärung der Menschenrechte“, die am 10. Dezember 1948 von der Generalversammlung der Vereinten Nationen genehmigt und verkündet worden ist, zahlreiche derjenigen Rechte wieder, die Locke mit Nachdruck im Kontext seiner rechts- und staatstheoretischen Ausführungen einforderte, als da zum Beispiel sind: Alle Menschen sind frei und gleich geboren, jeder hat das Recht auf Leben und Freiheit, das Verbot der Sklaverei, ferner das Recht auf Eigentum sowie auf Gedanken-, Gewissens- und Religionsfreiheit.

Zudem: Locke wurde zum wohl wichtigsten Anreger für die amerikanischen Verfassungsväter. Und: Das amerikanische Präsidialsystem stellt im Wesentlichen eine Übertragung der konstitutionellen Monarchie, wie sie Locke vorschwebte, auf die Verhältnisse in der ‚Neuen Welt‘ dar. Und generell kann man sagen, dass Locke die liberale politische Tradition der Neuzeit entscheidend mitbegründet hat.

Darüber hinaus hinterließen Kernthesen seines Toleranzgebots nachhaltige Spuren in unterschiedlichen Kontexten. So hallt seine Toleranzforderung hinsichtlich religiöser Dinge etwa in Lessings *Nathan* und Schillers *Don Karlos* nach. Oder nehmen wir seine Forderung nach Trennung von Kirche und Staat und die daran angeschlossene Überzeugung, religiöser Glaube sei Privatsache, in die sich der Staat nicht einzumischen habe. Ganz in diesem Sinne erklärt das Grundgesetz der Bundesrepublik Deutschland den Glauben zur Privatangelegenheit jedes Einzelnen, mit der Konsequenz, weder habe der Staat in den Angelegenheiten der Religionsgemeinschaften etwas zu suchen, noch – umgekehrt – die Religionsgemeinschaften in denen des Staates. Und nicht zuletzt lieferten Lockes Gedanken über Erziehung der Pädagogik entscheidende Impulse, insbesondere mit ihrer Betonung der individuellen Förderung junger Menschen.

Mithin können wir aufs Ganze gesehen festhalten: Locke wird auf all den Feldern, die er bearbeitet, zum Erneuerer, hat er doch ganz entscheidend dazu verholfen, in den hier thematisierten Sphären eine „neue Ordnung der Dinge" heraufzuführen, wie Paul Hazard es einmal auf den Punkt gebracht hat,[133] und das Abendland auf diese Weise philosophisch zu erziehen.

VII

Jean-Jacques Rousseau: Der Mensch ist von Natur aus gut

Ein weiterer wichtiger philosophischer Erzieher des Abendlandes ist Jean-Jacques Rousseau. 1750 wird für ihn zum *annus mirabilis*. Was hat er bis dahin in seinem unsteten Leben nicht schon alles versucht, um irgendwie Fuß zu fassen! Im Alter von zwölf wird er in seiner Heimatstadt Genf Lehrling eines Gerichtsschreibers, ein Jahr später beginnt er eine Ausbildung bei einem Graviermeister. Dann führt ihn eine Wanderung nach Turin, wo er zum katholischen Glauben übertritt und er sich als Lakai in einer Turiner Adelsfamilie verdingt. Nach seiner Rückkehr 1729 nach Frankreich besucht er ein Priesterseminar: ohne Erfolg – was denn auch sonst, wird man in Anbetracht der bisherigen Lebensstationen nicht ohne gute Gründe vermuten. Anschließend versucht er sich als Chorist und Musikschüler. Auch das ohne den erhofften Erfolg, woraus Rousseau die Konsequenz zieht: Er wandert als eine Art Landstreicher durch die Schweiz und Frankreich und verdient sich seinen Lebensunterhalt als Musikant und Musiklehrer. Darauf folgt eine Tätigkeit beim Katasteramt von Savoyen. Während all dieser Wanderjahre ist er junger Freund und zeitweiliger Liebhaber der dreizehn Jahre älteren Madame de Warens, der von ihm so genannten „Maman". Nach autodidaktischen Studien in unterschiedlichsten Fachgebieten wird Rousseau 1740 Hauslehrer in Lyon und entwirft ein *Projekt für die Erziehung* des Sohnes seiner Arbeitgeberfamilie. Zwei Jahre später übersiedelt er nach Paris, wohin es ihn auch vorher bereits wiederholt verschlagen hatte. Dort unterbreitet er der Académie Française ein Projekt, demzufolge sich Musiknoten durch Zahlen ersetzen lassen. Selbstredend – hat man allen Ernstes etwas anderes erwartet? – wird es abgelehnt. Gleichwohl verteidigt Rousseau seine Erfindung in der *Abhandlung über die moderne Musik*, die 1743 als Buch erscheint.

Noch im gleichen Jahr verlässt Rousseau Paris, um Sekretär des französischen Botschafters in Venedig zu werden. Wie anzunehmen, geht auch das nicht lange gut: Nach nur einjährigem Aufenthalt kehrt Rousseau nach einem Streit mit dem Botschafter nach Paris zurück. Dort pflegt er Umgang mit den einflussreichen Philosophen Denis Diderot und Etienne Bonnot de Condillac und anderen namhaften Literaten, wodurch Rousseau zur Mitarbeit an der *Enzyklopädie*, jenem Mammutwerk, welches das gesamte Wissen seiner Zeit zu sammeln versuchte, veranlasst wird, für die er ab 1749 vornehmlich Artikel über Musik verfasst.

Nichts, aber auch gar nichts deutet bis zu diesem Zeitpunkt darauf hin, dass in diesem Jean-Jacques Rousseau ein Philosoph schlummert, ein Philosoph zumal, den die Nachwelt zu den einflussreichsten und wirkmächtigsten der zweiten Hälfte des achtzehnten Jahrhunderts rechnen wird. Aber dann naht das Jahr 1750 mit der für Rousseau entscheidenden existentiellen Wende.

Was ist passiert? Nun, im Oktober 1749 macht sich Rousseau nach Vincennes auf, um Diderot, den er mittlerweile als seinen Freund betrachtet, zu besuchen. Dieses am Stadtrand von Paris gelegene Schloss wurde als Staatsgefängnis genutzt, und Diderot war dort inhaftiert worden, nachdem die Veröffentlichung seiner freidenkerischen *Briefe über die Blinden* ihn des Atheismus verdächtig gemacht hatte. Die Haft in Vincennes war für Diderot allerdings erträglich, durfte er doch weiterhin an seinen literarischen Projekten arbeiten und Besuche von Freunden empfangen.

Was auf seinem Weg nach Vincennes geschah, hat Rousseau nicht nur in seinen *Bekenntnissen*, jenem den *Confessiones* Augustins nachempfundenen autobiografischen Dokument allerersten Ranges, Auskunft gegeben, sondern auch in einem Brief vom 12. Januar 1762 an seinen Protektor, den Zensor Malesherbes. „Ich besuchte Diderot", so hält Rousseau hier fest, „der damals in Vincennes gefangen saß. Ich hatte ein Heft des *Mercure de France* in der Tasche, in dem ich unterwegs zu blättern anfing. Ich stoße auf die Frage der Akademie zu Dijon, die zu meiner ersten Schrift Anlaß gab. Hat jemals etwas einer schnelleren Eingebung geglichen, so war es die Bewegung, welche in mir vorging, als ich diese Frage las. Auf einmal fühlte ich, daß mein Geist von tausend Lichtern geblendet wird, ganze Massen lebhafter Gedanken stellen sich ihm mit einer Gewalt und in einer Unordnung dar, die mich in eine unaussprechliche Verwirrung versetzt; meinen Kopf ergreift ein Schwindel, welcher der Trunkenheit gleicht. Ein heftiges Herzklopfen beklemmt mich, hebt meine Brust empor; da ich gehend nicht mehr atmen kann, lasse ich mich am Fuß eines Baumes am Wege hinsinken und bringe eine halbe Stunde dort in einer Bewegung zu, daß ich beim Aufstehen den ganzen Vorderteil meiner Weste mit Tränen benetzt finde, ohne gefühlt zu haben, daß ich welche vergoß. Ach, mein Herr, wenn ich jemals den vierten Teil alles dessen, was ich unter diesem Baume gesehen und empfunden habe, hätte niederschreiben können, mit welcher Deutlichkeit hätte ich alle Widersprüche des gesellschaftlichen Systems gezeigt, mit welcher Kraft hätte ich alle Mißbräuche unserer Einrichtungen dargestellt, mit welcher Einfachheit hätte ich gezeigt, daß der Mensch von Natur gut ist, und daß es lediglich von ihren Einrichtungen herrührt, wenn die Menschen böse werden".[134]

Dass der Mensch von Natur gut ist und er böse wird aufgrund der von Menschen geschaffenen Einrichtungen: Das ist der Kristallisationspunkt, an den all die anderen Gedanken, Themen, Überzeugungen Rousseaus anschließen. „Ob der Fortschritt der Wissenschaft und Künste zur Läuterung der Sitten beigetragen hat": Dies war die Preisfrage der Akademie von Dijon für das Jahr 1749, auf die Rousseau auf seinem Weg nach Vincennes im *Mercure de France* stieß und die Anlass für den geschilderten Gefühlsausbruch und die damit verbundene Inspiration zu seiner Generalthese wurde. Und so macht sich Rousseau rasch an die Arbeit und reicht eine recht unkonventionelle Schrift ein. Unkonventionell war sie zum einen, weil sie die aufgeworfene Frage mit einem entschiedenen „Nein!" beantwortet – und das, obwohl die Akademie insgeheim auf eine bejahende Antwort gehofft haben dürfte. Und unkonventionell zum anderen, weil sie arm an Argumenten und Beweisführungen ist und ganz von ihrem rhetorischen Schwung lebt, in dem jener erwähnte Gefühlsausbruch nachhallt. Dennoch erhält Rousseaus Schrift den von der Akademie ausgelobten Preis und erscheint 1750 schon wenige Monate nach der Auszeichnung als Büchlein unter dem Titel *Abhandlung über die Frage, ob die Wiederherstellung der Wissenschaften und Künste zur Läuterung der Sitten beigetragen hat.* In seiner Vorrede zu dieser Schrift erklärt Rousseau, diese Frage sei „eine der großen und eine der schönsten Fragen, welche jemals aufgeworfen wurden" – und zwar deshalb, wie er hinzufügt, weil es bei ihrer Beantwortung um eine derjenigen „Wahrheiten" gehe, „die mit dem Wohl des Menschengeschlechts genau verbunden sind".[135]

Unter dem Kurztitel *Erster Discours* – erster, weil noch ein zweiter folgen sollte – wurde Rousseaus Schrift rasch berühmt – eben trotz der aufreizenden Thesen, die ihr Autor auf die Leser nur so niederprasseln lässt. „Unsere Seelen", so positioniert sich Rousseau gleich zu Beginn, „sind in dem Maße verdorben, in dem unsere Wissenschaften und unsere Künste vollkommener geworden sind".[136] Hiermit beansprucht Rousseau nicht nur, den Zustand der zeitgenössischen europäischen – und da insbesondere der französischen Gesellschaft – auf den Punkt gebracht zu haben. Nein, so ist er überzeugt, dieses „Übel", wie er sich ausdrückt, das mit dem Drang nach Wissen und Erkenntnis einhergeht, sei beinahe so alt wie die Welt selbst. Zur Untermauerung dieser Überzeugung zieht er die Geschichte des alten Ägypten, Griechenlands, Roms, ja gar Chinas heran. In all diesen Kulturkreisen, so unternimmt er es seinen Zeitgenossen vor Augen zu führen, ging mit dem Fortschritt der Künste und der Entstehung und dem Aufblühen der Wissenschaften eine Auflösung der Sitten und dessen einher, was er die „natürlichen Tugenden" nennt. Hierbei fasst Rousseau den Begriff der Sitten und der natürlichen Tugenden sehr weit, will er sie doch nicht in einem eingeschränkt moralischen Sinn verstehen. Vielmehr begreift er in diesem *Ersten Discours* unter „Tugend" das harmonische Zusammenspiel von menschlichen Pflichten und natürlichen Bedürfnissen, welches, verbunden mit dem Gefühl ursprünglicher Freiheit, einem selbstgenügsamen Leben dient und dem es in erster Linie um das Vaterland, die Unglücklichen und die Freunde zu tun ist.

Rousseau zieht die erwähnten historischen Beispiele hauptsächlich deswegen heran, um seine Behauptung belegen zu können, die „ewige Weisheit", wie er sagt, habe es darauf abgesehen, den Menschen in einer „glücklichen Unwissenheit" zu halten[137] – wobei hier sogleich darauf hinzuweisen ist, dass dieser Begriff für Rousseau nicht mit Dummheit und dergleichen zu verwechseln ist, sondern soviel wie das Eingebettetsein in den noch nicht durch Künste und Wissenschaften ge- und zerstörten natürlichen Ursprung meint. Da sich nun aber die Menschen von solch heilem Ursprung durch eben die Entwicklung und Verfeinerung von Kunst und Wissenschaft zu entfernen begannen, erachtet Rousseau den gegenwärtigen Zustand, in dem er „Luxus, Zügellosigkeit und Sklaverei" vorherrschen sieht, als eine *Strafe* an, die gleichsam über die Menschheit verhängt worden ist.[138] Das haben wir nun davon, so der Tenor seiner Ausführungen, dass wir von unseren Urtrieben, mit denen uns die Natur ausgestattet hat, abgeirrt sind, dass wir den Zustand natürlicher Unschuld verlassen haben: nie endgültig zu befriedigende Bedürfnisse und Begierden nach immer mehr, immer neuen Gütern, gehetzt von dem Trugbild ständiger Optimierung und des Mehr-haben-Wollens, getrieben von zügellos gewordenen Leidenschaften, Begierden und Affekten, versklavt durch die mit all dem einhergehenden unnatürlichen Lebensweisen und unbefriedigenden, ja geradezu jämmerlichen gesellschaftlich-politischen Um- und Zuständen.

Im weiteren Verlauf seiner Schrift macht sich Rousseau daran, die sich für ihn aufgrund der historischen Betrachtung nahelegenden Folgerungen durch von ihm so bezeichnete „Vernunftschlüsse“ zu bestätigen. Zu diesem Zweck spürt er dem Ursprung der Wissenschaften und der Künste nach. Bezeichnend für sein Denken ist, dass er sie einzig und allein aus ein und demselben entspringen sieht: unseren *Lastern* nämlich, wie seine kernige These lautet. Machen wir uns das an einigen seiner Beispiele klar! „Die Astronomie“, so führt er aus, „entstand aus dem Aberglauben; die Beredsamkeit aus dem Ehrgeiz, dem Haß, der Schmeichelei und der Lüge; die Meßkunde aus dem Geiz; die Naturlehre aus einer eitlen Neugierde; alle, und selbst die Moral, aus dem menschlichen Stolz.“[139]

Fürwahr, eine eigenwillige und provokante, aber in mancherlei Hinsicht sicherlich ernsthaft zu bedenkende und nicht einfach vom Tisch zu wischende Sicht der Dinge. Aber damit noch nicht genug! All diese Übel, all diese Laster, die er uns hier als den Ursprung von Kunstgewerbe und wissenschaftlichen Ambitionen vor Augen führt, lassen sich nach seinem Dafürhalten ihrerseits auf etwas noch Elementareres zurückführen: Sind sie alle doch letztendlich aus dem *Müßiggang* entstanden, dem sie ihrerseits dann wiederum Vorschub leisten, sodass sich eine Spirale zu drehen beginnt, die sich ins Unabsehbare zu schrauben scheint.

Aber was hat Rousseau denn eigentlich gegen Müßiggang? Bereits die Antike, so namentlich etwa Aristoteles, begriff den Müßiggang als von Arbeit entlastete freie Zeit, die man mit geistigen Tätigkeiten, wie eben Kunst und Wissenschaft, sinnvoll ausfüllen und gestalten konnte, und wertete dies uneingeschränkt positiv, da eben solche Beschäftigungen als Bestandteile eines gelingenden, ja glücklichen Lebens galten. Rousseau hingegen setzt die Akzente völlig anders. Müßiggang ist für ihn nämlich eine ‚Tätigkeit‘ – wenn man das einmal so paradox formulieren will –, die zunächst einmal Zeit kostet, Zeit, die durch andere Aktivitäten, wie etwa die Pflege der natürlichen Tugenden, sinnvoller und besser genutzt werden könnte. So gesehen sind Wissenschaft und Kunst, die sich dem Müßiggang verdanken, für Rousseau zuvörderst Zeitvergeudung, Zeitverschwendung.

Hinzu kommt, und für Rousseau ist das augenscheinlich noch bedeutsamer, dass er die meisten Erfindungen und Resultate der Wissenschaften für ziemlich unwichtig erachtet. Wieso, fragt er mit unverhohlen polemischem Unterton, ist es beispielsweise wichtig, zu wissen, „in welchen Verhältnissen die Körper einander im leeren Raum anziehen, [...] welche Kurven konjugierte Punkte, Bewegungs- und Wendepunkte haben, [...] welche Insekten sich auf eine außergewöhnliche Weise fortpflanzen“[140] – wenn all dieses Wissen für die menschliche Gesellschaft, und das unterstellt er stillschweigend, gar keinen oder nur geringen Nutzen hat.

Rousseaus Kriterium für diese Attacke auf die Wissenschaften und ihre Erkenntnisse ist also der Aspekt ihrer Anwendung, ihrer Nützlichkeit und praktischen Umsetzbarkeit. Dabei lässt er den Aspekt, den bereits Aristoteles bedacht hatte, nämlich dass sich Anwendungsbereiche oftmals erst im Nachhinein ergeben können, das heißt, wenn man bereits eine gewisse Zeit über ein bestimmtes Wissen, über bestimmte Kenntnisse verfügt, dass also Wissen und Erkenntnisse nicht immer per se irgendeine Anwendung zu implizieren brauchen, gänzlich außer Acht.

Wären die Wissenschaften einfach nur nicht nützlich, dann ginge das nach Rousseau vielleicht noch an; in seinen Augen verschlimmert sich die gegenwärtige Lage überdies dadurch, dass die Wissenschaften allenthalben die Grundfesten des Glaubens untergraben und die Tugenden vernichten sowie dass sie sich in den Dienst einer Philosophie stellen, die an „dem Umsturz und der Verkleinerung alles dessen, was unter den Menschen heilig ist“, arbeitet.[141] Als besonders verderblich sowohl für den einzelnen Menschen als auch für die Gesamtheit der Menschen prangert Rousseau zudem das mithilfe der Wissenschaften erzeugte Überangebot an Gütern und den damit einhergehenden Luxus an, den er mit Argusaugen beäugt. Nur selten nämlich, so betont er, lasse sich der „Geschmack am Prunk“ in ein und derselben Seele mit Rechtschaffenheit und Tugend vereinbaren, sodass „Lockerung der Sitten“ und „Verderbnis des Geschmacks“ notwendige und zwangsläufige Folgen des Luxus sein werden.[142]

Lockerung der Sitten und Verderbnis des Geschmacks: Bei diesen beiden Aspekten sollten wir noch einen Augenblick verweilen und Rousseaus Erläuterungen zur Kenntnis nehmen. Unter Ersterem versteht er, und das ist einigermaßen erstaunlich, vor allem den Sachverhalt, dass die Beschäftigung mit den Wissenschaften den „kriegerischen Eigenschaften" schädlich und abträglich sind. Unter Rückgriff auf einen Hinweis, den er bei Montaigne finden konnte, berichtet er: Als die Goten Griechenland eroberten, seien die Bibliotheken nur deshalb vom Feuer verschont geblieben, weil einer der Goten auf die Idee gekommen war, „man müsse den Feinden diese Dinge lassen, die so geeignet wären, sie von der Kriegsübung abzubringen und sie mit einer müßigen und sitzenden Beschäftigung zu unterhalten".[143]

Der zweite Aspekt, die Verderbnis des Geschmacks, zeigt sich seiner Sicht zufolge besonders überdeutlich in einer „unvernünftigen Kindererziehung". Damit schlägt er ein Thema an, dem er gut ein Jahrzehnt später ein eigenes umfangreiches Werk widmen wird: *Emile oder Über die Erziehung*. „Allenthalben", hält Rousseau fest, „gewahre ich riesige Anstalten, wo die Jugend mit großen Kosten erzogen wird und wo man sie alles lehrt, nur nicht ihre Pflichten". „Eure Kinder", heißt es dann weiter, „werden ihre eigene Sprache nicht kennen, doch sie werden andere sprechen, die nirgends in Gebrauch sind. Sie werden Verse machen, die sie kaum verstehen können. Sie werden den Irrtum nicht von der Wahrheit unterscheiden können und gleichwohl die Kunst besitzen, dieselben durch spitzfindige Scheingründe für andere unkenntlich zu machen. Allein, was die Worte Großmut, Billigkeit, Mäßigkeit, Menschenliebe und Tapferkeit bedeuten, wird ihnen ganz unbekannt sein. Der angenehme Name des Vaterlandes wird niemals in ihren Ohren erklingen, und wenn sie von Gott reden hören, so werden sie mehr Schrecken als Furcht empfinden".[144]

Aber damit noch immer nicht genug! Nicht nur grassiert die Verderbnis des Geschmacks in den Schulen, nein, mehr noch, für Rousseau greift sie auch in gelehrten Gesellschaften um sich, lässt sie sich in den verschiedenen philosophischen Gedankensystemen feststellen, ja findet sie ihren Niederschlag sogar in der Buchdruckerkunst, erhält diese doch jene „schädlichen Denkmäler" und „gefährlichen Schriften" für die Ewigkeit.[145]

Es entbehrt sicherlich nicht einer gewissen Paradoxie, wenn da einer gegen die Buchdruckerkunst wettert und die intellektuellen Bestrebungen seiner Zeit als „Verderbnis des Geschmacks" brandmarkt – und das in einem soeben gedruckten Buch in Angriff nimmt, dem er seine schlagartige Bekanntschaft in den Intellektuellenzirkeln Europas verdankt; wenn da einer vehement die Wissenschaften madig macht und ihnen weitgehend ihre Existenzberechtigung bestreitet – und ausgerechnet dafür von einer angesehenen Akademie der Wissenschaften geehrt wird. Rousseau ist sich dieses Paradoxons durchaus bewusst gewesen, schreibt er doch zu Beginn dieses *Ersten Discours*: „Wie unterstehe ich mich, vor den Augen einer der gelehrtesten Gesellschaften Europas die Wissenschaften zu verachten, in einer Akademie der Unwissenheit eine Lobrede zu halten und die Verachtung der Studien mit der Hochachtung für die wahren Gelehrten zu vereinigen? Ich sah all diese Widersprüche und fühlte mich nicht abgeschreckt."[146] Zudem war er sich auch dessen bewusst, und er betont es selber, dass die von ihm in dieser Schrift entwickelten Gedanken für die Menschheit „erniedrigend" sein und dass die Menschen, die sie lesen, sich in ihrem Stolz gekränkt fühlen werden.

Bedenken wir, wann diese Schrift erschien: 1750, also in der Mitte jenes Jahrhunderts, das sich rühmte, das Jahrhundert der Aufklärung zu sein. Aufklärung, so wird Kant eine Generation später die Bemühungen seines Zeitalters auf den Punkt bringen, ist der Ausgang des Menschen aus seiner selbstverschuldeten Unmündigkeit, ist das Wagnis, selbst zu denken, selbst Erkenntnisse zu gewinnen und sie, ohne eventuelle Repressalien zu befürchten, zu vertreten, zu veröffentlichen, in der Diskussion mit anderen zu verteidigen. Aufklärung: Das ist zudem das Unternehmen, für Moral, Staat und Religion in gleicher Weise eine die Erkenntnisse der Wissenschaften einbeziehende und mit für jeden nachvollziehbaren Argumenten und Gründen zu verteidigende vernünftige, das heißt in der Vernunft gründende, Grundlage zu schaffen. Und Aufklärung: Das ist auch das von einem ungeheuren Optimismus getragene Projekt des Glaubens an die Vervollkommnung des Menschen in moralischer wie sozialer Hinsicht, ist das Zeitalter eines ungebrochenen Fortschrittsoptimismus auf allen Ebenen. Und just in diesem Zeitalter tritt da jemand auf, beschmutzt die Wissenschaften, bestreitet den Nutzen ihrer Erkenntnisse, sieht statt Fortschritt und Vervollkommnung überall Verfall und Niedergang und setzt Vernunft mit Verderbnis des Geschmacks gleich! Kein Wunder, dass Rousseaus *Discours* eine zum Teil erbittert geführte Kontroverse auslöste. Welches Ausmaß diese Kontroverse annahm, kann man allein schon daran ermessen, dass in den Folgejahren nicht weniger als 68 Entgegnungen und Angriffe auf Rousseaus Schrift erschienen. Was wurde da nicht alles gegen ihn eingewandt: Die

Attacke auf die Wissenschaften sei gleichermaßen ein Angriff auf die Physik wie auf die Lektüre der Bibel; seine Schrift könne eine Revolution in den Ideen des Jahrhunderts hervorrufen; sein Entwurf der Vergangenheit des Menschengeschlechts sei die Verherrlichung einer geschichts- und fortschrittslosen animalischen Existenz. Und selbst wenn man bereit war einzuräumen, es möge vielleicht sein, dass die Wissenschaften und die Künste etwas mit dem Verfall der Sitten zu tun haben, so hieße das aber noch lange nicht, wie etwa Lessing erklärte, dass sie dessen Ursachen seien.

Nicht wenige Zeitgenossen, das offenbart diese Kontroverse nur zu deutlich, verstanden Rousseau so, als wolle er tatsächlich empfehlen, die Bibliotheken zu verbrennen und die Künste zu verbieten. Im Ernst kann davon jedoch keine Rede sein. Vielmehr war Rousseau überzeugt – und in dieser Hinsicht ist er sich mit D'Alembert, neben Diderot der andere führende Kopf des Enzyklopädieprojekts, einig: Würden wir die Wissenschaften abschaffen, dann würden wir uns ein weiteres Übel aufbürden, nämlich die Ignoranz. Und in dem 1753 geschriebenen Vorwort zum *Narcisse*, einem Theaterstück, das er im Alter von achtzehn Jahren geschrieben hatte, bekennt sich Rousseau zu der Ansicht, nachdem Künste und Wissenschaften nun einmal den Lastern zur Blüte verholfen hätten, seien sie wohl notwendig, um zu verhindern, dass sie zu Verbrechen werden.[147]

Überdies nutzt er dieses Vorwort, um auf eine Reihe der Angriffe gegen ihn direkt zu antworten. Dabei unternimmt er es in einem ersten Schritt, aufzuzeigen, dass und wie seine Gegner nur allzu oft versucht haben, den Blick der Leser von dem wesentlichen Gegenstand abzulenken, ihm, Rousseau, Äußerungen in den Mund zu legen, die er nie getan habe und auf diese Weise ein Phantom zu bekämpfen. Zugleich aber bekräftigt er noch einmal mit Nachdruck seine im *Ersten Discours* vorgestellte Position hinsichtlich des Anteils von Wissenschaft und Künsten am Verfall der Sitten. Aber dann geht er in einem entscheidenden Punkt über sie hinaus, stößt er doch jetzt zu der Einsicht durch, es sei ganz entscheidend das *Tauschprinzip*, das unter den Menschen Abhängigkeitsverhältnisse schaffe. Zwar werde gerne vorgebracht, so argumentiert er, beim Handel gehe es um gemeinsame Interessen, im Grunde jedoch suche jeder nur seinen Vorteil zu gewinnen. „Alle unsere Schriftsteller", so schreibt er, „betrachten als das Meisterwerk der Politik unseres Jahrhunderts die Wissenschaften, die Künste, den Handel, die Gesetze und die anderen Bande, welche unter den Menschen den Knoten der Gesellschaft durch das persönliche Interesse knüpfen, sie alle in eine wechselseitige Abhängigkeit voneinander bringen, ihnen gegenseitige Bedürfnisse und gemeinsame Interessen geben und jeden von ihnen verpflichten, zum Glück der anderen beizutragen, um das seine machen zu können". Und weiter: „Auf zwei Menschen, deren Interessen übereinstimmen, kommen vielleicht zehntausend, die ihnen entgegenstehen, und um Erfolg zu haben, gibt es kein anderes Mittel, als alle diese Leute zu täuschen oder zugrunde zu richten. Dies ist die unheilvolle Quelle der Gewalttätigkeiten, der Verräterei, der Hinterhältigkeiten und all der Schrecken, die in einem Zustand der Dinge notwendig sind, wo jeder vorgibt, an dem Glück und dem Ansehen der anderen zu arbeiten, und nur sein Glück auf ihre Kosten über sie zu überheben strebt."[148]

Mit diesen Gedanken sind Themen angeschnitten, deren weitere Ausarbeitung Rousseau in seinem sogenannten *Zweiten Discours* in Angriff nimmt. Wie kam es zu diesem *Zweiten Discours*? 1753 lobte die Akademie von Dijon erneut einen Preis aus. Diesmal ging es um die Frage: „Welches ist der Ursprung der Ungleichheit unter den Menschen und ist sie durch das Naturgesetz gerechtfertigt?" Rousseau reichte erneut eine Schrift ein, ging bei der Preisvergabe jedoch leer aus. Aber da er mit seinem *Ersten Discours* und der Debatte, die sich daran entzündet hatte, mittlerweile eine europäische Berühmtheit war, wurden die riskanten Thesen, die er in seiner *Abhandlung über den Ursprung und die Grundlagen der Ungleichheit unter den Menschen* – so der vollständige Titel des 1755 veröffentlichten *Zweiten Discours* – vertrat, überall rezipiert und diskutiert. Ihre Wirkungen reichten auch bis in die deutschen Lande, wo zum Beispiel Lessing diese Schrift Rousseaus zustimmend aufnahm. Am bekanntesten ist wohl die Reaktion Voltaires. Rousseau hatte ihm ein Exemplar des *Zweiten Discours* übersandt, und Voltaire nannte in seinem ironischen Dankschreiben an Rousseau eben dieses Werk ein „Buch gegen das Menschengeschlecht", bei dessen Lektüre man richtig Lust bekomme, „auf allen vieren zu gehen".[149]

Natürlich tut Voltaire dem Buch damit Unrecht, wenn er es auf eine solche Tendenz reduziert. Aber er hat den springenden Punkt scharfsichtig erkannt, entwickelt Rousseau in ihm doch eine *Ursprungs*-, eine *Entwicklungs*- und – vor allem – eine *Verfallsgeschichte* der Menschen. Die Ausgangsthese dieses Werks kommt recht simpel daher: Von Natur aus sind die Menschen gleich. Aber sie ist von beträchtlicher Brisanz. Denn in der zeitgenössischen Gesellschaft sind die Menschen eben nicht gleich: nicht gleich vor dem Gesetz, nicht gleich hinsichtlich ihrer Bildungschancen, ihrer Entwicklungs- und Aufstiegsmöglichkeiten, nicht gleich im Blick auf den Erwerb und die Sicherung materieller Güter, nicht gleich in Anbetracht politischer Partizipations- und Gestaltungsmöglichkeiten. Kurz und gut: Die Ungleichheit in der Gesellschaft seiner Zeit lässt sich nach Rousseau einfach nicht übersehen. Aber wo rührt sie her, wenn die Menschen doch ihrem Status nach von Natur aus gleich sind? Für Rousseau legt sich hierauf nur eine Antwort nahe: Sie ist von den Menschen selbst herbeigeführt worden. Und zwar macht er als die hauptsächlichste Quelle dieser Ungleichheit die Vergesellschaftung und die damit einhergehende ungleiche Verteilung von Privateigentum verantwortlich. Wie aber konnte es dazu kommen? Rousseau geht die Beantwortung dieser Frage so an, dass er sich in einem ersten Schritt dem Menschen im ‚Naturzustand' nähert, also demjenigen Menschen, der noch nicht durch Zivilisations- und Kulturleistungen geprägt ist. Diesen „natürlichen", diesen „wilden Menschen", diesen viel beschworenen „homme sauvage", betrachtet Rousseau zunächst unter rein physischem Aspekt, das heißt er analysiert seine Naturausstattung sowie seine natürlichen Bedürfnisse und arbeitet die grundlegenden Prinzipien seiner ‚natürlichen Moral' heraus. Erst vor diesem Hintergrund, gibt sich Rousseau überzeugt, lassen sich grundlegende Fragen des menschlichen Zusammenlebens, der Vergesellschaftung, der Staatenbildung, des Eigentums, des Rechts, kurz: der Zivilisierung und Kultivierung, angemessen beantworten.

Es ist viel darüber spekuliert worden, ob Rousseau den Naturzustand als reale Ausgangssituation oder lediglich als fiktiven Ausgangspunkt angesehen hat. Am ehesten ist anzunehmen, dass jener Naturzustand für ihn in erster Linie eine heuristische Funktion hat, eine Funktion der Erkenntnisfindung also. Mit unmissverständlicher Deutlichkeit stellt er nämlich klar: „Man darf die Untersuchungen, in die man über diesen Gegenstand eintreten kann, nicht für historische Wahrheiten nehmen, sondern nur für hypothetische und bedingungsweise geltende Schlußfolgerungen, mehr dazu geeignet, die Natur der Dinge zu erhellen, als deren wahren Ursprung zu zeigen."[150]

Wie also präsentiert sich für Rousseau der Mensch im Naturzustand? Nun, er ist ein solitäres, allein lebendes Wesen, das weder über Sprache noch über Vernunft verfügt, das keinerlei Vorstellungen von Gott hat, keine reflektierten moralischen Pflichten kennt, dem jegliche Begriffe von Recht, Eigentum oder Herrschaft fremd sind und das kein Bewusstsein des Todes hat. In diesem Zustand kannten die Menschen untereinander weder irgendeine Art sozialer Beziehungen noch bewusste Verpflichtungen, lediglich der Mitleidsimpuls war ihnen vertraut. Damit ist es für Rousseau offensichtlich, dass sie weder gut noch schlecht zu sein vermochten und weder Tugenden noch Laster besaßen. Mit anderen Worten: ‚Von Natur aus' erachtet Rousseau den Menschen für moralisch indifferent: Er ist weder gut noch böse, weil es sich hierbei um Kategorisierungen, um Wertungen und Bewertungen handelt, die bereits einen Gesellschaftszustand voraussetzen, um Kategorien also, die auf den Naturzustand schlechterdings nicht anwendbar sind.

So unterscheidet sich der Mensch im Naturzustand kaum vom Tier – wenn es da nicht eine Fähigkeit in ihm gäbe, die nur ihm eigentümlich und dafür verantwortlich ist, dass er über den Naturzustand hinausgelangt: die *Perfectibilité*, die Fähigkeit der Vervollkommnung. Sie, meint Rousseau, wohnt uns, der Gattung wie dem Einzelnen, inne und entwickelt mithilfe der Umstände allmählich alle anderen Fähigkeiten, wie eben Sprache, Vernunft, Recht, Moral und dergleichen mehr. Diese Perfektibilität ist demzufolge der Motor, der den Prozess der Menschwerdung antreibt und voranbringt, einen Prozess freilich, der, wie Rousseau beklagt, den Menschen „auf die Dauer zum Tyrannen seiner selbst und der Natur macht".[151] Der Naturzustand als solcher drängt, wie Rousseau zu bedenken gibt, von sich aus nicht nach seiner Überwindung; er ist nicht immer schon notwendig auf seine Überwindung verwiesen mit dem für Rousseau negativen Zielpunkt des vergesellschafteten, des bürgerlichen Zustands. Vielmehr genügt sich dieser Naturzustand selbst: In ihm gibt es keinerlei Faktoren, die über ihn hinausdrängen.

Was aber gab dann den Ausschlag zu seiner Überwindung, war Ursache und wurde zur Grundlage der Ungleichheit? Im Zuge der Beantwortung dieser Frage eröffnet Rousseau eine Perspektive auf die bürgerliche Gesellschaft, deren Brisanz bis heute nachwirkt: Identifiziert er doch als den alles entscheidenden Grund für deren Entstehung das beanspruchte Recht auf *Eigentum*. Der zweite Teil der *Abhandlung über die Ungleichheit* setzt mit einem wuchtigen Satz ein: „Der erste, der ein Stück Land eingezäunt hatte und es sich einfallen ließ zu sagen: *dies ist mein* und der Leute fand, die einfältig genug waren, ihm zu glauben, war der wahre Gründer der bürgerlichen Gesellschaft." Und er setzt hinzu: „Wie viele Verbrechen, Kriege, Morde, wie viel Not und Elend und wie viele Schrecken hätte derjenige dem Menschengeschlecht erspart, der die Pfähle herausgerissen oder den Graben zugeschüttet und seinen Mitmenschen zugerufen hätte: ‚Hütet euch, auf diesen Betrüger zu hören; ihr seid verloren, wenn ihr vergeßt, daß die Früchte allen gehören und die Erde niemandem'.«[152]

Aber dazu ist es, wie wir allenthalben feststellen können, nicht gekommen. Vielmehr ist genau das Gegenteil eingetreten. Wie Rousseau zeigt, differenziert sich die ursprünglich gleiche Existenzweise der Menschen im Zuge der Sicherung und Ausweitung des beanspruchten Eigentums mehr und mehr aus. Das seinerseits führt dazu, dass die Menschen beginnen, einander zu *vergleichen*. Damit ist das Einfallstor geöffnet für Neid, Missgunst, Eifersucht, Eigenliebe, Zwietracht, Hochmut und dergleichen mehr, die ihren verderblichen Einfluss mehr oder weniger ungehindert in der sich herausbildenden Gesellschaft zur Geltung zu bringen versuchen. All diese Negativaffekte sind nicht eben dazu angetan, die bereits bestehenden Ungleichheiten zu verringern, sondern, im Gegenteil, sie arbeiten daran, sie weiterhin zu vergrößern, die Unterschiede, wie Rousseau schreibt, „fühlbarer" und „anhaltender in ihren Auswirkungen" zu machen.[153] Konkurrenz und Rivalität sowie ein Gegensatz der Interessen sind mithin zwangsläufige Folgen von Eigentumsansprüchen und Besitzsicherung. Aufgrund der Aufteilung des Bodens, der Arbeitsteilung und schließlich der Aufspaltung der Gesellschaft in die Reichen auf der einen und die Armen auf der anderen Seite, die sich feindlich gegenüberstehen, droht die Geschichte am Ende in einen Krieg aller gegen alle à la Hobbes einzumünden. Abgewehrt wird der durch einen sogenannten „Gesellschaftsvertrag", der die verlorene natürliche Freiheit durch eine auf Konvention beruhende, von Menschen gestiftete bürgerliche Freiheit zu kompensieren verspricht. Aber eben damit, so beklagt Rousseau, tragen fortan alle die Ketten des bürgerlichen Zustands, der die natürliche Freiheit „unwiederbringlich" zerstört. „Der Mensch ist frei geboren, und überall liegt er in Ketten":[154] Mit diesem markigen Satz beginnt denn auch sein Entwurf eines neu zu ordnenden Gemeinwesens, der *Contrat social*, der *Gesellschaftsvertrag* von 1762.

Was ist angesichts eines solchen Dilemmas zu tun? Immer noch verbreitet ist die Mär, Rousseau habe allen Ernstes vorgeschlagen, den Naturzustand zu restituieren, mithin, wie Voltaire es in seinem erwähnten Schreiben an Rousseau in ironischer Absicht vorschlägt, wieder ‚auf allen Vieren zu gehen'. So etwas zu empfehlen, es auch nur in Erwägung zu ziehen: Das indessen ist nun so gar nicht Rousseaus Absicht. Zwar kann er im *Zweiten Discours* seine Vorliebe für, ja gar eine gewisse Sehnsucht nach dem Naturzustand nur schwer verhehlen, gleichwohl hielt er eine Rückkehr für völlig ausgeschlossen. „Was denn?", fragt er in der Anmerkung IX dieses *Zweiten Discours*, „soll man die Gesellschaften zerstören, Dein und Mein vernichten und dazu zurückkehren, in den Wäldern mit den Bären zu leben?", um sogleich klarzustellen: „Ein Schluß nach der Ansicht meiner Gegner, dem ich lieber zuvorkommen will, als daß ich ihnen die Schande lassen möchte, ihn zu ziehen."[155] Und in seinem Alterswerk *Rousseau richtet über Jean-Jacques* erklärt er mit aller wünschenswerten Deutlichkeit: „Aber die menschliche Natur geht nicht rückwärts, und nie kommt man in die Zeiten der Unschuld und der Gleichheit zurück, wenn man sich einmal von ihnen entfernt hat."[156]

Ja, gibt es denn nun so gar keine Rettung? Zunächst scheint, auch für Rousseau, keine in Sicht. Um 1762 dann glaubte er doch an eine solche. Und zwar erblickte er sie zum einen in der Politik und zum anderen in der Erziehung. In beidem ging es ihm darum, „den Menschen zu emanzipieren", wie Susan Neiman in ihrem Buch *Das Böse denken* schreibt.[157] Was die Politik anbetrifft, so hat Rousseau mit dem soeben erwähnten *Contrat social* ein politisches Dokument sondergleichen vorgelegt, demzufolge es eine auf dem Gedanken der Volkssouveränität gründende Republik herzustellen gilt, die vom „Gemeinwillen" regiert wird, mit der Perspektive, dass die Freiheit des Einzelnen am Ende mit dem selbst gegebenen Gesetz zusammenfällt.

Und hinsichtlich der Erziehung hat er in seiner ebenfalls 1762 veröffentlichten Schrift *Emile oder Über die Erziehung* ein pädagogisches Konzept entworfen, welches, wie Susan Neiman schreibt, „die im *Discours* beschriebenen Prozesse rückgängig machen sollte. Ein Kind, das nach den Absichten der Natur aufwüchse, wäre für die Übel der Zivilisation nicht anfällig und der Aufgabe gewachsen, eine bessere zu schaffen".[158]

Auf diese Weise sind Rousseaus Schriften aufs Engste miteinander verklammert: Die beiden Diskurse stellen die Diagnose, und die beiden späteren Schriften erarbeiten Therapievorschläge. In dem Brief an Malesherbes, aus dem eingangs zitiert wurde, betont Rousseau selbst, die beiden Diskurse und der *Emile* seien unzertrennlich und bildeten zusammen ein Ganzes.

Wenden wir uns also insbesondere den pädagogischen Therapievorschlägen etwas eingehender zu. Bereits der erste Satz, mit dem der *Emile* einsetzt, gibt die Zielrichtung vor, auf die hin Rousseaus Erziehungskonzept ausgerichtet ist. „Alles ist gut, wie es aus der Hand des Schöpfers kommt", so lautet er nämlich, „alles entartet unter den Händen des Menschen." Und dann heißt es weiter: „Nichts will er haben, wie es die Natur gemacht hat, selbst den Menschen nicht."[159] Mit diesen beiden Sätzen formuliert Rousseau eine der bis in unsere Gegenwart folgenreichsten Entdeckungen der Pädagogik (welcher allerdings, wie wir vernahmen, bereits John Locke vorgearbeitet hat): die Entdeckung nämlich des Kindes als einer eigenen Form des Menschseins, die in sich und durch sich selbst gerechtfertigt ist. Für uns Heutige ist diese Sicht des Kindes nahezu etwas Selbstverständliches geworden. Zu Zeiten Rousseaus war sie dies indessen ganz und gar nicht, wurden Kinder doch als kleine Erwachsene betrachtet, als defiziente Modi erwachsenen Menschseins gewissermaßen, und entsprechend gekleidet, behandelt und erzogen. „Man kennt die Kindheit nicht", wirft Rousseau daher sogleich im Vorwort des *Emile* seinen Zeitgenossen vor, „mit den falschen Vorstellungen, die man von ihr hat, verirrt man sich um so mehr, je weiter man geht. Die Klügsten bedenken nur, was Erwachsene wissen müssen, aber nicht, was Kinder aufzunehmen imstande sind. Sie suchen immer nur den Mann im Kind, ohne daran zu denken, was er vor seinem Mannsein war".[160] Und so sehen wir Rousseau immer wieder betonen, die Natur wolle, dass die Kinder Kinder sein sollen, bevor sie Erwachsene werden, hat doch das Kind Ansichten, Gefühle, Vorstellungen und Begriffe, die nur ihm eigen sind – was für ihn zur Konsequenz hat, dass nichts unsinniger ist, als ihm die unsrigen, erwachsenen, anzuerziehen, ja gar aufzuzwingen.

Was folgt konkret aus dieser Entdeckung des Eigenbestands und Eigenrechts der Kindheit? Für Rousseau zunächst einmal dies: Das Ziel der Erziehung „ist das Ziel der Natur selber".[161] Aber was bedeutet das? Wenn, wie wir soeben von Rousseau vernahmen, alles gut ist, wie es aus den Händen des Schöpfers, sprich der Natur, kommt, und alles unter den Händen des Menschen entartet, dann bringt das für eine Erziehung, die dieser – freilich nicht unumstrittenen – Überzeugung gerecht zu werden versucht, die Konsequenz mit sich, den „Zögling", wie Rousseau das zu erziehende Kind durchgängig nennt, so weit wie eben möglich von allen schädlichen, negativen Einflüssen, die all jene Autoritäten, die bis dahin ihr Recht auf das Kind geltend gemacht haben, abzuschirmen. „Die erste

Erziehung“, so hält Rousseau fest, „muß also rein negativ sein. Sie darf das Kind nicht in der Tugend und in der Wahrheit unterweisen, sondern sie muß das Herz vor Laster und den Verstand vor Irrtümern bewahren“.[162]

Auf diese Weise ist Rousseaus Erziehungskonzept also in erster Linie ein Entwurf einer ‚negativen Erziehung‘ im Sinne einer Abschottung gegen die aus seiner Sicht verderblichen Einflüsse der Gesellschaft mit den sie beherrschenden Autoritäten wie Kirche und Aristokratie. Entsprechend dieser Maßgabe fällt dann auch die von ihm vorgeschlagene Erziehungsmethode aus, gründet sich diese doch, wie er schreibt, „auf das Maß der Fähigkeiten des Menschen in seinen verschiedenen Altersstufen und auf die Auswahl der Beschäftigungen, die diesen Fähigkeiten entsprechen“.[163] Mit anderen Worten gesagt: Die von Rousseau im Ausgang von seiner auf dem Eigenrecht der Kindheit pochenden Grundthese geforderte negativ-natürliche Erziehung hat sich an der jeweiligen intellektuell-geistigen und sittlich-moralischen Entwicklungsstufe des Kindes zu orientieren. Rousseau meinte diesbezüglich vornehmlich folgende Stufen unterscheiden zu können: das „Alter der Natur“, dem er die Jahre zwei bis zwölf zuordnet, das „Alter der Kraft“, welches das heranwachsende Kind zwischen dem zwölften und dem fünfzehnten Lebensjahr durchläuft und an das sich dann bis etwa zum zwanzigsten Lebensjahr die „Reifezeit“ anschließt.

Auf all diesen Entwicklungsstufen gilt in gleicher Weise, dass nicht primär Kenntnisse und Wissensstoff vermittelt werden, sondern dem Heranwachsenden dabei geholfen wird, die in ihm schlummernden Anlagen zur Entfaltung zu bringen und so seine ihm spezifischen Fähigkeiten und Tugenden zu entwickeln. Das, meinte Rousseau, gelinge am ehesten, wenn der Erzieher weitgehend auf Belehrung und förmliches Unterrichten verzichtet und vielmehr den Zögling dazu anleitet, durch Handeln, durch konkreten Umgang mit den Dingen, selbst zu lernen. „Indem man Gutes tut“, so fasst Rousseau diese seine Überzeugung kurz und bündig zusammen, „wird man gut. Ich kenne kein Verfahren, das sicherer wäre“.[164] Einzig auf diese Art und Weise könnten Unabhängigkeit im Urteilen und Handlungsfähigkeit erworben und in den unterschiedlichsten Lebenslagen angewendet werden.

Gekoppelt hiermit ist Rousseaus Forderung, die natürlichen Instinkte und spontanen Regungen des Kindes sich entwickeln zu lassen und sie zu fördern. Richtet man an Rousseau die Frage, was denn die natürlichen und spontanen Regungen des Kindes seien, dann wird man von ihm mit der Antwort beschieden: „Die Quelle unserer Leidenschaften und der Ursprung aller anderen ist die Selbstliebe [*amour de soi*], die mit dem Menschen geboren wird und die ihn nie verläßt, solange er lebt.“[165] Alle anderen Gefühle und Leidenschaften, so gibt Rousseau zu verstehen, hält er in einer gewissen Weise für Spielarten der Selbstliebe – und in diesem Sinne sind sie, wenn man so will, alle natürlich. Als etwas, mit dem uns die Natur beziehungsweise der Schöpfer ausgestattet hat, ist die Selbstliebe, wie es bei Rousseau heißt, „immer gut und entspricht der Ordnung“. „Da jeder“, setzt er erklärend hinzu, „für seine Selbsterhaltung sorgen muß, so ist seine erste und wichtigste Sorge, unablässig darüber zu wachen. Wie könnte er das, wenn er nicht selbst das größte Interesse daran hätte?“[166]

Als dergestalt natürliche ist solche Selbstliebe gewissermaßen ‚unschuldig‘, ‚unverdorben‘. Unter dem für Rousseau verderblichen Einfluss der Gesellschaft verkommt sie zur Eigenliebe (*amour propre*). Letztere bedarf immer des anderen Menschen, um befriedigt werden zu können, lebt sie doch vom Vergleich mit anderen. Da solche Vergleiche unter gesellschaftlichen Bedingungen in der Regel unablässig erfolgen, liegt es auf der Hand, dass die Eigenliebe nie letztgültig zu befriedigen ist. Aber nicht nur das! Aus dem permanenten Vergleich mit den anderen sieht Rousseau gleich ein ganzes Pandämonium von Lastern entspringen, die das Zusammenleben oftmals alles andere als erfreulich gestalten, als da etwa wären: Neid, Eifersucht, Missgunst, Mehr-haben-Wollen, Intrigen, Rachegefühle, Ressentiments. All das, dies ist Rousseaus tiefste Überzeugung, ist Resultat der durch die Vergesellschaftung bedingten Mutation der Selbstliebe zur Eigenliebe; all diese Laster, anders gesagt, sind im Naturzustand völlig unbekannt. In ihm kennt die Selbstliebe nur ein Ziel: nämlich *glücklich* zu sein. „Jeder Mensch“, hält Rousseau fest, auch und gerade der Mensch im Naturzustand, „will glücklich sein“. „Aber“, so fährt er fort, „um glücklich zu sein, müsste man zuerst wissen, was Glück ist“. Der natürliche Mensch, der „homme naturel“, indessen weiß es im Grunde immer schon, ist doch sein Glück „so einfach wie sein Leben“. Genauer gesagt: „Es besteht darin, nicht zu leiden: Gesundheit, Freiheit, der Lebensunterhalt machen es aus“[167] – woraus folgt: „Der Glücklichste ist, wer am wenigsten leidet; der Unglücklichste, wer sich am wenigsten freut.“[168] Trotz dieses Plädoyers für das Glücklichsein weiß auch Rousseau um den Sachverhalt, dass es im Leben von uns Menschen – auch in dem des natürlichen Menschen – immer mehr Leiden als Glück und Freude gibt. „Das Glück auf dieser Erde", schärft Rousseau uns ein – und damit bringt er eine Sichtweise zur Geltung, die auf Schopenhauer vorausweist –, „ist nur ein negativer Zustand". Folglich muss man es „nach dem geringsten Maß an Leiden messen". „Jedes Schmerzgefühl", führt Rousseau aus – und es ist, als hörte man in der Tat Schopenhauer reden –, „ist untrennbar mit dem Wunsch verbunden, sich davon zu befreien. Jede Vorstellung von Glück untrennbar vom Wunsch, es zu genießen. Jeder Wunsch setzt Entbehrung voraus. Alle Entbehrungen aber, die man fühlt, sind schmerzlich. Unser Glück entsteht also aus dem Mißverhältnis zwischen unseren Wünschen und unseren Fähigkeiten. Ein fühlendes Wesen, dessen Fähigkeiten seinen Wünschen entspräche, wäre absolut glücklich".[169]

Das mit unserer Selbstliebe aufs Engste verschränkte Streben nach Glück und der Vermeidung von Schmerz und Leid hält Rousseau demnach für einen entscheidenden Bestandteil unserer natürlichen Grundausstattung. Aber er verkennt zugleich nicht, wie flüchtig, wie vergänglich, wie ‚negativ' alles Glück in Wirklichkeit ist. Infolgedessen hat der kluge Erzieher, der dem Zögling dabei helfen will, seine natürlichen Leidenschaften zu entwickeln, auch dafür Sorge zu tragen, ihm die so verstandene Negativität des Glücks vor Augen zu führen. Freilich darf das gemäß den rousseauschen Erziehungsvorstellungen nicht auf dem Weg abstrakter Belehrung und trockener Unterweisung erfolgen, sondern einzig durch das Heranführen an oder auch das Erzeugen von Situationen, in denen dem Zögling die Möglichkeit geboten wird, selbst die entsprechenden Erfahrungen zu machen, um auf diese Weise durch Handeln zu lernen. Aber auch über diesen Anwendungsaspekt hinaus beweist Rousseau allein schon mit seinen Ausführungen zur Negativität des Glücks seine Kompetenz als philosophischer Erzieher.

Nun gehört, wie Rousseau im fünften und letzten Buch seines *Emile* herausstellt, zu denjenigen Komponenten, die auch im Gesellschaftszustand zum Glück des Heranwachsenden beitragen können, die Liebe zum anderen Geschlecht. Und so gesellt er seinem Protagonisten Emile Sophie an die Seite und lässt die beiden sich ineinander verlieben. Die Liebe dieser beiden zueinander entsteht jedoch auf für die damalige Zeit recht unkonventionelle Weise. Rousseau nämlich stößt in diesem Kontext eine Form von Liebe an, die später als das *Ideal der romantischen Liebe* Karriere gemacht hat. Der Liebhaber beziehungsweise die Liebhaberin, so formuliert Rousseau dieses Ideal, formt sich die Geliebte beziehungsweise den Geliebten in der Fantasie und sucht dann in der realen Welt nach dem Wesen, das dieser Vorstellung entspricht. „Gebt mir", so lässt er seine Sophie sagen, „einen Mann, der von meinen Grundsätzen durchdrungen ist, oder den ich dahin führen kann, und ich heirate ihn. […] Ist es meine Schuld, wenn ich das liebe, was nicht existiert? Ich bin keine Träumerin. Ich will keinen Prinzen, ich suche keinen Telemach; ich weiß, daß er nur eine Erfindung ist. Ich suche jemandem, der ihm ähnlich ist. Und warum soll dieser Jemand nicht existieren, wo ich doch auch existiere und fühle, daß mein Herz seinem Herzen so ähnlich ist".[170]

Mit solchen Darlegungen ist ohne Frage die moderne Idee von der Liebesehe vorweggenommen. Und für uns heute ist es ebenso fraglos, dass eine solche Liebesehe am ehesten gelingen wird, wenn Mann und Frau gleichberechtigt sind. Von einer solchen Gleichberechtigung ist nun aber bei Rousseau überhaupt keine Rede. Ganz das Gegenteil ist der Fall! Die Erziehungsrichtlinien, die er für die Erziehung der Mädchen und jungen Frauen ins Auge fasst, sind von der Maxime geleitet, die Erziehung der Frauen müsse auf die Männer Bezug nehmen und sie hätten sich diesen unterzuordnen. Aber lassen wir Rousseau selber zu Wort kommen: „Ihnen gefallen und nützlich sein, ihnen liebens- und achtenswert sein, sie in der Jugend erziehen und sie im Alter umsorgen, sie beraten, trösten und ihnen das Leben angenehm machen und versüßen: Das sind zu allen Zeiten die Pflichten der Frauen, das müssen sie von ihrer Kindheit an lernen."[171]

Solche Passagen muten uns heute als reichlich anachronistisch und kaum noch goutierbar an. Gleichwohl können sie, aufs Ganze gesehen, das Verdienst des Erziehers Rousseau wohl ebenso wenig schmälern wie der Umstand, dass er bei der Erziehung seiner eigenen fünf Kinder versagte und sie ins Findelhaus steckte – ein Widerspruch, dessen er sich voll und ganz bewusst war und den er im *Emile* mit dem bitteren Satz kommentiert: „Statt das Notwendige zu tun, will ich es sagen."[172] Denn der Erzieher Rousseau hat, nimmt man die weitere geschichtliche Entwicklung Europas in den Blick, an der grundstürzenden Verwandlung der Gesellschaft einen nicht unerheblichen Anteil. Mit guten Gründen nimmt man ihn in die Reihe der Vorläufer der Französischen Revolution auf, denn mit seinem *Contrat social*, dessen Grundideen er in zusammengedrängter Form in das fünfte Buch des *Emile* eingearbeitet hat, hat er nachhaltig die Reformideen jener Revolution beeinflusst und der Veränderung Europas im Sinne von Freiheit, Gleichheit und Brüderlichkeit Vorschub geleistet. Kein Wunder daher, dass Kirche und Aristokratie seiner Zeit alles versucht haben, den *Contrat social* und den *Emile* zu vernichten, indem sie darauf hinwirkten, dass diese beiden Bücher sowohl in Frankreich als auch in Genf verboten, konfisziert und öffentlich verbrannt wurden.

Rousseau nämlich erkannte schon früh: Zu den Entstehungs- und Erhaltungsbedingungen der bürgerlichen Gesellschaft zählen ganz entscheidend ökonomische Faktoren, die sich Anlagen und Bedürfnisse, wie etwa die Selbstliebe und die mit ihr zusammenhängenden Leidenschaften, zunutze machen, die tief in der menschlichen Physis und Psyche verankert sind. Und in eins damit wurde ihm klar: Aufgrund der ökonomischen Verflechtungen werden die Individuen im vergesellschafteten, bürgerlichen Zustand in zunehmendem Maße auf Gedeih und Verderb aneinandergekettet, sodass ein selbst verantwortetes, autark geführtes Leben für den größten Teil der Menschen kaum noch möglich ist. Zudem verweist Rousseau ebenfalls schon sehr früh auf die Ambivalenz des Fortschritts, des wissenschaftlichen insbesondere. Einerseits ist nicht zu übersehen – und das stellt Rousseau ja auch gar nicht grundsätzlich in Abrede –, dass Wissenschaften und Handwerk daran mitgewirkt haben, die Lebensbedingungen der Menschen zu verbessern; andererseits beklagt er deren Rückwirkungen auf das Verhalten der Menschen, haben Künste und Wissenschaften doch, wie er meint, eine Lockerung der Sitten, eine Verderbnis des Geschmacks, eine Denaturierung des Menschen, kurz: eine tief greifende Depravierung des im gesellschaftlichen Zustand lebenden Menschen zur Folge. Unmöglich kann dieser Zustand rückgängig gemacht werden. Allenfalls kann Erziehung hier korrigierend und, vielleicht, heilend eingreifen.

Jedenfalls hat der philosophische Erzieher Rousseau eine Revolution der pädagogischen Vorstellungen eingeleitet: vor allem mit seinem Plädoyer für das Eigenrecht des Kindes und der von ihm in diesem Zusammenhang erhobenen Forderung, das Kind solle seine Anlagen ohne äußeren Zwang und Befehl in voller Freiheit entwickeln, eine Forderung, die von den Modellen der antiautoritären Erziehung im zwanzigsten Jahrhundert aufgegriffen worden ist. Nicht nur dieser Richtung der Pädagogik hat der philosophische Erzieher Rousseau mit den Weg gebahnt.

VIII

Immanuel Kant: Erziehung des Menschen zur Selbstbestimmung

Das Jahr 1750, so haben wir soeben gesehen, markierte eine existentielle Wende im Leben des Jean-Jacques Rousseau. Zwölf Jahre später, also 1762, gibt eben dieser Jean-Jacques Rousseau dem Denken eines anderen Philosophen, der in der Folgezeit zum renommiertesten Denker seiner Zeit avancieren sollte, eine andere Richtung: dem des Königsbergers Universitätslehrers Immanuel Kant. 1762: Das ist das Jahr, in dem, wie wir wissen, Rousseaus bahnbrechende Schriften über den Gesellschaftsvertrag und die Erziehung erscheinen. Insbesondere die Lektüre des *Emile* hat Kant so sehr in ihren Bann gezogen, dass er ihretwegen seine Alltagsroutine durchbrach und seinen nachmittäglichen Spaziergang schlichtweg vergaß. In einer Notiz aus seinem handschriftlichen Nachlass hält Kant, auf das Jahr 1762 zurückblickend, fest: „Ich bin selbst aus Neigung Forscher. Ich fühle den gantzen Durst nach Erkenntnis u. die begierige Unruhe darin weiter zu kommen oder auch die Zufriedenheit bey jedem Erwerb. Es war eine Zeit da ich glaubte dieses allein könnte die Ehre der Menschheit machen u. ich verachtete den Pöbel der von nichts weis. Rousseau hat mich zurecht gebracht. Dieser verblendende Vorzug verschwindet, ich lerne die Menschen ehren u. ich würde mich unnützer finden wie den gemeinen Arbeiter wenn ich nicht glaubete daß diese Betrachtung allen übrigen einen Werth ertheilen könne, die rechte der Menschheit herzustellen."[173]

Die Lektüre der rousseauschen Erziehungsschrift übte offensichtlich eine so nachhaltige Wirkung auf Kant aus, dass er nach 1762 zwar nicht äußerlich sein Leben änderte, aber immerhin doch – und das dürfte bei einem Philosophen wohl ungleich schwerer wiegen! – den Orientierungspunkt seines Denkens. Kein Wunder daher, dass Kant in Rousseau den ‚Newton des Geistes' erblickte! Bisher hatte sich Kant mehr oder weniger einseitig an dem ausgerichtet, was er in der „Transzendentalen Methodenlehre" der *Kritik der reinen Vernunft* als „Schulphilosophie" bezeichnet und worunter er ein „System der Erkenntnis" versteht, also eine Erkenntnis, die sich als Wissenschaft zu konstituieren versucht und die ausschließlich eine systematische Einheit dieses Wissens anstrebt beziehungsweise, wie Kant auch sagt, einzig die *logische* Vollkommenheit der Erkenntnis zum Zweck hat und darüber hinaus keinerlei weitere Ziele verfolgt. Jetzt, nach 1762, wendet sich Kant mehr und mehr von einem so verstandenen „Schulbegriff" von Philosophie ab und ihrem „Weltbegriff" zu. Philosophie ihrem Weltbegriff nach – das ist, so Kant, „die Wissenschaft von der Beziehung aller Erkenntnis auf die wesentlichen Zwecke der menschlichen Vernunft".[174] Der Weltphilosophie kommt es demnach nicht so sehr darauf an, ein System des Wissens zu errichten; vielmehr geht es ihr in erster Linie darum, der Beziehung von Wissen und Erkenntnis auf das nachzuspüren, was Kant die wesentlichen Zwecke der menschlichen Vernunft nennt.

Machen wir uns das, worauf Kant mit dieser Wendung von der Schulphilosophie zur Weltphilosophie hinauswill, zunächst an einem Beispiel klar. Die Schulphilosophie etwa fragt: ‚Was ist der Mensch?' und unternimmt es, diese Frage mit einer ‚schulmäßigen' Definition zu beantworten. Und sie kann das in Angriff nehmen, indem sie etwa Physis und Psyche des Menschen, mithin seine körperliche Konstitution ebenso wie seine kognitiven Leistungen, seine Affekte, Leidenschaften und Neigungen beschreibt und die einzelnen Erkenntnisse zu einer systematischen Einheit zu verbinden versucht.

Der ‚Weltphilosoph' hingegen kritisiert Fragestellung und Erklärungsansatz der Schulphilosophie als gleichermaßen einseitig akademisch und theoretisch und ersetzt die Frage ‚Was ist der Mensch?' durch solche der Art ‚Wozu bin ich bestimmt? Worin liegt der Endzweck, worin liegt die Bestimmung meines Lebens?' Solche Fragen sind existentieller und unmittelbar praktischer Natur.

Auch nach 1762 versteht sich Kant weiterhin als Forscher und Wissenschaftler. Aber Forschung und Wissenschaft sollen fortan für ihn unter der Führung der praktischen Vernunft stehen – und das heißt für Kant letztlich: in der *Verantwortung für die Menschheit*. Das ist der Kernpunkt seines Aufklärungs- und, wenn man so will, ‚Erziehungs'-Projekts. Kant selbst denkt die Frage nach der Bestimmung des Menschen dahin gehend zu Ende, dass der Mensch dazu bestimmt ist, sich selbst zu bestimmen – und zwar hinsichtlich all seiner Weltbezüge. Mit anderen Worten: Die Bestimmung des Menschen liegt für den ‚Weltphilosophen' Immanuel Kant in der Erziehung des Menschen zu Autonomie in allem, was Erkenntnis, Wissenschaft, Moral, Religion und Gestaltung des Staates anbetrifft.

Diese Überlegung: dass wir Menschen dazu bestimmt seien, uns selbst zu bestimmen, liegt auch seiner Beantwortung der Frage „Was ist Aufklärung?" zugrunde. Die Antwort, die Kant darauf in seinem 1783 erschienenen kleinen Aufsatz gleichen Titels gibt, ist so wirkmächtig geworden, dass sie bis in unsere Zeit geradezu zum Synonym für ‚Aufklärung' geworden ist. Aufklärung, so hält Kant nämlich fest, „ist der Ausgang des Menschen aus seiner selbstverschuldeten Unmündigkeit". Mit „Unmündigkeit" meint er dabei „das Unvermögen, sich seines Verstandes ohne Leitung eines anderen zu bedienen". Selbst verschuldet ist solche Unmündigkeit für Kant dann, „wenn die Ursache derselben nicht am Mangel des Verstandes, sondern der Entschließung und des Mutes liegt, sich seiner ohne Leitung eines anderen zu bedienen". „Sapere aude!", setzt Kant folgerichtig hinzu: „Habe Mut, dich deines *eigenen* Verstandes zu bedienen!" Dies, so schreibt er, sei der „Wahlspruch der Aufklärung".[175] Zu solchem Selbstdenken, so war Kant überzeugt, können die Menschen erzogen werden. Und überhaupt war er der Ansicht, wie er in seiner 1803 von Friedrich Theodor Rink herausgegebenen Vorlesung *Über Pädagogik* zu verstehen gibt – und mit diesem Optimismus gibt sich Kant als ganz und gar dem Geist des Aufklärungszeitalters verhaftet zu erkennen –, der Mensch könne nur Mensch werden durch Erziehung und er sei nichts, als was die Erziehung aus ihm mache.[176]

Im Zusammenhang mit seiner Forderung, seinen eigenen Verstand zu gebrauchen, plädiert Kant für die Herstellung von Öffentlichkeit, damit es dem Einzelnen leichter gemacht werde, sich aus seiner Unmündigkeit zu befreien. Mit „Öffentlichkeit" meint er hier vornehmlich ein Publikum als eine Leserwelt, das sich seine Gedanken mitteilt, sie öffentlich, beispielsweise in Zeitschriften und Zeitungen, in Gesprächszirkeln und anderen öffentlichen Foren, diskutiert. Dazu bedarf es freilich als Grundvoraussetzung der Gedankenfreiheit, der Freiheit, wie Kant sagt, „von seiner Vernunft in allen Stücken *öffentlichen Gebrauch* zu machen". Allein ein solcher öffentlicher Vernunftgebrauch könne Aufklärung unter die Menschen bringen und ihnen dabei helfen, sich ihrer Bestimmung anzunähern.

Von diesem öffentlichen Gebrauch der Vernunft unterscheidet Kant den *Privatgebrauch* der Vernunft, das ist die kritische Vernunft des Einzelnen in und gegenüber seinem Beruf. Mit dem privaten Gebrauch der Vernunft meint Kant also – abweichend vom heutigen Sprachgebrauch – die Benutzung seiner Vernunft in einem „bürgerlichen Posten oder Amte". Wörtlich kann man diesbezüglich bei ihm lesen (und in diesem Zitat kommt Kant, der Preuße, zum Vorschein): „Hier ist es nun freilich nicht erlaubt zu räsonnieren, sondern man muß gehorchen."[177] Mit dieser Unterscheidung zwischen öffentlichem und privatem Gebrauch der Vernunft spaltet Kant den Menschen gewissermaßen auf in einen öffentlichen und einen privaten Teil. So darf jemand, wie Kant seine Unterscheidung näher erläutert, etwas durchaus öffentlich kritisieren, zum Beispiel die Praxis der Besteuerung des Landes, dessen Bürger er ist; andererseits aber muss er als steuerpflichtiger Berufsmensch pünktlich seine Steuern zahlen. Oder, um ein anderes Beispiel zu nehmen: Der Geistliche vermittelt von seinem Beruf her seiner Gemeinde die Symbole ihres Bekenntnisses. Als Gelehrter hingegen kann er den Sinn eines Symbols, wie beispielsweise den der Taufe, öffentlich zur Diskussion stellen.

Bei all dem war sich Kant völlig darüber im Klaren, dass die Menschen – oder genauer gesagt: einige, die eine Vorreiterrolle einnehmen – bestenfalls auf dem Weg zu ihrer Bestimmung sind, sie aber noch lange nicht erreicht haben. Und so antwortet er denn auch auf die von ihm selbst gestellte Frage, ob er in einem *aufgeklärten* Zeitalter lebe, mit „Nein", aber wohl, wie er hinzusetzt, in einem Zeitalter der *Aufklärung*[178] – womit er das Auf-dem-Weg-Sein der Menschen seiner Zeit akzentuiert, an dessen Ende sie hoffen dürfen, ihre Bestimmung zu erreichen: nämlich, um es noch einmal zu wiederholen, sich selbst zu bestimmen, autonome Wesen zu werden, die auf dem Weg der Selbstvervollkommnung stetig voranschreiten.

Sich selbst zu bestimmen, dazu bedarf es der „Vernunft". Aber spielt Vernunft darüber hinaus nicht auch eine maßgebliche Rolle, wenn wir uns von dieser eher praktischen Seite ab- und der Gewinnung von Wissen und Erkenntnis zuwenden? Ohne Frage tut sie das, versichert uns Kant sogleich. Doch gilt es hierbei, ihre Funktion genauer unter die Lupe zu nehmen. Nähern wir uns dem, was Kant letztlich intendierte und in seiner ersten großen Kritik, der *Kritik der reinen Vernunft* des Jahres 1781, ausführte, auf einem kleinen Umweg.

Der Überlieferung nach nahmen abendländische Philosophie und Wissenschaft ihren Ausgang vom Staunen und der Verwunderung darüber, dass überhaupt etwas ist. Warum, so wurde – wie Platon und Aristoteles bezeugen – um die Mitte des ersten Jahrtausends vor Christus im antiken Griechenland gefragt, gibt es diesen Kosmos? Warum gibt es diese Welt mit ihrem Formenreichtum? Warum gibt es überhaupt etwas? Warum gibt es nicht nichts? Mit anderen Worten: Die antike Welt ging – ohne das zunächst weiter zu problematisieren – davon aus, dass es *etwas* gibt. Nur dann, so war man überzeugt, kann es auch so etwas wie Erkenntnis und Wissen geben. Erkenntnis, so hielt denn Platon folgerichtig fest, muss Erkenntnis *von etwas* sein. Und dieses Etwas *muss* sein und kann nicht nichts sein. Erkenntnis, und damit die auf Erkenntnis abzielende Philosophie und Wissenschaft, wird von ‚dem Seienden', das heißt von den Dingen, den Gegenständen, der Natur, der Welt selbst als notwendigem Korrelat der Erkenntnis ermöglicht. Erkenntnis des Seienden aber ist, mit einem Fremdwort, das sich vom griechischen *to on*, ‚Sein', ableitet, gesagt, *ontologische* Erkenntnis.

Dieses ontologische Leitbild bestimmte die philosophische Szenerie bis zu Beginn der Neuzeit, genauer gesagt, bis zum Beginn des siebzehnten Jahrhunderts. Jetzt machte sich hinsichtlich der Erkennbarkeit der Dinge zunehmend Skepsis breit. Diese Skepsis führt zu einer Neubesinnung, zu einem erneuten Nachdenken über das, was man bisher für selbstverständlich gehalten hatte: dass die Dinge einfach da sind und von uns ohne große Probleme erkannt werden können. Die skeptische Neubesinnung ist eine *reflexive* Einstellung und es kommt die Frage auf: Wie ist es mir überhaupt *möglich*, etwas zu erkennen? Und woher nehme ich die Gewissheit, dass es sich bei dem, was ich erkenne, um *wahre* Erkenntnis handelt? Die Konsequenz hieraus ist: Die Philosophie kann nicht mehr mit dem Staunen und der Verwunderung darüber beginnen, warum überhaupt etwas ist. Sondern sie muss den Zweifel und die Skepsis, nachdem beide nun einmal in der Welt sind, ernst nehmen. Das aber heißt: Sie muss den Zweifel zu ihrer eigenen Sache machen und versuchen, ihn so in den Griff zu bekommen, dass Philosophie als Streben nach wahrer Erkenntnis möglich bleibt. Das aber verändert die Blickrichtung fundamental. Denn die Ausgangsfrage kann fortan nicht mehr lauten: ‚Was ist?', sondern: ‚Was können wir erkennen? Was kann ich wissen?'

Für René Descartes, den ‚Vater der neuzeitlichen Philosophie', wie er genannt worden ist, ist Philosophie dann folgerichtig nicht mehr Ontologie, sondern in erster Linie ein Nachdenken über die „Prinzipien der menschlichen Erkenntnis", wie er in seiner 1644 veröffentlichten Schrift *Die Prinzipien der Philosophie* schreibt.[179] Damit bahnt er einer philosophischen Disziplin den Weg, die seit dem neunzehnten Jahrhundert ‚Erkenntnistheorie' heißt. Die Erkenntnistheorie untersucht nicht die Welt oder das Seiende, sondern unser *Wissen* von der Welt. Als ihre Grundfragen können etwa die folgenden angegeben werden: *Wie* erkennen wir? Wie *weit* reicht unsere Erkenntnis? Warum erkennen wir gerade so, wie wir erkennen? Wie *sicher* ist unsere Erkenntnis? Und worauf beruht solche Sicherheit?

Nicht um die Gegenstände, die Dinge, die ‚Welt', das ‚Seiende' geht es also der Erkenntnistheorie; sie richtet vielmehr, mit Kant gesprochen, ihr Augenmerk auf die *Bedingungen der Möglichkeit* von Gegenständen, von Dingen, von Welt, von Seiendem. Damit aber ist ein fundamentaler Perspektivenwechsel angezeigt.

Bereits John Locke, wir erinnern uns, wies in seinem *Essay über den menschlichen Verstand* der Erkenntnistheorie die Aufgabe zu, Ursprung, Gewissheit und Umfang der menschlichen Erkenntnis zu untersuchen. Schon im siebzehnten Jahrhundert bilden sich zwei rivalisierende Ansätze heraus, die eine solche Untersuchung in Angriff nehmen: der *Empirismus* einerseits und der *Rationalismus* andererseits. Die Rationalisten, zu denen beispielsweise Descartes, Spinoza und Leibniz zählen, sind, kurz gesagt, der Ansicht, es gebe Begriffe und Prinzipien, die dem Geist eingeboren sind. Descartes bezeichnet sie als „ideae innatae": eingeborene Ideen also. Diese, so meinen die Rationalisten, sind uns immer schon mit unserer Vernunft gegeben und können deshalb ohne Hilfe der Erfahrung entwickelt werden. Zu ihnen rechnen sie grundlegende Prinzipien und Axiome der Logik und der Mathematik, bestimmte Kategorien – wie etwa die der ‚Einheit' und der ‚Substanz' – ferner die Idee Gottes, aber auch ethische Prinzipien wie etwa den Pflichtbegriff, oder praktische Prinzipien, zum Beispiel diejenigen, Lust zu suchen und Unlust zu vermeiden.

Wenn der Rationalist gefragt wird: Wenn du Theorien aufstellst, die du unabhängig von der Erfahrung gewonnen hast, wieso kannst du dann sicher sein, dass deine Erklärung tatsächlich auf die Dinge zutrifft?, dann weiß der sich mit der Annahme zu helfen: Der Vernunft und der erfahrbaren Wirklichkeit liegen gleiche, aufeinander zugeordnete Strukturen zugrunde. Der Rationalist behauptet also eine Gleichförmigkeit, eine Isomorphie, zwischen Erkenntniskategorien – sprich: den eingeborenen Ideen – und realer Welt.

Eben diese Isomorphie sowie die ihr zugrunde liegende Annahme eingeborener Ideen, die vor aller Erfahrung – also a priori, wie Kant später sagen wird – in unserem Geist bereitliegen sollen, wird von den Empiristen, zu denen neben dem uns bekannten John Locke als namhafter Vertreter insbesondere der Schotte David Hume zu zählen ist, scharf kritisiert und zurückgewiesen. Nach empiristischer Ansicht sind unsere *Sinne* die Quelle all unserer Erkenntnis, sind, wie der österreichisch-britische Wissenschaftsphilosoph Karl Raimund Popper es ausdrückt, „die Eingangspforten in unser Bewußtsein".[180] Popper hat diesen erkenntnistheoretischen Ansatz – treffend, wenn zugegebenermaßen auch etwas despektierlich – als „Kübeltheorie des Geistes" bezeichnet, weil sie davon ausgeht, unser Geist sei anfangs eine Art leerer Kübel, in den nach und nach immer mehr Material durch unsere Sinne hineingelangt und „verdaut", das heißt umgeformt, bearbeitet wird. John Locke fasste dementsprechend diese Sicht der Dinge mit der uns bereits vertrauten Formulierung zusammen, nichts sei im Verstand, was nicht zuvor in den Sinnen war. Der Empirismus begreift Erkenntnis mithin überwiegend als *passives* Abbilden von Welt: Wir brauchen nur unsere Sinne offen zu halten, und schon spaziert, etwas salopp gesagt, die Welt in unseren Kopf herein.

Und nun betritt Immanuel Kant den Schauplatz des Denkens und übernimmt die Regie: War er es doch, der den Streit zwischen Rationalisten und Empiristen zu schlichten versuchte und damit ein neues erkenntnistheoretisches Leitbild entwickelte.

Wie aber kam es dazu? Nun, war es hinsichtlich der praktisch-pädagogischen Fragestellung Rousseau, der Kants Denken neue Wege wies, so war es hinsichtlich der soeben umrissenen erkenntnistheoretischen Problematik der erwähnte David Hume, welcher Kants Überlegungen in eine andere, wegweisende Richtung lenkte. In der Vorrede zu seinen *Prolegomena zu einer jeden künftigen Metaphysik, die als Wissenschaft wird auftreten können*, einer Schrift, die Kant 1783 erscheinen ließ, hält er fest: „Ich gestehe frei: die Erinnerung des *David Hume* war eben dasjenige, was mir vor vielen Jahren zuerst den dogmatischen Schlummer unterbrach und meinen Untersuchungen im Felde der spekulativen

Philosophie eine ganz andre Richtung gab."[181] Kants „dogmatischer Schlummer": Das war sein blindes Vertrauen auf Beobachtung und die eingeborenen Ideen der Rationalisten. In diesem dogmatischen Schlummer war er so lange befangen, bis Hume ihm solches Vertrauen nahm, indem er ihn überzeugte, dass Erfahrungsurteile nichts über eine notwendige Verknüpfung zwischen zwei – oder mehreren – Ereignissen aussagen.

Was heißt das? Hume[182] hatte seinerzeit zwei große Gegenstandsbereiche menschlichen Denkens unterschieden: Vorstellungsbeziehungen – ‚relations of ideas' – einerseits und Tatsachen – ‚matters of fact' – andererseits. Mit den ersteren haben es Mathematik und Logik zu tun. Deren Gegenstände sind Objekte reinen Denkens: Sie gelten unabhängig von unserer Sinnenwelt. Anders hingegen sieht es bei den ‚matters of fact' aus: Ihnen nämlich fehlt die Sicherheit des reinen Denkens. Verdeutlichen wir uns das an einem Beispiel: Es ist eine wohl unbestreitbare Tatsache, dass sich ein Stein, den ich loslasse, auf den Erdboden zu bewegt. Diese Tatsache, die *bisher* in allen Fällen beobachtet werden konnte, betrifft aber nicht nur die bisherigen Beobachtungen, sondern bezieht auch das *zukünftige* Verhalten des Steins mit ein: Auch morgen, so bin ich felsenfest überzeugt, wird sich der Stein, wenn ich ihn loslasse, auf den Erdboden zubewegen. Diese Extrapolation bisheriger Beobachtungen auf zukünftige Ereignisse hängt laut Hume mit der Überzeugung zusammen, dass zwischen dem Loslassen des Steins und seiner Bewegung in Richtung auf den Erdboden eine *notwendige Verknüpfung* besteht. Und nun stellt Hume klar: Was ich beobachten kann, ist, dass die zwei Ereignisse A – Loslassen des Steins – und B – dessen Bewegung zur Erde – räumlich benachbart sind und zeitlich aufeinanderfolgen, sowie dass sie bisher immer so abgelaufen sind. Was ich hingegen empirisch ganz und gar nicht beobachten kann, ist die angenommene notwendige Verknüpfung zwischen den Ereignissen A und B, von denen A die Ursache und B die Wirkung sein soll. Das aber besagt für Hume nichts weniger, als dass die Idee einer notwendigen kausalen Verknüpfung zwischen der Ursache A und der Wirkung B nicht aus der Erfahrung stammt – mithin nicht aus der für Hume einzig zuverlässigen und legitimen Quelle unserer Erkenntnisse.

Ja – aber woher denn dann? Hume erklärt das Phänomen psychologisch. Er nämlich meinte, die Überzeugung, dass B notwendig auf A folgt, sei das Produkt der *Gewohnheit*. Wenn wir die räumlich benachbarten und zeitlich aufeinanderfolgenden Ereignisse A und B wiederholt beobachten, so gewöhnen wir uns daran, die beiden Ereignisse miteinander zu assoziieren, sodass in uns allmählich das Gefühl erzeugt wird, der Ablauf müsse immer und notwendigerweise so sein. Dergestalt wird dann, wie Hume kritisiert, eine subjektive Wahrnehmungsgewohnheit als objektiver Zusammenhang missgedeutet, also gewissermaßen ‚ontologisiert'.

Ob Humes psychologischer Erklärungsansatz stichhaltig ist oder nicht, braucht uns hier nicht weiter zu beunruhigen. Beunruhigend, und Kant aus seinem dogmatischen Schlummer reißend, ist hingegen etwas anderes: Kant erlebte in seinem Jahrhundert unmittelbar den Aufschwung der modernen Naturwissenschaft – er war drei Jahre alt, als Newton starb und der Welt das Paradigma der klassischen Physik hinterließ. Offenbar ließen die überwältigenden Erfolge der Physik keinen Zweifel an der Möglichkeit von Naturwissenschaft. Andererseits aber gab es da die scharfsinnigen Überlegungen Humes, die Kant von der Unmöglichkeit reiner Erkenntnis bloß mittels der Vernunft überzeugten, sofern sie über Mathematik und Logik hinausging und Tatsachen, also Welt und Wirklichkeit, betreffen sollte.

Wie war dieses Dilemma zu lösen? Kants Antwort – in aller Kürze – besagte: Man muss die Vorstellung, Erkenntnis sei als Abbildungsvorgang zu begreifen, verabschieden. Man ahnt dem ersten Eindruck nach vielleicht nicht, wie sehr Kant damit unser Weltbild revolutionierte und uns lehrte, die Beziehungen zwischen unserem Wissen und der Welt auf eine bis dato völlig neue, ja eben *revolutionär* neue Weise zu begreifen. Nicht die Welt da draußen, schärft Kant uns mit jenem Sätzchen ein, gibt unseren Wissensinhalten die Struktur vor, indem sie unserem Geist die Vorlage zu seinen Vorstellungen und Ideen liefert. Nein, es verhält sich genau umgekehrt: Wir als autonomes Erkenntnissubjekt sind es, unser Geist ist es, das beziehungsweise der gewissen unstrukturierten Vorgaben, den Dingen außer uns, die im Erkenntnissubjekt – im Geist – selbst liegenden Formen aufprägt und aus dieser Synthese aus Subjekt und Ding die Welt der Erscheinungen entstehen lässt. Nicht die Natur vermittelt uns Gesetze – davon war Kant durch Hume überzeugt worden –, sondern *wir* schreiben der Natur die Gesetze vor, indem wir sie gemäß den in uns liegenden Anschauungsformen und Denkkategorien strukturieren.

Kant vergleicht diese Umwälzung der Sichtweise mit der astronomischen des Kopernikus. In der Vorrede zur zweiten Auflage der *Kritik der reinen Vernunft*, die er 1787 veröffentlichte, stellt Kant fest: „Bisher nahm man an, alle unsere Erkenntnis müsse sich nach den Gegenständen richten; aber alle Versuche, über sie a priori etwas durch Begriffe auszumachen, wodurch unsere Erkenntnis erweitert würde, gingen unter dieser Voraussetzung zu nichte. Man versuche es daher einmal, ob wir nicht in den Aufgaben der Metaphysik damit besser fortkommen, daß wir annehmen, die Gegenstände müssen sich nach unserem Erkenntnis richten, welches so schon besser mit der verlangten Möglichkeit einer Erkenntnis derselben a priori zusammenstimmt, die über Gegenstände, ehe sie uns gegeben werden, etwas festsetzen soll. Es ist hiemit eben so, als mit den ersten Gedanken des *Kopernikus* bewandt, der, nachdem es mit der Erklärung der Himmelsbewegungen nicht gut fort wollte, wenn er annahm, das ganze Sternheer drehe sich um den Zuschauer, versuchte, ob es nicht besser gelingen möchte, wenn er den Zuschauer sich drehen, und dagegen die Sterne in Ruhe ließ. In der Metaphysik kann man nun, was die *Anschauung* der Gegenstände betrifft, es auf ähnliche Weise versuchen. Wenn die Anschauung sich nach der Beschaffenheit der Gegenstände richten müßte, so sehe ich nicht ein, wie man a priori von ihr etwas wissen könne; richtet sich aber der Gegenstand (als Objekt der Sinne) nach der Beschaffenheit unseres Anschauungsvermögens, so kann ich mir diese Möglichkeit ganz wohl vorstellen.“[183]

Mit dieser viel gerühmten und viel zitierten ‚kopernikanischen Wende‘ nicht nur im Denken Kants, sondern der neuzeitlichen Philosophie insgesamt war eine neuartige Form des Denkens gefunden, mit deren Hilfe es Kant gelang, die alten Strukturen der Schulphilosophie, die sich überaus gern in ausufernden Spekulationen über alle nur denkbaren Gegenstände erging, aufzubrechen und die traditionellen philosophischen Probleme auf eine neuartige Weise zu bedenken.

In Anlehnung an die uns mittlerweile bekannte Formulierung John Lockes unternimmt Kant es, in der *Kritik der reinen Vernunft* „die Quellen, den Umfang und die Grenzen“ des menschlichen Erkenntnisvermögens zu bestimmen.[184] Die beiden *Quellen* all unserer Erkenntnis, so zeigt Kant auf, sind einerseits die *Sinnlichkeit* und andererseits der *Verstand*. Unsere Sinnlichkeit, erklärt Kant, ist rezeptiv, also aufnehmend, ist die Fähigkeit unseres Bewusstseins – unseres „Gemüts“, wie Kant sich ausdrückt –, Vorstellungen zu empfangen. Allerdings ist sie hierin nicht rein passiv, strukturiert sie doch bereits das Anschauungsmaterial insofern, als in ihr die beiden Anschauungsformen Raum und Zeit liegen. Das bedeutet: Unsere Sinne – mit Kant gesprochen: unsere *äußere* Anschauung – vermittelt uns die Dinge dreidimensional, also räumlich geordnet. Und unsere *innere* Anschauung liefert uns die Welt als zeitliche Abfolge.

Unser Verstand hingegen, so klärt Kant uns auf, ist spontan, selbsttätig: Er verfügt über die Fähigkeit, Vorstellungen selbst hervorzubringen. In ihm nämlich liegen bestimmte Begriffe, durch die ein Gegenstand gedacht wird. Bei diesen Begriffen, über die wir nach Kant immer schon a priori, also vor aller Erfahrung verfügen, weil sie so etwas wie Erfahrung allererst ermöglichen, handelt es sich um Denkformen, unter denen das sinnliche Material gedacht wird. Diese Denkformen nennt Kant auch „Verstandesbegriffe“ oder „Kategorien“. Man kann sie sich als eine Art Schubladensystem vorstellen, in die der Verstand das durch die Sinne empfangene Material einordnet. Zum Beispiel ordnet er das sinnliche Material gemäß *quantitativen* Kategorien: Er denkt die Dinge als Einheit, als Vielheit und als „Allheit“, will sagen, er betrachtet die Vielheit als Einheit: So, wie wir etwa die Vielheit der Dinge in dem einen Universum begreifen. Oder, um eine andere Gruppe von solchen Kategorien heranzuziehen, er denkt die Dinge *relational* aufeinander bezogen, zum Beispiel als Substanz und Akzidens, das heißt als das Wesen eines Dings in Relation zu seinen Eigenschaften, oder als Kausalität, also als Ursache-Wirkungs-Relation, oder als Wechselwirkung.

Verdeutlichen wir uns das etwas näher an einem Beispiel und greifen wir uns die Kategorie der Kausalität heraus! Hume, so vernahmen wir, erklärte sich den Zusammenhang zwischen zwei Ereignissen, die wir kausal miteinander verknüpfen, obwohl sich eine solche Verknüpfung gar nicht beobachten lässt, als durch Gewohnheit entstanden. Kant nun zeigte auf: Dass wir zwischen den beiden fraglichen Ereignissen eine kausale Verknüpfung behaupten, rührt daher, dass unser Verstand das mittels der Sinne gelieferte Beobachtungsmaterial mithilfe der in ihm a priori liegenden Kategorie von Ursache und Wirkung miteinander verknüpft. Die beiden beobachteten Ereignisse selbst, darin ist Kant mit Hume einer Meinung, lassen eine solche kausale Verknüpfung in der Tat nicht erkennen. Aber unser Verstand strukturiert mittels seiner Denkkategorien dieses sinnliche Material so, dass er es als kausal miteinander verbunden denkt. Auf diese Weise organisiert er das Anschauungsmaterial, ja schreibt, wie Kant sagt, der Natur die Gesetze vor.

Für unsere Zwecke können wir es bei diesen knappen Hinweisen bewenden und den alten Streit auf sich beruhen lassen, ob die kantische Tafel der Kategorien vollständig ist oder nicht beziehungsweise ob sie nicht eine Reihe „blinder Fenster“ enthält, wie Schopenhauer kritisch gegen Kant einwandte. Worauf es uns hier vielmehr ankommt, ist, dass zu dem Projekt des philosophischen Erziehers Kant die Vermittlung der Einsicht gehört: Erkenntnis ist keine bloße, mehr oder weniger passive, Abbildung der äußeren Wirklichkeit, sondern ein aktiver, ja geradezu konstruktiver Prozess, schreibt doch, mit Kant gesagt, unser Verstand, im Verein mit der sinnlichen Anschauung, der ungeordneten Masse der Sinnesdaten seine Gesetze, seine Regeln vor und ordnet und strukturiert er sie dadurch.

Wichtig bei dieser Konstruktion dessen, was uns als Welt, was uns als Wirklichkeit gilt, ist für Kant, dass Sinnlichkeit und Verstand von gleichem Rang, dass beide für unsere Erkenntnis gleich unentbehrlich sind. Denn es liegt ja auf der Hand: Ohne Sinnlichkeit würde uns kein Gegenstand gegeben und ohne Verstand keiner gedacht werden können. Daher kann Kant sagen: „Gedanken [bzw. Begriffe] ohne Inhalt sind leer, Anschauungen ohne Begriffe sind blind“.[185] Man kann diesen Sachverhalt auch so formulieren: Der Verstand vermag nichts anzuschauen, und die Sinne vermögen nichts zu denken. Nur daraus, dass sie sich vereinigen, dass sie zusammenwirken, kann Erkenntnis entspringen. Erkenntnis ist also eine Synthese aus Anschauungen und Begriffen. Und weil das so ist, ist Naturwissenschaft möglich: Die Kategorien, über die der Verstand immer schon – a priori – verfügt, erlauben es uns, beispielsweise von Quantitäten und Qualitäten, von Modalitäten wie Möglichkeit, Wirklichkeit, Notwendigkeit und Zufälligkeit sowie von Beziehungen zwischen Ereignissen, also von Ursache-Wirkungs-Verhältnissen und von Wechselwirkung zu sprechen.

Zur philosophischen Bildung gehört nach Kant demnach unabdingbar eine Revision unserer alltäglichen Vorstellungen hinsichtlich des Zustandekommens von Wissen und Erkenntnis sowie eine Aufklärung über den aktiv-konstruktiven Anteil, den unsere Erkenntniskräfte bei der Auffassung dessen haben, was uns als Welt und Wirklichkeit gilt. Zudem müssen alle Aufklärungs- und Erziehungsbemühungen immer sowohl den Ursprung als auch den Umfang und die Grenze menschlicher Erkenntnis mit in Rechnung stellen, sofern sie hoffen, von Erfolg gekrönt zu werden.

So konnte Kant zeigen, dass und wie Naturwissenschaft möglich ist. Aber hiermit noch lange nicht genug! Denn sein philosophisches Bildungs- und Erziehungsprogramm enthält weitergehende Implikationen. Auch wenn das Problem der Möglichkeit von Naturwissenschaft, von *Physik* also, geklärt ist, so ist damit für Kant noch nichts darüber entschieden, wie es um die *Metaphysik* steht: Darf sie sich als Wissenschaft gerieren? Ist sie überhaupt als Wissenschaft möglich? Das ist die nächste Problemstellung, welcher sich der Königsberger Denker zuwendet. Sie erfordert eine Besinnung auf die Grenzen menschlicher Erkenntnis.

Sehen wir uns also an, wo Kant diese Grenzen verortet. Der erste Satz der Vorrede der *Kritik der reinen Vernunft* gibt zu bedenken: Die menschliche Vernunft werde „durch Fragen belästigt, die sie nicht abweisen kann, denn sie sind ihr durch die Natur der Vernunft selbst aufgegeben, die sie aber auch nicht beantworten kann, denn sie übersteigen alles Vermögen der menschlichen Vernunft".[186] Diese Fragen, in denen sich nach Kant alles „Interesse meiner Vernunft" vereint, sind:

1. Was kann ich wissen?
2. Was soll ich tun?
3. Was darf ich hoffen?

Diese drei Fragen haben eine mittelalterlich-theologische Vorform in der Erörterung dessen, was man glauben, tun und hoffen möge. Diese Vorform wiederum steht in engster Beziehung zu den drei christlichen Kardinaltugenden Glaube, Liebe und Hoffnung. Damit ist der Bezugsrahmen der Erörterung der drei angeführten Fragen in der *Kritik der reinen Vernunft* abgesteckt: Der Glaube nämlich bezieht sich auf Gott – genauer gesagt auf seine Existenz –, die Liebe auf mein Handeln in der Welt und die Hoffnung auf das Geschick meiner Seele nach dem Tod, also auf die Unsterblichkeit. Dies sind die drei speziellen Themen der traditionellen Metaphysik, die sich differenziert in Theologie, Kosmologie und spekulative Psychologie.

Der Aufklärer Kant legt nun dar – und damit eröffnet er völlig neue Perspektiven, welche die Beschäftigung mit dieser Thematik auf eine ganz neue Grundlage stellen und bis heute bestimmen: Alle Erkenntnis, so hat er uns ja eingeschärft, bedarf eines Erfahrungsfundaments und beginnt mit sinnlicher Anschauung, auf welche die Kategorien angewandt werden können. Allen drei soeben erwähnten sogenannten ‚Wissenschaften' fehlt nun aber eben die anschauliche Grundlage, um wirklich zu beweisbaren Erkenntnissen gelangen zu können. Denn unser

Wissen ist auf das Gebiet der Natur beschränkt, von dem wir sinnliche Anschauungen besitzen. Zu dieser Natur, die uns in Raum und Zeit erscheint, gehören nun aber weder Gott, noch die Freiheit des Handelns in der Welt, noch das Wesen der Seele, den Tod zu überdauern, mithin unsterblich zu sein. Gott, Freiheit und Unsterblichkeit der Seele sind demzufolge zwar denkbar, aber nicht erkennbar. Hier stößt, wie Kant darlegt, unsere Vernunft an eine Grenze, die sie nicht überschreiten kann. Hier scheidet sich das, was sie zu leisten in der Lage ist, scharf von dem, was ihr Vermögen und ihre Reichweite übersteigt. Vermeintliche ‚Erkenntnisse' von Theologie, Kosmologie und spekulativer Psychologie hinsichtlich Gott, Freiheit des Handelns und Unsterblichkeit der Seele erweisen sich ihm von hierher folgerichtig als Scheinwissen, als trügendes, als bloß vermeintliches Wissen, kurzum: als Illusion. Auf diese Weise widerlegt Kant die Erkenntnisansprüche dreier großer Themen der abendländischen Metaphysik, die sich letztlich bis ins Neue Testament zurückverfolgen lassen.

So schließt Kants Projekt der Aufklärung und philosophischen Bildung eine klare Grenzziehung der Reichweite wissenschaftlicher Vernunft ein. Unsere Vernunft, so kann man seine ‚Revolution der Denkungsart' noch einmal zusammenfassen, kommt nur dann und nur dort zu Ergebnissen, wenn und wo sie im Rahmen möglicher Erfahrung verbleibt und dort ihr Wissen mittels der im Verstand bereitliegenden Erkenntnisstrukturen organisiert.

Zum Projekt ‚Aufklärung' insgesamt – also nicht nur demjenigen Immanuel Kants – gehörte, wie wir festhalten konnten, auch der Versuch, für die Moral eine vernünftige Grundlage zu finden. Für Kant bedeutet das, auch und gerade in praktischer Hinsicht: Der Mensch ist dazu bestimmt, sich selbst zu bestimmen. Wie nach dem bislang Ausgeführten wohl nicht anders zu erwarten ist, beschritt er auch auf diesem Gebiet eigene Wege – und das heißt nicht zuletzt: Er, der uns doch auf erkenntniskritischem Feld verpflichtet hatte, auf dem Boden möglicher Erfahrung zu bleiben, überschreitet in seiner praktischen Philosophie selbst den Bereich möglicher Erfahrung.

Sehen wir uns das in den Grundzügen einmal etwas näher an.[187] Kant geht aus von dem Faktum der Sittlichkeit und dem Pflichtbewusstsein. Das Sittengesetz, so ist er überzeugt, ist ein ‚Datum', also ein Gegebenes, der Vernunft, das nicht geleugnet werden kann. Aus diesem Faktum der Sittlichkeit und des Pflichtbewusstseins leitet er nun ab, dass der Mensch als Vernunftwesen einem *Sollen* untersteht. Ein Sollen ist aber offenbar in der Natur nicht anzutreffen, denn Naturerkenntnis ist ja Erkenntnis dessen, was *ist* und nicht von etwas, was sein *soll*. Mit anderen Worten gesagt: Aus der Natur lässt sich nicht ableiten, dass und wie der Mensch ethisch handeln soll. Oder, noch anders ausgedrückt: Das menschliche Handeln, sofern es von einem Sollen geleitet wird, ist demnach nicht Natur, das heißt nicht etwas, das unter Naturgesetzen steht. So gesehen wäre der Mensch nicht nur Naturwesen; sondern als Handelnder, der sich bei seinem Handeln an einem Sollen orientiert, ist er Vernunft- und Geistwesen. Folglich ist er, mit einer Wendung gesagt, die Kant selbst benutzt, ‚Bürger zweier Welten'.

Um nun diesem Sollen nachkommen zu können, muss ich *frei* sein in meinem Handeln. Aber genau hier scheint die nächste Schwierigkeit zu lauern. Denn diese zum ethischen Handeln erforderte Freiheit kann nicht aus der Erfahrung erschlossen werden, denn als Naturwesen erfahren wir uns ja gerade nicht als frei, sondern als determiniert. Nun sind wir uns, so Kant, jedoch bewusst, dass wir ethisch handeln *können* – also die Freiheit haben, ethisch zu handeln –, weil wir ethisch handeln *sollen*. Dahinter steht der Gedanke: Wenn ich etwas tun soll, dann muss ich das auch *können*, dann muss ich diesem Sollen, das da an mich ergeht, auch nachkommen können. Denn von mir ein Sollen zu verlangen, wenn ich das, was ich da tun soll, nicht ausführen könnte, wäre in höchstem Maße un- und widersinnig. Also muss ich die Freiheit des Handelns postulieren, sie annehmen, sie voraussetzen. Freiheit des Handelns wäre demzufolge, mit Kant gesprochen, ein *Postulat* der reinen praktischen Vernunft. Ein Postulat: Das ist bei Kant in diesem Kontext ein theoretisch nicht beweisbarer Satz, der mit dem Sittengesetz als einem Faktum der Vernunft, das seiner Überzeugung nach, wie gesagt, nicht geleugnet werden kann, unzertrennlich verbunden ist und trotz seiner Unbeweisbarkeit als geltend anerkannt wird. Ein Postulat ist folglich eine Voraussetzung, welche in praktischer Hinsicht gemacht wird, die zwar unbeweisbar, aber laut Kant nötig ist, um die Tatsache ethischen Handelns begreifbar machen zu können.

Meine mit diesem Postulat der Freiheit des Handelns operierende praktische Vernunft ist nun für Kant diejenige, die meinen *Willen* bestimmt. Der menschliche Wille wird nämlich, so Kant, durch Vernunft zum Handeln bestimmt – was jedoch *nicht* heißt, dass alle unsere Handlungen infolgedessen vernünftig im Sinne von ‚gut' wären! Für Kant geht es vielmehr gerade darum, zu untersuchen, welche Bestimmungen des

Willens moralisch – mithin ‚gut' – sind und welche nicht. Bei dieser Untersuchung geht er davon aus, menschliches Handeln – und zwar nur das menschliche, im Unterschied zu anderen Naturwesen – werde von *Grundsätzen*, von *Maximen* geleitet. Und diesbezüglich gilt nach Kant nun Folgendes: Alle *Inhalte* des Willens – also die ganze Vielfalt dessen, worauf sich mein Wille richtet – sind empirisch bedingt. Als Beispiele ließen sich etwa anführen: das eigene Wohlergehen, das individuelle Glück, die Nützlichkeit einer Handlung und was dergleichen mehr ist. All solche Inhalte sind empirisch bedingt: Das nun ist für Kant gleichbedeutend mit dem Sachverhalt, dass sie weder *notwendig* sind – sie können ja jederzeit geändert werden –, noch *allgemeinverbindlich* – ich zum Beispiel erstrebe nur mein eigenes Wohlergehen, ein anderer hingegen ist auf die Nützlichkeit seiner Handlungen für andere bedacht; zudem ist das, was ich unter Wohlergehen verstehe, möglicherweise grundverschieden von dem, was ein anderer damit meint. Und überhaupt: Morgen setze ich mir vielleicht ganz andere Ziele, morgen will ich womöglich etwas ganz anderes.

Dieser Umstand lässt für Kant nur einen Schluss zu: Ein praktisches Gesetz, wie er sich auszudrücken pflegt – wir könnten stattdessen auch sagen: eine ethische Vorschrift oder Handlungsanweisung –, das tauglich sein soll, einen freien Willen zu bestimmen, kann nicht auf Inhalte abstellen, denn die sind ja, wie sich kaum leugnen lässt, von höchst variablen Zielvorstellungen be-dingt. Anders und mit Kants Worten gesagt: Ein praktisches Gesetz kann *nicht material*, sondern muss rein *formal* sein: Nur auf die *Form* des praktischen Gesetzes kommt es an. Und zwar wird diese Form durch das ausgedrückt, was Kant den „kategorischen Imperativ" nennt. Dieser kategorische Imperativ drückt ein *un-bedingtes* Sollen aus – daher nennt Kant ihn „kategorisch" –, fordert er doch von mir, die Grundsätze oder Maximen meines Handelns gegen mich und andere daraufhin zu prüfen, ob sie ein allgemeines Gesetz, also für alle verbindlich werden können: „Handle so, daß die Maxime deines Willens jederzeit zugleich als Prinzip einer allgemeinen Gesetzgebung gelten könne." (KpV, A 54) In diesem Prinzip erkenne ich nach Kant das Grundprinzip meiner eigenen praktischen Vernunft und damit meiner Freiheit. Damit ist, um es noch einmal zu akzentuieren, gesagt: Als moralisch Handelnder weiß ich mich unabhängig von allen mich sonst bestimmenden Faktoren. Und weiter: Das, was *gut* ist, wird einzig und allein durch dieses moralische Gesetz bestimmt – und durch nichts anderes sonst. Man benötigt also beispielsweise keinen Rückgriff auf eine platonische Idee des Guten, um bestimmen zu können, was ‚gut' ist. So gesehen weiß es im Grunde jeder.

Mit all dem ist zugleich zu verstehen gegeben: Um zum moralischen Handeln motiviert zu werden, bedarf es in der Ethik des Immanuel Kant keines Gottes, der das gute Handeln belohnen und das böse bestrafen wird; vielmehr genügt die bloße „Achtung" vor dem moralischen Gesetz. Dieses Gefühl der Achtung wird durch die Gegenwart dieses Gesetzes in uns – es ist ja für Kant ein Faktum der Vernunft – erzeugt. Daher motivieren wir uns selbst zum moralischen Handeln und sind nicht auf eine transzendente Macht – sprich Gott – angewiesen. Im moralischen Handeln gebe ich mir selbst das Gesetz meines Handelns; in ihm drückt sich meine *Autonomie*, meine *Selbstbestimmung*, meine *Freiheit* aus. So bestätigt sich in Rücksicht auf das moralische Handeln erneut Kants emanzipatorische Grundüberzeugung: Der Mensch ist dazu bestimmt, sich selbst zu bestimmen.

Dieser Gedanke lässt sich über seine Ausführungen zum ethischen Handeln hinaus auch aus seinen Überlegungen zur Rechts-, Geschichts- und Politischen Philosophie herausdestillieren. Auch hier geht es um Selbstbestimmung des Menschen und Verantwortung für die Menschheit. Mit dieser Grundüberzeugung ist für ihn zugleich angezeigt: Die Verwirklichung des Rechts und der Menschenrechte ist nicht die Aufgabe eines einzelnen Menschen, sondern der Menschheit. Seine Darlegungen zur Philosophie der Geschichte unternehmen es aufzuweisen, dass der bisherige Gang der Geschichte Spuren erkennen lässt, die den steten Gang in Richtung Verwirklichung des Rechts und Herstellung einer übernationalen Friedensordnung anzeigen. Kant hat hierbei in erster Linie an eine republikanische Verfassung und einen, wie er es nennt, „weltbürgerlichen Zustand" gedacht. Beides begreift er als Voraussetzung für die intellektuelle, physische und moralische Vervollkommnung der menschlichen Gattung. Das Reich der Freiheit in politischer Hinsicht und des nationalen wie übernationalen Friedens, in dem die Menschen die Geschichte – und mithin ihr Geschick – selbst bestimmen, liegt von Kant aus betrachtet folglich in der Zukunft – nicht in der Vergangenheit und auch noch nicht in Kants Gegenwart.

Kant war durchaus ein kühner Denker, der weit in die Zukunft vorgreift. Das dokumentiert sich beispielsweise in seinem Plädoyer für einen Zusammenschluss Europas zu einem föderativen Staatenbund. Und zwar gilt ihm Europa als Vorreiter einer geschichtlichen Entwicklung, deren Spuren er auch in dieser Hinsicht im bisherigen Gang der Geschichte glaubte, erkennen zu können. Überdies trat Kant nachdrücklich für die Idee des *Völkerbunds* beziehungsweise, wie wir heute sagen, der *Vereinten Nationen* ein. Um den zwischenstaatlichen Frieden herbeizuführen und auf Dauer zu sichern, bedarf es seinen Überlegungen zufolge eines völkerrechtlichen Vertragssystems, eines „Föderalism", wie er sagt, auf der Basis des Rechts. Diesen Föderalismus begreift er als eine Pluralität von Staaten. Das heißt, die internationale Friedenssicherung soll seiner Ansicht nach nicht durch einen Staat über den Staaten – also nicht durch eine Art ‚Weltstaat' – erfolgen, sondern durch den föderativen Zusammenschluss souveräner Staaten.[188]

Wie zukunftsweisend Kants Ideen in dieser Hinsicht waren, springt sofort in die Augen, wenn wir einige heutige Beispiele als weitere Belege heranziehen, wie etwa die atlantischen und pazifischen Militärbündnisse, die Organisation für wirtschaftliche Zusammenarbeit und Entwicklung (OECD) oder die Europäische Union. Diese Beispiele zeigen: Selbstständige, souveräne Staaten können weitreichende, wechselseitige Verpflichtungen eingehen, ja auch Einschränkungen ihrer Souveränität in Kauf nehmen, ohne ihre Hoheitsrechte preiszugeben. Mit all dem wird deutlich: Kants Philosophieren ist von einer „weltbürgerlichen Absicht" geleitet, von der Idee der Verantwortung für die Menschheit. Damit nimmt er einen Gedanken der antiken Philosophenschule der Stoiker auf – die Idee des Weltbürgertums, des Kosmopolitismus – und führt ihn in neuzeitlich-moderne Rechtsstrukturen ein.

Mit diesen Darlegungen dürften die Eckpunkte von Kants philosophischem Bildungs- und Erziehungsprogramm sichtbar geworden sein, als da wären: die Selbstverwirklichung des einzelnen Menschen in einer selbstbewussten Auseinandersetzung mit den Autoritäten Kirche, König und Adel im Namen der Vernunft, das Streben nach Vervollkommnung durch Vernunftkultur, die Betonung der Fähigkeit zur Selbstformung und Selbstgesetzgebung in ethischer Hinsicht, eine kritische Distanz gegenüber alltäglichen Vorstellungen hinsichtlich des Erwerbs von Wissen und Erkenntnis sowie seine denkerischen Bemühungen um ein intaktes Gemeinwesen und eine politische Verfassung, die national wie international zur Friedenssicherung in der Lage ist und sich an dem Ziel orientiert, das bereits Platon als das in diesem Kontext höchste vorschwebte: die Verwirklichung von Recht und Gerechtigkeit.

Auch wenn das in mancher Hinsicht reichlich optimistisch klingt, so sollte gleichwohl nicht übersehen werden, dass Kant zugleich der Überwinder einer Aufklärung ist, die sich allzu optimistisch und fortschrittsfreudig und -gläubig gebärdete. Denn der späte Kant sieht auch – und bringt das in seiner Schrift *Die Religion innerhalb der Grenzen der bloßen Vernunft* zum Ausdruck: Der Mensch hat einen Hang zum Bösen, der nach seiner Einschätzung in jedem von uns liegt, und der, wie er überzeugt ist, nicht auszurotten ist.[189] Dies ergibt sich für Kant daraus, dass der Mensch eben nicht nur ein Vernunftwesen ist, sondern auch ein Naturwesen, also ein physisches, sinnliches Wesen, das Begierden, ja gar, wie Kant sich ausdrückt, animalische Bedürfnisse hat, die befriedigt werden wollen – und zwar rücksichtslos und egoistisch. Und weil er Bürger dieser zwei Welten ist, liegt es auf der Hand, dass es des Öfteren zu einer Kollision kommt zwischen seinen Bedürfnissen und Neigungen, die befriedigt werden wollen und die auf sein Eigeninteresse abzielen, und seiner Vernunft, welche die Prüfung verlangt, ob seine darauf bezogenen Maximen verallgemeinerbar sind. Gebe ich meinen Neigungen nach, bin ich also primär und gar aus Prinzip daran interessiert, mein Eigeninteresse zu verfolgen, mit Kant gesagt, meine Neigungen dem kategorischen Imperativ vor- und überzuordnen, dann handle ich in seinen Augen böse. Folge ich hingegen dem, was mir die Vernunft respektive jener Imperativ gebietet, dann handle ich gut.

Nun ist für Kant ‚böse' nicht gleich ‚böse', was sagen will: Er unterscheidet mehrere Formen des Bösen, genauer gesagt drei, die im Sinne einer graduellen Stufung zu verstehen sind. Die erste, schwächste Gestalt des Bösen ist die von Kant so genannte „Gebrechlichkeit". Sie kennzeichnet sich dadurch, dass man dem Hang zum Bösen aus Schwäche nachgibt, obwohl man weiß, dass man tut, was man nicht tun soll. Aber es ist, wie man sich selbst zu entschuldigen versucht, zu mühsam und zu unbequem, immer nach moralischen Motiven zu handeln.

Die zweite Form nennt Kant „Unlauterkeit". Von ihr sagt er, der Mensch sei dann unlauter, wenn man zwar tut, was man soll, es aber nicht immer um des Guten willen tut, sondern gelegentlich auch aus unmoralischen Gründen. Ein solcher Fall liegt seines Erachtens beispielsweise dann vor, wenn man selbst noch einen Vorteil daraus zieht, wenn man einem anderen hilft. Der Mensch, für den eine solche Motivlage charakteristisch ist, macht sich, wie Kant kritisiert, selbst „blauen Dunst" vor.

Und dann gibt es da drittens noch die eigentliche „Bösartigkeit". Bösartig ist der Mensch nach Kant dann, wenn er das Gegenteil dessen tut, was er soll. Seiner festen Überzeugung nach setzt das eine „gewisse Tücke des menschlichen Herzens" voraus, denn der betreffende Mensch beunruhigt sich gegebenenfalls nicht einmal wegen seiner Gesinnung, ja glaubt gar noch, das Böse, das er tue, lasse sich mithilfe des moralischen Gesetzes rechtfertigen. (So argumentierte, nebenbei gesagt, Adolf Eichmann während des in Jerusalem gegen ihn angestrengten Prozesses.)

Die beiden ersten Formen des Bösen erachtete Kant für unvorsätzlich, wohingegen Bösartigkeit immer mit Vorsatz geschehe. Dennoch gilt für alle drei Formen gleichermaßen: Der Ursprung des Bösen ist in jedem einzelnen Fall eine je individuelle Grundsatzentscheidung, durch die jemand das vom kategorischen Imperativ geforderte Rangverhältnis seiner Maximen umkehrt und dem Eigennutz und dem Egoismus Vorrang gibt vor ethischem Verhalten.

Ohne Frage war sich Kant des Umstands bewusst, dass dieser, wie er sagt, allenfalls durch eine „Revolution der Gesinnung im Menschen" zu tilgende Hang zum Bösen die eine oder andere Bildungs- und Erziehungsbemühung unterlaufen könnte. Aber indem er eben diesen Hang zum Bösen ausdrücklich zum Thema macht, zeigt er an, dass er ihn mit auf der Rechnung seines philosophischen Bildungsprojekts stehen hat.

IX

Friedrich Schiller: Die ästhetische Erziehung des Menschen

Für die griechische Antike, so konnten wir festhalten, waren Bildung und Erziehung aufs Engste gekoppelt mit der Sorge um das eigene Selbst. Diese Sorge um sich selbst wurde geradezu als ein Grundzug menschlichen Daseins begriffen. Bei dieser Sorge um sich selbst geht es dem Einzelnen um das für ihn Gute. So gesehen konnte Bildung begriffen werden als Selbst-Bildung, die auf die Entwicklung der eigenen Persönlichkeit abzielt. Solcher Selbst-Bildung ging es um so etwas wie Authentizität und Wahrhaftigkeit. Bildung, so verstanden, kommt es nicht so sehr darauf an, Wissen darüber zu erwerben, was Menschen in vergangenen Jahrhunderten gekonnt und vermocht haben. Ihr geht es vielmehr darum, die dem jeweiligen Menschen eigenen Fähigkeiten und Vermögen zu entfalten und auszubilden. Oftmals heißt das: Sie hat es auch zu tun mit Befreiung und mit Wegräumen des Schutts, der die Fähigkeiten und Vermögen des Einzelnen nur zu oft allzu früh zugeschüttet hat.

Sich um sich selbst sorgen: Das kann nicht – jedenfalls nicht zur Gänze – vermittelt und gelehrt werden. Das, um was es hier geht, muss selbst erfahren, selbst durchlebt – und das heißt nicht selten: durchlitten – werden. Selbst-Bildung ist daher immer im Fluss. Sie ist, wie das Leben selbst, eine unregelmäßige und vielgestaltige Bewegung.

So sah es auch Michel de Montaigne im ausgehenden sechzehnten Jahrhundert. Und er schon kritisierte, dass dieses Erziehungsziel, obwohl es doch gerade auf dieses ankomme, heute am seltensten erreicht werde. Zugleich aber war er sich dessen bewusst, wie schwierig solche Selbst-Bildung sein kann. Von einer mühseligen, gar gewaltigen Aufgabe spricht er; aber auch davon, dass diejenigen die größten Seelen sind, die sie zu ihrem Lebensinhalt machen. Sie, so meinte er, könne man sogar daran erkennen, wie sie schweigen und wie sie lächeln. Und man sehe ihnen wahrscheinlich bei Tisch besser ins Herz als bei wichtigen Besprechungen.

Bildung, verstanden als Formung des Menschen, das ist auch das große Thema Friedrich Schillers, insbesondere in seinen *Briefen über die ästhetische Erziehung des Menschen.* Aber anders als der soeben erwähnte Montaigne, der mit seinen Überlegungen zur Bildung an das antike Konzept der Selbstsorge, der Sorge um sich selbst, anknüpft, thematisiert Schiller die Frage nach der Formung des Menschen im Zusammenhang mit der Rolle, die diesbezüglich die *Kunst* und der Umgang mit ihr möglicherweise zu leisten imstande ist.

Schillers Ausgangspunkt in den 1795 veröffentlichten *Briefen über die ästhetische Erziehung* ist die Frage: Woran liegt es, dass wir trotz aller Aufklärung immer noch Barbaren sind? Er findet darauf eine Antwort, die auch heute noch nichts von ihrer Hellsichtigkeit eingebüßt hat, wenn er auf die zunehmende Mechanisierung des Menschen und die Zersplitterung seiner Psyche in einer fragmentierten Gesellschaft hinweist. In den antiken griechischen Staaten, so führt Schiller diesen Gedanken im sechsten Brief etwas idealisierend näher aus, genoss jeder Einzelne ein unabhängiges Leben und konnte sich zugleich, wenn es erforderlich war, mit dem Ganzen identifizieren. Auf diese Weise bildete die alte Welt eine organische Einheit, in der das Ganze und seine einzelnen Glieder wechselweise aufeinander hingeordnet waren. Ein solches organisches Ganzes macht mit Beginn der Moderne, wie Schiller beklagt, mehr und mehr einem, wie er sich ausdrückt, „kunstreichen Uhrwerk“ Platz, „wo aus der Zusammenstückelung unendlich vieler, aber lebloser Teile ein mechanisches Leben im Ganzen sich bildet. Auseinandergerissen wurden jetzt“, so Schiller weiter, „der Staat und die Kirche, die Gesetze und die Sitten; der Genuss wurde von der Arbeit, das Mittel vom Zweck, die Anstrengung von der Belohnung geschieden. Ewig nur an ein einzelnes Bruchstück des Ganzen gefesselt, bildet sich der Mensch selbst nur als Bruchstück aus; ewig nur das eintönige Geräusch des Rades, das er umtreibt, im Ohre, entwickelt er nie die Harmonie seines Wesens, und anstatt die Menschheit in seiner Natur auszuprägen, wird er bloß zu einem Abdruck seines Geschäfts, seiner Wissenschaft“.[190]

In dieser Mechanisierung, Spezialisierung und Fragmentarisierung, die in der sich herausbildenden modernen bürgerlichen Gesellschaft mehr und mehr um sich greift, sah Schiller einen historisch notwendigen Prozess: „Die Kultur selbst war es“, so hält er fest, „welche der neuern Menschheit diese Wunde schlug“.[191] Den Grund dafür erblickte er in der immer komplizierter, dem einzelnen immer undurchsichtiger werdenden Apparatur des Staates, die nicht nur in den deutschen Landen, sondern auch in den meisten europäischen Staaten dazu geführt hatte, dass der einzelne Bürger sich nicht mehr, wie bei den Griechen der Antike, als Repräsentant des Ganzen fühlen konnte. Soweit zunächst die Bestandsaufnahme.

Natürlich lässt Schiller es nicht einfach hierbei bewenden. Sondern er fragt: Wie könnte hier Abhilfe geschaffen werden? Eines ist dabei für ihn von vornherein klar: Von der *Religion* ist diesbezüglich nichts zu erhoffen. Diejenigen, die sich nicht zum Kampf gegen die von ihm beklagten Zustände aufraffen können und begierig nach den Formeln greifen, „welche der Staat und das Priestertum für diesen Fall in Bereitschaft halten", hält Schiller für unglückliche Menschen. Für sie hat er letzten Endes bestenfalls noch Mitleid übrig.[192]

Worin aber nun erblickt er selbst das Heil? Seine aufreizende Antwort lautet: Die befreiende und heilende Wirkung kommt allein durch die „schöne Kunst", und die Menschen bedürfen einer „ästhetischen Erziehung". Auf diese Weise spricht Schiller der Kunst bei der Veränderung der gesellschaftlich-politischen Lage in Richtung auf den Aufbau eines „Vernunftstaats", wie er ihn nennt, eine zentrale Rolle zu.

Was ist damit gemeint? Nun, zunächst gilt es zu bedenken: Dieser Vernunftstaat hat bei Schiller die Funktion eines *Ideals*. Das heißt, Ideale lassen sich in der wirklichen Welt nicht darstellen. Aber man kann die Wirklichkeit von ihnen her beurteilen und sie eventuell in Richtung auf das Ideal verändern und auf diese Weise eine Verbesserung der realen Zustände erreichen.

Um seine These von der seiner Ansicht nach dringend erforderten ästhetischen Erziehung entfalten und plausibel begründen zu können, entwickelt Schiller ein hochinteressantes anthropologisches Konzept. Sein Ausgangspunkt ist die Grundüberzeugung, es sei ebenso einseitig und falsch, primär die Vernunftfähigkeit des Menschen zu kultivieren (dies war ja, wie wir gesehen haben, eine der Lieblingsideen des Zeitalters der Aufklärung), wie es andererseits einseitig und falsch sei, ihn in romantisierender Weise als nur natürliches Wesen zu begreifen und ihn einfach seinen Trieben zu überlassen. Hinter dieser Grundüberzeugung steckt eine traditionelle anthropologische Vorstellung, nämlich dass wir Menschen Wesen mit einer Doppelnatur sind: Einerseits sind wir „Vernunft" beziehungsweise zur Vernunft fähig, andererseits sind wir „Natur", das heißt sinnliche, von Trieben, Affekten und Leidenschaften gesteuerte Wesen.

Die Bestrebungen der Aufklärungsphilosophen zielten auf eine Dominanz der ‚Vernunft' über die ‚Natur'. Es gelte, so forderten die intellektuellen Wortführer des Aufklärungszeitalters, die Vernunft zu kultivieren und ihr eine Vorrangstellung gegenüber dem bloß Natürlichen im Menschen zu sichern.

Für Schiller indessen ist das ein falscher Weg, denn damit wird der Mensch auf einen seiner beiden Wesensbereiche reduziert. Er tritt dann nicht als *Einheit* der beiden Momente auf, sondern als ein *Vernunft*-wesen, das seine Natur beherrscht, sie dominiert, ja, sie unterdrückt. Aber Schiller kommt es gerade auf eine *Einheit* der beiden Momente an. Und er fragt sich: Wie ist eine solche Einheit denkbar? Wie ist sie herstellbar?

Um hierauf eine plausible Antwort geben zu können, stellt er folgende Überlegungen an. Er geht aus von dem Gedanken: Der Mensch ist ein *handelndes* Wesen. Sein Handeln wird immer von bestimmten Motiven beziehungsweise von Motivkreisen oder Motivkomplexen bestimmt. Weil er diese Motivkreise für ursprünglich und allgemeingültig erachtet, bezeichnet Schiller sie als „Triebe". Im Blick auf die angesprochene Doppelnatur des Menschen ist damit gesagt: Man kann die Zweiheit des Menschen als Natur und Vernunft auch als Zweiheit von zwei Trieben beschreiben: als Zweiheit von „Stofftrieb" und „Formtrieb". Demjenigen, was traditionell als ‚Natur' bezeichnet wurde, entspricht dann der schillersche „Stofftrieb" oder „sinnliche Trieb", und demjenigen, was man ‚Vernunft' nannte, der „Formtrieb".

Schiller erklärt sich hinsichtlich dieser beiden Triebe wie folgt näher: Durch den Stoff- oder sinnlichen Trieb *ergreift* der Mensch mit seiner Empfänglichkeit die Welt. Die Welt, das heißt die Mannigfaltigkeit der Dinge, ist unserem Bewusstsein gegeben in der Ordnung des Nacheinander. Der Bezug zur Welt, den mir der Stofftrieb eröffnet, ist demnach gekennzeichnet durch das Moment der Veränderung. In Schillers Begrifflichkeit formuliert: Der sinnliche Trieb versetzt mich jetzt in diesen, im nächsten Moment in einen anderen *Zustand*. Anders gesagt: Der Zustand meines Bewusstseins ist dauernder Veränderung unterworfen. Diese Veränderung ist Ziel des sinnlichen Triebs. Und: Der sinnliche Trieb bringt mir meine Abhängigkeit von der Welt zu Bewusstsein.

Und nun behauptet Schiller: Sich in wechselnden Zuständen befinden, heißt noch nicht: eine *Person* sein. Zu einer Person werde ich seiner Überzeugung nach erst durch die Wirkung des anderen in mir liegenden

Triebs: des Formtriebs. Dieser, so legt Schiller dar, wirkt der Veränderung und der Abhängigkeit von der Welt entgegen. Er ist nicht auf Veränderung ausgerichtet, sondern – im Gegenteil – auf Beharrlichkeit. In ihm versucht der Mensch mit der sich entwickelnden Vernunft die Welt zu *begreifen* – und das heißt ganz wesentlich: sie Gesetzen und Gesetzmäßigkeiten zu unterwerfen, die Mannigfaltigkeit der uns bestimmenden Dinge in der Welt in Formen zu bringen. Auf diese Weise erstrebt das Bewusstsein Unabhängigkeit von der Welt, während der sinnliche Trieb voll und ganz von der Welt, das heißt der Vielheit der Dinge, abhängig ist. Aufgrund des Formtriebs werde ich also Person, eine Art Substanz, die im Wechsel ihrer Zustände beharrt. Und der sinnliche Trieb ist an nichts mehr interessiert als am Wechsel und der Veränderung solcher Zustände.

Mit diesen Ausführungen dürfte wohl sofort eines klar werden: Sinnlicher Trieb und Formtrieb haben eine gegensätzliche Tendenz: Sie schließen einander aus oder scheinen sich zum Mindesten zu widersprechen. Im Menschen läge demnach eine Spaltung, die ihn wie ein Riss durchzieht und als solche nicht zu überwinden ist.

Mit einer solchen Sicht der Dinge bewegt sich Schiller weitgehend in traditionellen Bahnen, auch wenn er statt des Gegensatzes Natur / Vernunft eine andere Terminologie wählt. Aber Schiller bleibt nicht einfach hierbei stehen. Er will nun wissen: Auch wenn diese den Menschen konstituierende Spaltung letztlich nie zu überwinden ist – eben weil sie ganz wesentlich zum Menschsein gehört: Gibt es nicht dennoch einen Weg, diese Spaltung wenigstens zu überbrücken? Ist nicht, so fragt er, eine Art Synthese möglich, eine Synthese, die beiden Trieben zu größtmöglicher Entfaltung verhilft, ohne dass einer den anderen dominierte? Dahinter steht seine Hoffnung, dass auf diese Weise eine „Einheit der menschlichen Seele“ möglich sei, dahinter steht seine Vorstellung eines vollständigen, eines ganzen, eines, wie er sagt, ‚totalen‘ Menschen, der den Zwiespalt in seiner Psyche zwischen Körper und Geist, zwischen Sinnlichkeit und Vernunft in sich, wenn auch nicht überwunden, so doch wenigstens vermittelt hat.

Für Schiller ist das alles keine bloße Illusion; er vielmehr hält diese Hoffnung für gut begründet. Eine „Harmonie“, wie er auch sagt, zwischen den beiden genannten Trieben im Menschen ist für ihn nicht nur denkbar, sondern durchaus realisierbar. Den Weg, der dahin führt, bezeichnet er mit der berühmten Formel: „Es gibt keinen andern Weg, den sinnlichen Menschen vernünftig zu machen, als daß man denselben zunächst ästhetisch macht.«[193]

Die Frage ist: Was bedeutet das? Schillers gegenüber der Aufklärungstradition neuartige Überlegungen schlagen folgende Richtung ein. Die Vermittlung der beiden gegensätzlichen Triebe kann, so argumentiert er, durch einen dritten Trieb geleistet werden, der seiner Überzeugung nach ebenso wie die beiden bisher thematisierten im Menschen anzutreffen ist. Diesen dritten Trieb nennt Schiller „Spieltrieb". Der Spieltrieb in uns hat nach seiner Ansicht eine *regulative* Funktion. Damit ist zunächst gesagt: Er bestimmt das Maß gegenseitiger Einschränkungen der beiden anderen Triebe – und zwar dergestalt, dass sinnlicher Trieb und Formtrieb eine größtmögliche, jedoch niemals bedrohliche Aktivität für den jeweils anderen Trieb entfalten können. Und ihm muss ein Bereich eigener Tätigkeit eigentümlich sein. Schiller meint damit: Als Trieb, der die Ansprüche der beiden anderen Triebe reguliert, muss er etwas wollen, was sich auch *inhaltlich* bestimmen lässt (denn anderenfalls bliebe er bloß formale Einheit). Konkret heißt das: Er bringt Form in die Materie und Inhalt in die Form. Das heißt, er formt die vom Stofftrieb beigebrachten Inhalte, er gibt ihnen Gestalt, und füllt zugleich die vom Formtrieb verlangte Form mit Inhalt. Vor diesem Hintergrund setzt Schiller nun fest: Geformte, gestaltete Materie beziehungsweise material oder inhaltlich realisierte Form beziehungsweise Gestalt – das eben sei *Schönheit*.[194]

Halten wir fest: Gesucht wurde eine mögliche Einheit der menschlichen Seele im Sinne der in ihr liegenden Vermögen. Verwirklicht findet Schiller sie nun dort und nur in dem Maß, in welchem sich Seele und Schönheit miteinander verbinden lassen. Mit anderen Worten: Das von Schiller angestrebte Ideal ist die von ihm so genannte „schöne Seele". In ihr, so hat er in seinem Aufsatz *Über Anmut und Würde* ausgeführt, harmonieren Sinnlichkeit und Vernunft, Pflicht und Neigung. „Nur im Dienst einer schönen Seele", heißt es dort, „kann die Natur zugleich Freiheit besitzen und ihre Form bewahren, da sie erstere unter der Herrschaft eines strengen Gemüts, letztere unter der Anarchie der Sinnlichkeit einbüßt". In demjenigen Menschen, der über eine in diesem Sinne schöne Seele verfügt, hat sich „das sittliche Gefühl aller Empfindungen des Menschen endlich bis zu dem Grad versichert [...], daß es dem Affekt die Leitung des Willens ohne Scheu überlassen darf und nie Gefahr läuft, mit den Entscheidungen desselben in Widerspruch zu stehen".

Ausdruck einer so verstandenen schönen Seele in der Erscheinung ist für Schiller die „Grazie“, die „Anmut“. Damit gibt er zu verstehen: Der schönen Seele entspricht ein spezifischer körperlicher Ausdruck, das heißt sie drückt sich in einer ganz bestimmten Weise in Mimik, Gestik und Haltung aus. Lassen wir Schiller selbst zu Wort kommen: „Alle Bewegungen, die von ihr [sc. der schönen Seele] ausgehen, werden leicht, sanft und dennoch belebt sein. Heiter und frei wird das Auge strahlen, und Empfindung wird in demselben glänzen. Von der Sanftmut des Herzens wird der Mund eine Grazie erhalten, die keine Verstellung erkünsteln kann. Keine Spannung wird in den Mienen, kein Zwang in den willkürlichen Bewegungen zu bemerken sein, denn die Seele weiß von keinem. Musik wird die Stimme sein und mit dem reinen Strom ihrer Modulationen das Herz bewegen.“ Und dann setzt er noch hinzu: „Die architektonische Schönheit kann Wohlgefallen, kann Bewunderung, kann Erstaunen erregen, aber nur die Anmut wird hinreißen. Die Schönheit hat Anbeter, Liebhaber hat nur die Grazie: denn wir huldigen dem Schöpfer und lieben den Menschen.“[195]

So gesehen ist Schönheit für Schiller keine Eigenschaft, die nur einem Kunstwerk zukäme; er kann diesen Begriff auch und vor allem anthropologisch verankern: Schönheit ist für ihn ein Prinzip, das in der Seele des Menschen verankert ist.

Um es noch einmal zu betonen: Der sinnliche Trieb gibt der Psyche die Materie, die Inhalte. Der Formtrieb dringt auf Formgebung und Gestaltung. Und der Spieltrieb leistet nun insofern eine Synthese, als er die von der Sinnlichkeit beigebrachten Inhalte formt, ihnen Gestalt gibt und die vom Formtrieb verlangte Form mit Inhalt füllt.

Von hierher lässt sich als Resultat der schillerschen Ausführungen festhalten: Menschsein verwirklicht sich für Schiller nur in der Vollständigkeit, der ‚Totalität‘ seines Wesens, wie er sich ausdrückt. Solche Totalität verlangt eine Einheit, eine Harmonie der im Menschen wirkenden Triebe. Zur Wirklichkeit bringen lässt sich diese Harmonie allein im Wirken des Spieltriebs. Dessen Gegenstand ist die Schönheit. Um die entgegengesetzten Triebe im Menschen zu einer Einheit zu verbinden, ist demnach laut Schiller Umgang mit der Schönheit, ist Umgang mit der Kunst unabdingbar, stellt doch das schöne Kunstwerk selbst eine Einheit aus Inhalt beziehungsweise Materie und Form dar. Ohne ästhetische Erfahrung ist demzufolge die geforderte Einheit, ist die postulierte Harmonie nie zu erreichen.

Auf diese Weise sind in Schillers Konzept Spieltrieb, Schönheit, Kunst und ästhetische Erziehung aufs Engste miteinander verknüpft. Diese Verknüpfung erachtet Schiller, wie er im fünfzehnten Brief darlegt, für eine Forderung der aufgeklärten Vernunft selber: Die Vernunft fordert, damit Menschheit sein kann, die Einheit der Triebe; der Gegenstand des einheitsstiftenden Triebs, des Spieltriebs aber ist die Schönheit. Sobald die Vernunft demnach den Ausspruch tut: „Es soll eine Menschheit existieren, so hat sie eben dadurch das Gesetz aufgestellt: es soll eine Schönheit sein."[196]

Wenn Schiller von „ästhetischer Erziehung" spricht, dann meint er damit nicht Erziehung zum historisch gebildeten Kunstexperten, sondern vielmehr Bildung des Menschen zur Einheit der in gegensätzliche Richtungen strebenden Grundtriebe in ihm. Dazu ist Umgang mit Kunst erforderlich. Auf sie springt der Spieltrieb im Menschen an.

Spiel versteht Schiller als Kontrast zur *Arbeit*. Diese erfolgt im Dienst der Lebenssicherung und Bedürfnisbefriedigung. Arbeit steht unter dem Vorzeichen der Notwendigkeit. Arbeit lässt daher Freiheit kaum zu. Freiheit kann sich nach Schiller bevorzugt im Spiel entfalten, vor allem im Spiel, so schreibt er in eben diesem fünfzehnten Brief, das „am Scheine Gefallen findet", am Schein, den das Schöne und die Kunst uns vor Augen führen. Daher kann er sagen: „Der Mensch soll mit der Schönheit *nur spielen*, und er soll *nur mit der Schönheit spielen*. [...] Der Mensch spielt nur, wo er in voller Bedeutung des Worts Mensch ist, und er *ist nur da ganz Mensch, wo er spielt*."[197]

An diesen Ausführungen sind für uns vornehmlich zwei Aspekte von Belang. Erstens: Jedes Spiel vollzieht sich innerhalb einer eigens bestimmten Zeit und eines eigens bestimmten Raums. Zudem wird es, damit es ordnungsgemäß verläuft, nach bestimmten Regeln gespielt. Daher eignet dem Spiel so etwas wie Abgeschlossenheit und Begrenztheit.[198] So gesehen hat es seinen Verlauf und sein Ziel – aber eben auch seinen Sinn – in sich selbst. Hiermit ist zugleich ein anderes Moment berührt: Als etwas, das seinen Sinn in sich selbst hat, ist das Spiel etwas ‚Zweck-loses', mithin etwas, was keinen Zweck, kein Ziel, keinen Nutzen anstrebt. Dadurch hebt es sich aus dem gewöhnlichen Leben, aus der gewöhnlichen, alltäglichen Welt heraus. Und genau hierdurch rückt es sich in die Nähe des Schöpferischen und Künstlerischen: Denn auch die Kunst – verstanden als *freie* Kunst – ist ja nicht auf einen über sie hinausgehenden Zweck gerichtet. Diese enge Verbindung zwischen Kunst und

Spiel hat Schiller präzise erfasst und für sein Konzept einer ästhetischen Erziehung fruchtbar gemacht, wenn er betont, der Mensch werde nur insofern ganz Mensch, als er am „schönen Schein" Gefallen finde und mit der Schönheit spiele.

Zweitens: Als etwas, das sein Ziel und seinen Sinn in sich selbst hat, wird das Spiel von einem Gefühl der Spannung und Freude begleitet. Bei Schiller begegnet dieser Sachverhalt, bezogen auf das Spiel mit der Schönheit, in der Fassung: Die Beschäftigung mit Kunst und ästhetische Bildung schaffen im Menschen einen ausbalancierten Zustand, einen Gleichgewichtszustand zwischen entgegengesetzten Triebansprüchen. Allein dadurch wird der ansonsten in zwei verschiedene Richtungen gerissene Mensch zum vollständigen, zum ganzen, zum ‚totalen' Menschen.

Dieser ausbalancierte Zustand nun ist für Schiller Vorbedingung einer *Moralisierung*, einer moralischen Verbesserung des Menschen. Er schreibt (im 23. Brief): „Es gehört also zu den wichtigsten Aufgaben der Kultur, den Menschen auch schon in seinem bloß physischen Leben der Form zu unterwerfen und ihn, so weit das Reich der Schönheit nur immer reichen kann, ästhetisch zu machen, weil nur aus dem ästhetischen, nicht aber aus dem physischen Zustand der moralische sich entwickeln kann."[199]

Schiller erblickt demnach das Ziel der kulturellen Entwicklung des Menschen in der Moralisierung des Menschen. Das sahen einige Aufklärungsphilosophen, beispielsweise Kant, genauso. Im Gegensatz zu Kant aber, der die Moralisierung mittels der Kultivierung allein der Vernunft glaubte bewerkstelligen zu können, betont Schiller die besondere Bedeutung der ästhetischen Bildung und Kultivierung des Menschen innerhalb dieses Prozesses der moralischen Verbesserung.

Nun mag man es bezweifeln, ob der Mensch auf dem Weg über die Kunst tatsächlich in moralischer Hinsicht verbesserungsfähig ist. Und bezweifeln mag man auch, ob der von Schiller zu Beginn seiner Schrift als Ideal vorgestellte Vernunftstaat auf dem Weg über eine ästhetische Erziehung realisierbar ist. Schiller hatte in dieser Hinsicht übrigens am Schluss seiner Schrift selbst so seine Zweifel. Dort, im 27. Brief, schreibt er: „Existiert aber auch ein solcher Staat des schönen Scheins, und wo ist er zu finden? Dem Bedürfnis nach existiert er in jeder fein gestimmten Seele; der Tat nach möchte man ihn wohl nur, wie die reine Kirche und die reine Republik, in einigen wenigen auserlesenen Zirkeln finden, wo nicht die geistlose Nachahmung fremder Sitten, sondern eigne schöne Natur das Betragen lenkt, wo der Mensch durch die verwickeltsten Verhältnisse mit kühner Einfalt und ruhiger Unschuld geht und weder nötig hat, fremde Freiheit zu kränken, um die seinige zu behaupten, noch seine Würde wegzuwerfen, um Anmut zu zeigen.“[200]

Schiller räumt damit unumwunden ein, dass der von ihm herbeigesehnte ästhetische Staat allenfalls in einigen wenigen auserlesenen Zirkeln existiert, will sagen: in der aufgeklärten, feinen Weimarer Gesellschaft seiner Zeit. Darüber hinaus scheint seine Realisierung in weiter Ferne zu liegen. Damit relativiert Schiller seine idealistischen Vorstellungen, wie er sie zu Beginn der Briefe über die ästhetische Erziehung formuliert hatte, gegen Ende selbst.

Aber für unseren Zusammenhang ist an seinen Ausführungen etwas ganz anderes von entscheidender Bedeutung. Indem er die Geschichte befragt, stellt er ein Phänomen fest, das seiner Überzeugung nach bei allen sogenannten primitiven Volksstämmen den Übergang zur Menschheit und zur Kultur markiert: „die Freude am *Schein*, die Liebe zum *Putz* und zum *Spiele*“. Diese Freude am ästhetischen Schein, diese Liebe zum Spiel: Sie gelten ihm als „eine wahre Erweiterung der Menschheit und ein entschiedener Schritt zur Kultur“.[201] Dieser Schritt wird seines Erachtens erst dann möglich, wenn zu der äußeren Freiheit von der Bedrückung durch die natürliche Not die innere Freiheit tritt, die sich der Mensch, wie wir von Schiller hörten, durch das Spiel mit dem schönen Schein und aufgrund ästhetischer Bildung erringt.

Mit diesem Hinweis auf den Zusammenhang von Spiel und Kultur hat Schiller eine Perspektive eröffnet, die im zwanzigsten Jahrhundert von dem niederländischen Kunsthistoriker Johan Huizinga voll entfaltet worden ist. In seinem Buch *Homo ludens* – zu deutsch: der spielende Mensch –, 1938 erschienen, erbringt Huizinga unter Heranziehung einer schier ungeheueren Fülle an Material den Nachweis, dass alle Kultur im Spiel ihren Ursprung hat, dass, mit anderen Worten, menschliche Kultur *im* Spiel – *als* Spiel – aufkommt und sich entfaltet.[202]

„Im Spiel“, so schreibt Huizinga, „‚spielt‘ etwas mit, was über den unmittelbaren Drang nach Lebensbehauptung hinausgeht und in die Lebensbetätigung einen Sinn hineinlegt“.[203] Ähnlich wie Schiller betont Huizinga immer wieder die „tief im Ästhetischen verankerte Eigenart des Spiels“.[204]

Solche Verwandtschaft zwischen Ästhetischem, Spiel und Kultur wurde bereits in den Anfängen der abendländischen Geistesgeschichte thematisiert. Ich möchte das abschließend kurz anhand einiger Ausführungen des Aristoteles veranschaulichen. Aristoteles vertritt (in seiner Politik-Vorlesung) die Auffassung, Spiele dienten der Erholung von der Arbeit; sie seien eine Art Arznei, weil sie der Seele Entspannung und Ruhe geben. Wie auch später Schiller arbeitet bereits Aristoteles mit dem Gegensatz von Arbeit und freier Zeit, sprich: Muße. Und er meint, man müsse etwas lernen und sich bilden, um die freie Zeit zu verbringen. Und zwar handele es sich hierbei um etwas, was man nicht aus Notwendigkeit um der Arbeit willen lernt. Ein solches Etwas stellen für ihn in erster Linie *künstlerische* Betätigungen dar. Aristoteles hat dabei insbesondere die Musik im Blick. Die Wirkung der Musik, so stellt er heraus, bestehe im Wachwerden ethischer Gefühle positiver oder negativer Art. Und eben hierin liege ihr hoher ethischer und erzieherischer Wert.[205] Also auch diesem antiken Denker stand der Zusammenhang von Kunst, ästhetischer Erziehung und Moralisierung des Menschen bereits deutlich vor Augen.

Ja, mehr noch. Vornehmlich Aristoteles hat darauf hingewiesen, künstlerische Betätigung, wie etwa das Musizieren oder das Hören von Musik, trage nicht nur zur würdigen Ausfüllung der Muße, sondern auch zur Kultivierung des Geistes bei: Sie gehöre nämlich zu den höchsten geistigen Tätigkeiten des Menschen. Bei der Ausfüllung der Muße durch Kunst, wie Aristoteles schreibt, verwirklicht der Mensch demzufolge die höchste dem Menschen in der Polisgemeinschaft mögliche Lebensform: die *Theoria*, wie es im Griechischen heißt, das meint das Sich-Versenken in einen Gegenstand, das andauernde Verweilen bei etwas. Ja, er erreiche darin einen Zustand der „Eudämonie", einen Zustand, der mit dem deutschen Wort „Glück" nur unzureichend wiedergegeben ist.

Auch dieser Gedanke findet sich später bei Schiller wieder, wenn dieser in der durch ästhetische Erziehung vorangetriebenen Moralisierung den alleinigen Weg zum individuellen Glück des einzelnen Menschen erblickt.

Nehmen wir als Fazit mit: ohne Spiel keine Kultur. In ihren ursprünglichen Phasen ist der Kultur, wie Huizinga gezeigt hat, etwas Spielmäßiges zu eigen, ja, Kultur wächst *als* Spiel und *im* Spiel auf. Nun gehört zur Kultur auch: Entfaltung und Kultivierung der im Menschen angelegten

Möglichkeiten, verstanden als Entwicklung seiner Persönlichkeit. Und immer dann – dies lässt sich durch die gesamte abendländische Kulturgeschichte verfolgen –, wenn als Ziel der Erziehung die Ausbildung einer eigenständigen Persönlichkeit angesehen wird, wird dem Spiel ein tiefer und positiver Wert zuerkannt – Schiller würde sagen: insbesondere dem Spiel mit dem schönen Schein, dem Spiel mit der Schönheit.

Nun konnte Schiller seinerzeit noch recht unbefangen von „Schönheit" und „schöner Kunst" sprechen und damit recht klare und deutliche Vorstellungen verbinden. Uns Heutigen dürfte der Begriff mittlerweile einigermaßen fremd geworden sein – nicht ohne Grund spricht man mit Blick auf die Entwicklung der Kunst seit den letzten Jahrzehnten des neunzehnten Jahrhunderts von der ‚nicht mehr schönen Kunst der Moderne'. Das jedoch ist im Blick auf die Aktualität der schillerschen Überlegungen nur von marginaler Bedeutung. Denn auch uns heute vermitteln sie noch immer die Einsicht, dass ästhetische Erfahrung, Umgang mit Kunst, natürlich auch eigenes Produzieren ästhetischer Gegenstände, integrale Bestandteile von Bildung, von Formung des Menschen, also der Entfaltung und Kultivierung von in uns liegenden Dispositionen, sein dürften.

X

Arthur Schopenhauer: Der Wille zum Leben

Haben wir uns soeben mit der Schönheit beschäftigt, so wenden wir uns nun den unschönen Seiten der Welt zu. Und Schopenhauer ist Spezialist für die finsteren Seiten der menschlichen Existenz. Wie kein anderer Philosoph vor ihm und mit bis dahin kaum gekannter Eindringlichkeit entwirft er ein Bild von der Welt und den menschlichen Lebensbedingungen, das in düstersten Farben die Schattenseiten des Daseins vor Augen führt. Wo immer er auch hinblickt – überall sieht Schopenhauer Kampf, Zusammenprall der Egoismen, Leid, Schmerz, Krankheit und Tod. „Die Welt", so schreibt er, „ist eben *die Hölle*, und die Menschen sind einerseits die gequälten Seelen und andererseits die Teufel darin".[206] Kurz und gut: Für Schopenhauer ist alles Leben Leiden – und zwar so wesentlich, dass ihm das Nichtsein entschieden vorzuziehen ist. Kein Wunder also, dass für ihn folgerichtig der Pessimismus die einzig angemessene Perspektive auf Welt und Leben darstellt.

Wieso ist so einer ein Erzieher des Abendlands, ein *philosophischer* zumal? Nun, auch wenn diese Antwort dem ersten Eindruck nach paradox erscheinen mag: gerade wegen dieses schonungslosen Blicks auf Welt und Mensch, wegen der finsteren Inszenierung der Nachtseiten des menschlichen Daseins, wegen der grellen, bis in die verborgensten Ritzen vordringenden Ausleuchtung des Innenraums der menschlichen Psyche, die sich für rational und sich ihrer bewusst wähnt und sich darauf einiges zugutehält, die jedoch de facto, wie uns Schopenhauer demonstriert – und zwar lange vor Freud –, auf einem dunklen, von Trieben, Begierden und Leidenschaften beherrschten Grund des Unbewussten aufruht.

Hören wir als Gewährsmann für diese Einschätzung den jungen Nietzsche, der Schopenhauer als „den einen Lehrer und Zuchtmeister, dessen ich mich zu rühmen habe", würdigt. Nietzsche, der im Alter von

21 Jahren mit dem Werk Schopenhauers bekannt geworden war, wurde sofort von jenem „energischen düsteren Genius“ angezogen, wie er in seinen autobiografischen Aufzeichnungen aus den Jahren 1856 bis 1869 bekennt. „Hier war jede Zeile“, so hält er im Anschluss an sein Schopenhauer-Erlebnis des Jahres 1865 fest, „die Entsagung, Verneinung, Resignation schrie, hier sah ich einen Spiegel, in dem ich Welt, Leben und eigen Gemüt in entsetzlicher Großartigkeit erblickte. [...] hier sah ich Krankheit und Heilung, Verbannung und Zufluchtsort, Hölle und Himmel“.[207] Wie nachhaltig das energisch-düstere Genie Schopenhauer auf ihn gewirkt hat, bekundet sich über dieses Geständnis hinaus in dem Sachverhalt, dass er seinem ‚Meister‘ Schopenhauer in der dritten *Unzeitgemäßen Betrachtung* aus dem Jahre 1874 ein literarisches Denkmal unter dem beziehungsreichen und seinen Dank und seine Verehrung zum Ausdruck bringenden Titel *Schopenhauer als Erzieher* setzt. In derjenigen Passage, in welcher Nietzsche sich daran macht, „das Vorbildliche und Erzieherische in Schopenhauers Natur“ zu würdigen, hebt er als den entscheidenden Aspekt hervor: „Denken wir uns das Auge des Philosophen auf dem Dasein ruhend: Er will dessen Werth neu festsetzen. Denn das ist die eigenthümliche Arbeit aller großen Denker gewesen, Gesetzgeber für Maass, Münze und Gewicht der Dinge zu sein.“[208] Das ist es vor allem anderen, was Nietzsche zum damaligen Zeitpunkt an Schopenhauer bewunderte und wodurch er sich seinerzeit so sehr zu dessen Lehre hingezogen fühlte: dass er „sein furchtloses Auge der Frage zuwandte: ‚Was ist das Leben überhaupt werth?‘“.[209]

Wie aber kam Schopenhauer selbst dazu, diese Frage aufzuwerfen? In seinem *Cholera-Buch* aus dem Jahre 1831, das Notizen, Manuskripte und autobiografische Reflexionen versammelt, hält Schopenhauer rückblickend fest: „In meinem 17ten Jahre, ohne alle gelehrte Schulbildung, wurde ich vom *Jammer des Lebens* so ergriffen, wie Buddha in seiner Jugend, als er Krankheit, Alter, Schmerz und Tod erblickte. Die Wahrheit, welche laut und deutlich aus der Welt sprach, überwandt bald auch die mir eingeprägten jüdischen Dogmen, und mein Resultat war, daß diese Welt kein Werk eines allgütigen Wesens seyn könnte, wohl aber das eines Teufels, der Geschöpfe ins Dasein gerufen, um am Anblick ihrer Qual sich zu weiden: darauf deuteten die Data, und der Glaube, daß es so sei, gewann die Oberhand.“[210]

Das siebzehnte Lebensjahr, auf das sich Schopenhauer in diesem Rückblick bezieht, ist das zweite Jahr einer Reise, die er von Anfang Mai

1803 bis Ende August 1804 mit seinen Eltern unternommen hat und die ihn nach Holland, England, Frankreich, in die Schweiz und nach Österreich führte. Einen besonders nachhaltigen Eindruck auf das Gemüt des jungen Schopenhauer hinterließ das schreckliche Los der Galeerensklaven von Toulon. „Das Loos dieser Unglücklichen", so hält er in seinem Reisetagebuch fest, „halte ich für bey weitem schrecklicher, wie Todes-Strafen. Die Galeeren, die ich von außen gesehn habe, scheinen der schmutzigste ekelhafteste Aufenthalt der sich dencken läßt. Die Galeeren gehen nicht mehr zur See: es sind alte kondemnirte Schiffe. Das Lager der *Forcats* ist die Bank an die sie gekettet sind. Ihre Nahrung bloß Wasser u. Brod: u. ich begreife nicht wie sie, ohne eine kräftigere Nahrung u. von Kummer verzehrt, bey der starcken Arbeit, nicht eher unterliegen; denn während ihrer Sklaverey werden sie ganz wie Lastthiere behandelt: es ist schrecklich wenn man es bedenckt, daß das Leben dieser elenden Galeeren-Sklaven, was viel sagen will, ganz freudenlos ist: u. bey denen, deren Leiden auch nach fünf u. zwanzig Jahren kein Ziel gesetzt ist, auch ganz hoffnungslos: läßt sich eine schrecklichere Empfindung dencken, wie die eines solchen Unglücklichen, während er an die Bank in der finstern Galeere geschmiedet wird, von der ihn nichts wie der Tod mehr trennen kann! – Manchem wird sein Leiden wohl noch durch die unzertrennliche Gesellschaft dessen erschwert, der mit ihm an Eine Kette geschmiedet ist. Und wenn dann nun endlich der Zeitpunkt herangekommen ist, den er, seit zehn od. zwölf, od., was selten kommt, zwanzig ewig langen Jahren, täglich mit verzweifelnden Seufzern herbeywünschte: das Ende der Sklaverei: was soll er werden? Er kommt in eine Welt zurück, für die er seit zehn Jahren todt war: die Aussichten die er vielleicht hatte, als er zehn Jahr jünger war, sind verschwunden: keiner will den zu sich nehmen, der von der Galeere kommt: u. zehn Jahre Strafe haben ihn von dem Verbrechen des Augenblicks nicht reingewaschen. Er muß zum zweyten Mal ein Verbrecher werden, u. endet am Hoch-Gericht".[211]

Solche früh im Leben gewonnenen Eindrücke und Erlebnisse, die sich offenbar unauslöschlich der jugendlichen Seele Schopenhauers eingeprägt hatten, waren für ihn der Anstoß, in der Folgezeit eine Erklärung des Laufs der Welt und der menschlichen Dinge zu suchen, die solchen und ähnlichen Ereignissen in angemessener Weise gerecht wird – was für Schopenhauer heißt: die sie nicht wegzuerklären, kleinzureden oder gar zu beschönigen versucht, wie beispielsweise mit der seit spätantiker Zeit bekannten und beliebten Denk- und Argumentationsfigur, das Schöne und Gute bedürfe der weniger erfreulichen Seiten der Welt als Kontrast, damit es um so heller zu strahlen und zu glänzen vermöge. Nein, bereits für den jungen Schopenhauer ist es aufgrund seiner Jugenderfahrungen ein für alle Mal gewiss: „Das Leben ist eine mißliche Sache", wie er dem alten Wieland während eines Gesprächs in Weimar zu verstehen gibt und hinzufügt: „Ich habe mir vorgesetzt, es damit hinzubringen, über dasselbe nachzudenken".[212] Herausgekommen ist dabei eine in einer ebenso energisch zupackenden wie klaren und deutlichen Sprache formulierte Deutung des Laufs der Welt und der Stellung des Menschen in ihr, die nicht nur wegen ihrer pessimistischen Grundierung ihresgleichen sucht. Zentriert ist sie um den Begriff des *Willens zum Leben*.

Rekonstruieren wir die wesentlichen Züge dieses Konzepts. Schopenhauer bekennt sich zu der idealistischen Grundansicht, derzufolge die Welt meine Vorstellung ist, sie, anders gesagt, Objekt in Beziehung auf ein sie erkennendes Subjekt ist. Nun deutet diese „erste Tatsache des Bewußtseins", wie Schopenhauer sie nennt, sogleich auf ein Problem hin. Denn wenn die Welt nichts anderes als meine Vorstellung ist, dann drängt sich doch der Verdacht auf, dass sie nur Schein, dass sie ein bloßes Phantasma, ein leeres Phantomgebilde sein könnte. Wodurch unterschiede sich das erkennende Subjekt dann von einem Träumenden, dem im Traum Fantasiegestalten und Chimären vorgegaukelt werden? Dieses Problem wird Schopenhauer zum Anlass, der Frage nachzugehen, ob die Welt, außer dass sie Vorstellung ist, nicht noch etwas anderes, von der Vorstellung Verschiedenes, ist. Dass die Welt noch mehr sein muss als mein bloßes Vorstellungsprodukt, legt sich für ihn allein schon deswegen nahe, weil wir ein *Interesse* an unseren Vorstellungen nehmen und ihre Bedeutung *fühlen*. Denn, wie er hervorhebt, die uns in der Vorstellung gegebenen Bilder ziehen nicht „völlig fremd und nichtssagend" an uns vorüber, sondern sprechen uns „unmittelbar" an.[213]

Bloß die Frage ist: Wie gelangt man über die „gefühlte Bedeutung" der Vorstellungen zu deren realem Inhalt? Im Zuge der Beantwortung dieser Frage schlägt Schopenhauer einen bis dato völlig neuartigen Weg ein, führt dieser doch über den *Leib*. Damit rückt er eine Gegebenheit ins Zentrum der Betrachtung, die in der abendländischen Philosophie bislang mehr als stiefmütterlich behandelt worden ist.

Warum der Leib? – wird man womöglich fragen. Schopenhauers Antwort ist ebenso einfach wie genial: weil er auf *zweifache* Weise gegeben ist, weil ich eine *zweifache* Erfahrung von ihm habe. Einerseits nämlich ist er mir gegeben als Vorstellung, also als Objekt unter anderen Objekten. Das allein ist wohl nicht so sonderlich aufregend. Aber jetzt kommt es: Darüber hinaus erfahre, erlebe ich meinen Leib andererseits auf eine noch ganz andere Weise: nämlich als *Wille*. Und zwar gelangt Schopenhauer zu dieser Einsicht im Ausgang von den „willkürlichen Bewegungen dieses Leibes". Diese sind, wie er betont, nichts anderes als die „Sichtbarkeit der einzelnen Willensakte", in denen sich „mein Wille überhaupt und im ganzen" ausspricht.[214]

Halten wir also fest: Die einzelnen Bewegungen des Leibes sind Erscheinungen, sind, so könnte man auch sagen, Ausdruck von einzelnen Willensakten. Diese Willensakte ihrerseits sind nun keine bloß subjektiven Phantasmen, sondern müssen als in den Bewegungen des Leibes in die Erscheinung tretende Akte meines Willens überhaupt angesehen werden. Was mir so in der Vorstellung als leibliche Bewegung gegeben ist, enthüllt sich demzufolge seiner inneren Seite nach als Wille. Daher kann Schopenhauer mit gutem Grund von einer *Identität* von Leib und Wille sprechen, einer Identität, die er in vierfacher Hinsicht entfaltet. Erstens ist jeder Willensakt sofort und unausbleiblich auch eine Bewegung des Leibes. Umgekehrt ist zweitens jede Einwirkung auf den Leib sofort und unmittelbar auch Einwirkung auf den Willen. Zudem wirkt drittens jede heftige und übermäßige Bewegung des Willens ganz unmittelbar auf den Leib und seine Funktionen ein. Und viertens schließlich ist die Erkenntnis, die ich von meinem Willen habe, wie wir feststellen konnten, von der meines Leibes gar nicht zu trennen; mein Leib, sagt Schopenhauer, ist die Bedingung der Erkenntnis meines Willens.

So weit, so gut, könnte man meinen. Aber das ist alles nur Vorgeplänkel, denn nun bereitet Schopenhauer seinen eigentlichen Coup vor, nimmt er doch die anhand des Leibes gewonnene Erkenntnis als einen, wie er sagt, „Schlüssel" zum Wesen aller uns in der Welt begegnenden Gegebenheiten. Das besagt nichts weniger, als dass Schopenhauer alle – streng genommen wirklich *alle* – Objekte, die uns als unsere Vorstellungen gegeben, aber nicht unser Leib sind, „nach Analogie" des Leibes beurteilen will.[215] Auch wenn Schopenhauer hier von einer Analogie spricht, so hat diese analogische Beurteilung bei ihm doch keineswegs den Charakter eines bloßen ‚Als-ob'. Vielmehr will er die damit vorgenommene Erweiterung und Ausdehnung des Willensbegriffs auf die Welt insgesamt als *notwendige Annahme* verstanden wissen. Vom Ansatz seines Konzepts her kann das ja auch gar nicht anders sein, denn über die Vorstellung und den Willen hinaus ist uns ja nichts außerdem gegeben! „Außer dem Willen und der Vorstellung", schreibt Schopenhauer, „ist uns gar nichts bekannt noch denkbar. [...] Wir können daher eine anderweitige Realität, um sie der Körperwelt beizulegen, nirgends finden".[216]

Setzen wir, wie Schopenhauer es von uns fordert, diese Reflexion fort, dann werden wir dahin geführt, über die belebte Tier- und Menschenwelt hinaus „auch die Kraft, die in der Pflanze treibt und vegetiert, ja die Kraft, durch welche der Kristall anschießt, die, welche den Magnet zum Nordpol wendet"[217], als identisch anzusehen mit dem Willen, der uns aufgrund unserer Leiberfahrung als unmittelbare Gewissheit bekannt ist. Mit anderen Worten: Mittels eines äußerst kühnen Analogieschlusses enträtselt sich für Schopenhauer die Welt mit der Vielzahl ihrer Objekte als die Sichtbarwerdung, als die „Objektivation" des Willens, wie Schopenhauer sich gerne ausdrückt.

Und zwar objektiviert sich der Wille in der Welt auf vier großen Stufen, die Schopenhauer auch im Sinne einer zeitlichen Aufeinanderfolge begreift, sodass man – nebenbei angemerkt – bei ihm Ansätze eines evolutionären Denkens findet. Die erste, das heißt die unterste Stufe der Objektivation des Willens bilden die Kräfte der anorganischen Natur. Hier wirkt der Wille „blind, dumpf, einseitig und unveränderlich",[218] will sagen, hier fehlt ihm jegliches Bewusstsein, jegliche Erkenntnis seiner selbst. Auf der nächsthöheren Stufe stellt sich der Wille dar „im stummen und stillen Leben einer bloßen Pflanzenwelt".[219] Auch hier ist er lediglich als blinder und dumpfer Drang aktiv, „noch völlig erkenntnislos als finstere treibende Kraft".[220] Gleiches gilt vom „vegetativen Teil" animalischen Lebens, welches die dritte große Objektivationsstufe darstellt. Und die vierte und für Schopenhauer vorerst letzte Stufe seiner Objektivation erreicht der Wille im Menschen. Auf diese Weise, so könnte man sagen, arbeitet sich der Wille gleichsam Stufe um Stufe empor: Und aus dem blinden, dumpfen, erkenntnis- und bewusstlosen Willen wird am Ende ein von Erkenntnis und Bewusstsein begleiteter Wille *zum Leben*.

Lassen wir diesen entwicklungsgeschichtlichen Stufengang des Willens zum Leben für den Moment auf sich beruhen und richten wir das Augenmerk auf wichtige Konsequenzen, die dieses Konzept mit sich bringt.

Zunächst einmal ist zu bedenken: Wenn in schlechterdings jeder Erscheinung in der Welt der Wille zum Leben das alleinige Agens seines

Wirkens ist, dann ist damit nichts anderes gesagt, als dass der Wille, wie Schopenhauer sich ausdrückt, „an sich selber zehren muß“, weil außer ihm nichts da ist und er zudem „ein hungriger Wille“ ist, das heißt ein steter Drang, ein unermüdliches Streben, eine letzten Endes nie endgültig zu befriedigende Gier nach Leben, nach Dasein.[221] Dieser Sachverhalt, hat Schopenhauer auseinandergelegt, lässt sich schon im Bereich des Anorganischen feststellen, denn auch hier geraten die Erscheinungen des Willens miteinander in Konflikt, indem jede sich der vorhandenen Materie bemächtigen will. Aus diesem Streit geht als Resultat die Erscheinung einer höheren Stufe hervor – jedoch so, dass sie das Wesen der niedrigeren auf eine untergeordnete Weise bestehen lässt, indem sie ein „Analogon“ davon in sich aufnimmt. Die jeweils niedrigere Stufe wäre dann in der nächsthöheren, mit einer hegelschen Wendung gesagt, aufgehoben. Auf dieser höheren Stufe wiederholt sich der Streit der Erscheinungen untereinander von Neuem, sodass aufs Ganze gesehen ein Streben nach immer höherer Objektivation erkennbar wird. Generell gilt hier für Schopenhauer: Mit keiner erreichten Stufe gibt sich der Wille zufrieden; auf jeder giert er nach neuer, höherer Objektivation, bis er im Menschen seine vorerst letzte Objektivationsstufe erreicht.

Was so dem ersten Eindruck nach als sachlich-nüchtern zu beschreibender Stufenbau der Natur daherkommt, enthüllt seine ihm innewohnende Dramatik – und Tragik, wie wir sofort sehen werden –, wenn wir einen Blick darauf werfen, wie dieses Streben nach immer höherer Objektivation näher zu fassen ist. Schopenhauer nämlich deutet dieses Streben als *Kampf.* Der Wille zum Leben, so führt er aus, vermag auf einer höheren Stufe nur durch Übermächtigung der niedrigeren in Erscheinung zu treten. So verdankt sich der Entwicklungsgang der Natur von seiner dynamischen Seite her als Resultat eines Kampfes um Übermächtigung und Überwältigung, mithin im Grunde eines Kampfes um Macht. (Nietzsche wird das später dankbar aufgreifen.) Dazu kommt: Wenn die jeweils höhere Stufe ein Analogon der überwältigten in sich aufgehoben hat, dann bleibt die Eigenart der übermächtigten erhalten. Das aber bedeutet, sie strebt nach wie vor danach, ihr Wesen adäquat zu äußern. Deutlich, meint Schopenhauer, lasse sich das beispielsweise am menschlichen Organismus studieren, denn in diesem findet ein dauernder Kampf gegen die vielen physischen und chemischen Kräfte statt, die als niedrigere Stufen ein früheres Recht auf jene Materie haben.

Indem so die höheren Objektivationsstufen nur sind durch Übermächtigung und Überwältigung der niedrigeren und schwächeren, gleichwohl aber im Tod des Organismus eben diese schwächeren Objektivationen, eben die physischen und chemischen Kräfte, wieder die Oberhand gewinnen, wird deutlich, dass die Welt als Wille nichts anderes ist als eine ständige Selbstentzweiung, ja streng genommen Selbstzerfleischung des Willens zum Leben. Der Wille, stellt Schopenhauer in lakonischer Kürze klar, zehrt durchgängig an sich selber, schlägt die Zähne in sein eigenes Fleisch, ist in verschiedenen Gestalten seine eigene Nahrung.[222]

In seinen 1820 in Berlin gehaltenen Vorlesungen hat Schopenhauer diesen Sachverhalt mit einer Reihe von instruktiven, der Natur entnommenen Beispielen zu illustrieren versucht. Greifen wir pars pro toto eines von ihnen heraus. „Sie wissen", trägt Schopenhauer vor, „daß die Fortpflanzung der Armpolypen so geschieht, daß das Junge als Zweig aus dem Alten hervorwächst und nachher sich von ihm absondert. Aber während es noch auf dem Alten als Sprößling festsitzt, hascht es schon nach Beute mit seinen Armen und da geräth es oft mit dem Alten in Streit über die Beute, so sehr daß eines sie dem andern aus dem Maule reißt. Ein einfaches deutliches Beispiel des Widerstreites der Erscheinungen des Willens zum Leben gegen einander!"[223]

Wahrlich kein Anblick, der einen froh und heiter stimmen könnte! Aber es kommt noch schlimmer. Da nun auch wir Menschen in den Stufengang der Objektivationen des Willens zum Leben einbezogen sind, müssen auch wir wohl oder übel damit leben, dass auch in uns dessen Daseinsgier nicht zur Ruhe kommt. Weil es ja ein und derselbe Wille ist, der in jedem Individuum der Gattung Mensch erscheint, will jeder, schreibt Schopenhauer, „alles für sich, will alles besitzen, wenigstens beherrschen, und was sich ihm widersetzt, möchte er vernichten".[224] Die je eigene Willensbejahung, und das ist das eigentlich Tragische, geht so weit, dass sie in den Bezirk anderer Willensbejahung einbricht und so den Willen zum Leben im anderen Individuum zu vernichten strebt. Daraus entspringt all das Unrecht, das es in der Welt gibt, all die Bosheit, die das menschliche Miteinander nicht immer erfreulich machen, entspringt die ganze Palette der Grausamkeiten, die Menschen anderen anzutun in der Lage sind. All das trägt zu den, wie Schopenhauer die Angelegenheit beurteilt, unbeschreiblichen Qualen und nie endenden Leiden des Menschengeschlechts bei. Allein schon aufgrund dieses

Leidens ist die Welt, wie er in polemischer Frontstellung gegen Leibniz sagt, die schlechteste aller möglichen Welten.

Aber selbst hiermit noch lange nicht genug! Verschärft werden Dramatik und Tragik des irdischen Daseins dadurch – und das ist die zweite Konsequenz, die es hier in den Blick zu nehmen gilt –, dass der Wille zum Leben kein endgültiges Ziel hat. „In der Tat", erklärt Schopenhauer, „gehört Abwesenheit alles Zieles, aller Grenzen zum Wesen des Willens an sich, der ein endloses Streben ist".[225] Diese Endlosigkeit des Strebens resultiert für Schopenhauer aus dem Umstand, dass der Wille zum Leben, wie er uns bereits eingeschärft hat, ein hungriger Wille ist. Aufgrund seiner unersättlichen Daseinsgier muss dem Willen zum Leben eine dauernde, letztgültige Befriedigung versagt bleiben. Durchaus kennt er vorläufige Ziele, aber jedes, das er erreicht hat, ist ihm „stets nur Ausgangspunkt eines neuen Strebens".[226] So präsentiert sich der Wille zum Leben – unter Anspielung auf das Heraklit zugeschriebene Wort – für Schopenhauer als „ewiges Werden, endloser Fluß".[227]

Das bleibt nicht ohne Folgen für die menschlichen Bestrebungen und Wünsche, bedeutet es doch, dass diese uns die Erfüllung immer als letztes Ziel vorgaukeln, sobald dieses aber erreicht ist, uns neue Ziele vor Augen führen. Daher spricht Schopenhauer von einem steten Übergang von Wunsch zur Befriedigung und von dieser zu einem neuen Wunsch. Geschieht dieser Übergang einigermaßen schnell und problemlos, dann, meint Schopenhauer, könne man durchaus von *Glück* reden. Vollzieht er sich hingegen langsam, dann resultiert daraus *Leiden*. Und dieses Ins-Stocken-Geraten des Übergangs von Wunsch zu Befriedigung gebiert, insbesondere wenn sich das wiederholt ereignet und momentan nicht abzusehen ist, wie hier Abhilfe zu schaffen wäre, „furchtbare, lebenserstarrende Langeweile"[228], wie Schopenhauer sich ausdrückt. So bewegt sich alles menschliche Streben seiner Überzeugung nach zwischen den Polen Wollen und Erreichen eines Ziels: Stets schlägt der Wunsch – zumindest im günstigen Fall – in Befriedigung um, und stets die Befriedigung in neuen Wunsch – und das ad infinitum: ohne dass je der Lichtstreif einer letztgültigen Befriedigung des Strebens am Horizont aufschiene. Der glücklichste Lebenslauf, meint Schopenhauer, wäre demnach noch der, in dem Wunsch und Befriedigung ohne zu kurze und ohne zu lange Zwischenräume aufeinanderfolgten. Denn aus zu kurzem Zwischenraum folgt Hast und Rastlosigkeit des Lebens, aus zu langem Langeweile, Leere, Öde.

Diese Symptomatik menschlicher Befindlichkeit hat Schopenhauer um eine weitere, für unser Selbstverständnis allerdings wiederum nicht eben erfreuliche Gedankenlinie ergänzt. Jeder Wunsch, so ist er überzeugt, wird von mir im Grunde als Mangel erlebt: Solange ich etwas – ganz gleich was – noch nicht habe, was ich begehre, mangelt mir etwas, entbehre ich etwas, fehlt mir etwas. Naturgemäß leide ich unter solchem Mangel. Und naturgemäß will ich diesen Mangel beseitigen, will ich den Zustand des Leidens beenden. Gelingt mir das – wird also mein Wunsch befriedigt –, dann fühle ich mich beglückt. Aber dabei bleibt es nicht, hält mich mein Wille zum Leben doch gleichsam zum Narren: Mit absoluter Sicherheit nämlich wird sich der nächste Wunsch einstellen – und der für unsere Psyche verheerende Kreislauf von Wunsch, Befriedigung und neuer Wunsch setzt sich erneut in Gang.

Mit all dem ist gesagt: Wenn man etwas erreicht oder erlangt hat, dann hat man sich aus Schopenhauers Sicht von einem Wunsch beziehungsweise von einem Leiden befreit. Mithin befindet man sich wieder im gleichen Zustand wie vor dem Auftauchen des Wunsches. Alle Befriedigung, alles Glück ist folglich nichts weiter als *momentane* Wunsch- und Bedürfnisbefriedigung. Das aber besagt nichts anderes als: Glück ist laut Schopenhauer momentanes Freisein von Leiden und Schmerz – und nichts sonst. Dies ist der Kern der schopenhauerschen Rede von der *Negativität* des Glücks: Glück ist flüchtig, momentan, schnell vorübergehend, ist kein Zustand, der sich halten ließe, dem Dauer beschieden wäre. Aber das Paradox ist, dass mir in der Regel allein in solchen Augenblicken mein Leben als sinnvoll erscheint. Da sich aber solches Glück nicht halten lässt, sind wir, wie Schopenhauer die Lage nüchtern einschätzt, strukturell unzufrieden – mit der Folge, dass sich ein dauerhafter Glücks- und Sinnanspruch bei näherer Betrachtung als eine Illusion entlarvt.

Setzen wir jetzt diese Bausteine der schopenhauerschen Anthropologie zusammen. Zum einen, so lernten wir von Schopenhauer, verursacht die Entzweiung des Willens mit sich selbst das Leiden in der Welt. Und zum anderen entspringt seiner Ansicht nach aus der letztendlichen Ziellosigkeit des Willens die Zwecklosigkeit des gesamten Weltlaufs. Der Wille weiß, konstatiert Schopenhauer mit unerbittlicher Härte, „wo ihn Erkenntnis beleuchtet, stets was er jetzt, was er hier will; nie aber was er überhaupt will: jeder einzelne Akt hat einen Zweck; das gesamte Wollen hat keinen“.[229] Die Zusammennahme dieser beiden Aspekte gibt zu verstehen, dass das Leiden unaufhebbar ist, dass es sich ständig perpetuiert, ja dass es ewig ist.

Was folgt hieraus für Schopenhauer? Nun, zunächst wohl dieses: Die Welt ist schlecht, weil sie unglücklich macht. Das ist der Kernpunkt von Schopenhauers eudämonistischem Pessimismus. Aber hierbei muss es seiner Überzeugung nach nicht sein Bewenden haben. Wie wäre es nämlich, so fragt er, wenn es uns gelänge, aus dem geschilderten Kreislauf auszusteigen, das Leben angesichts der stets aufs Neue enttäuschten Glückserwartungen und Sinnansprüche zu verneinen? Grundsätzlich, so betont er, haben wir die Wahl: Auf der einen Seite kann ich die Welt, die sich der tieferen Anschauung nach, wie sie uns Schopenhauer vor Augen führt, wesentlich als übervoll von Leiden präsentiert, auch als solche wollen. Die von mir aufgefassten Dinge, Gegebenheiten und Ereignisse, meine Erlebnisse und Erfahrungen wirken dann weiterhin als *Motive*, als Beweggründe meines Handelns. Dann drehe ich mich weiterhin mit im Rad des Begehrens, der temporären Befriedigung und des neuen Begehrens. Oder aber ich kann, und das ist die andere Möglichkeit, und für sie tritt Schopenhauer nachdrücklich ein, aus diesem Kreislauf auszusteigen versuchen. Das funktioniert, wie er das sieht, so, dass auf die Erkenntnis vom Leiden der Welt hin die sich mir präsentierenden Gegenstände und Gegebenheiten nicht länger als Beweggründe zu weiterem Wollen wirken, sondern zu, wie Schopenhauer sagt, *Quietiven* werden: zu Stillstellungsgründen, wie man diesen Begriff übersetzen könnte. Das führt in letzter Konsequenz zu einer Verneinung des Willens zum Leben: Der Wille wendet sich gegen sich selbst und hebt sich selbst auf.

Wie hat man sich das konkret vorzustellen: solch selbstinszeniertes Brechen des Willens? Durch Selbstmord ist das für Schopenhauer nicht möglich, steckt doch nach seiner Überzeugung hinter einem Selbstmord stets eine im Grunde starke Bejahung des Willens. Der Selbstmörder, so erklärt Schopenhauer, will im Grunde das Leben – nur nicht unter den Bedingungen, unter denen er derzeit leben muss. Selbstmord wäre demnach, auch wenn das paradox klingen mag, so gesehen im Blick auf die geforderte Verneinung des Willens geradezu kontraproduktiv. Nein, nach Schopenhauer kann der Wille eigentlich nur durch freiwillige und konsequent durchgehaltene *Askese* gebrochen werden, die aus dem Einblick in die von Leiden übervolle Welt entspringt und, aufs Höchste gesteigert, in einen freiwillig gewählten Hungertod einmündet. Einzig eine solche durch konsequente Askese initiierte Verneinung ist es, die den

Willen zum Leben brechen und ihn aufheben kann – und eben nicht der gewöhnliche, aus Verzweiflung beispielsweise entsprungene freiwillige Tod, wobei Schopenhauer allerdings selbst anmerkt, zwischen beiden gebe es durchaus mancherlei Zwischenstufen und Mischungen. Gelingt jemandem solche Verneinung, dann ist das für Schopenhauer gleichbedeutend mit einem „Zerfließen ins Nichts", dann wird der Wille aufgehoben, dann ist damit für den Betreffenden zugleich auch die Vielzahl der Erscheinungen aufgehoben. „Kein Wille: keine Vorstellung, keine Welt",[230] verkündet Schopenhauer lapidar. Mit der Verneinung des Willens zum Leben ist die Welt als Wille *und* Vorstellung aufgehoben und überwunden und nicht nur eines von beiden. Daher ist es nur konsequent, wenn Schopenhauer sein Hauptwerk mit dem Satz beschließt, all denen, „in welchen der Wille sich gewendet und verneint hat, [ist] diese unsere so sehr reale Welt mit allen ihren Sonnen und Milchstraßen – nichts". Sie werden, wie er schreibt, „in das *Brahm* oder *Nirwana* der Buddhaisten" resorbiert.[231]

Nun, den Mut, diese finale Konsequenz zu ziehen, werden wohl nur die wenigsten aufbringen können. Gleichwohl ist jeder von uns in der Lage, wenigstens temporär den Willen zum Leben in sich stillzustellen. Wie das? – wird man womöglich fragen. Hat uns Schopenhauer denn nicht soeben eingeschärft, der Wille zum Leben sei ein endloses Streben, das nie zur Ruhe komme? Ja, natürlich hat er das. Aber diese grundsätzliche Sicht der Dinge schließt nicht aus, dass es hin und wieder Augenblicke in unserem Leben geben kann, in denen der Wille zum Leben für eine gewisse Zeitspanne beruhigt werden kann. Möglich ist das in einem Zustand, den Schopenhauer als *Kontemplation* bezeichnet. Dieser Zustand stellt sich seiner Ansicht nach am ehesten im Zuge intensiven Kunstgenusses ein, kann aber auch etwa mit intensiver Naturbetrachtung einhergehen, wenn sich mir beispielsweise bei einem Spaziergang plötzlich der Blick auf eine atemberaubende Landschaft eröffnet. In einem solchen Fall nehme ich, ebenso wie beim intensiven Kunstgenuss – etwa beim Hören eines Musikstücks oder der Versenkung in ein Gemälde – nicht mehr einzelne, abgesonderte Gegenstände für sich wahr, sondern erfasse in einem Akt intuitiver Schau das Ganze, die „Idee" des mir Dargebotenen, wie Schopenhauer sagt. In einem solchen Moment vergessen wir die Zeit. Man geht, wie es so schön heißt, in der Sache auf, was konkret bedeutet, in solchen Momenten der Kontemplation ist für eine gewisse Zeitspanne der Unterschied zwischen mir als dem erkennenden Subjekt und dem erkannten Objekt aufgehoben. Das anschauende Subjekt, so hat Schopenhauer diesen Sachverhalt zu erläutern versucht, reißt sich in diesem Moment vom Dienst des Willens los und wird „reines, willenloses Subjekt der Erkenntnis".[232] In so beschaffenen kontemplativen Zuständen betrachtet man nicht mehr die Relationen, in denen die dargebotenen Objekte zueinanderstehen, man gewahrt also nicht mehr „das Wo, das Wann, das Warum und das Wozu an den Dingen", sondern einzig und allein „das *Was*". Man gibt sich ganz der Anschauung hin, versenkt sich völlig in sie, lässt sich von ihr das ganze Bewusstsein ausfüllen, verliert sich gänzlich in den betreffenden Gegenstand oder die Musik, und zwar so, dass man den Anschauenden nicht mehr von der Anschauung trennen kann, sondern beide eines geworden sind. Und genau in solchen Augenblicken der tiefen Versenkung vergisst man seinen Willen, ist man nur noch, mit Schopenhauer gesprochen, „klarer Spiegel des Objekts",[233] fühlt man keinen Schmerz, fehlt einem nichts, fühlt man sich nicht einmal mehr als Individuum, sondern als Teil eines größeren Ganzen, ja, ist man: glücklich. Solch verweilendes Aufgehen in einer Sache befreit mithin, wenn auch immer nur temporär, vom Druck des Willensdrangs und vom Gefühl des steten Verfließens der Zeit, schenkt, wenn auch nur für den Augenblick, Glück, ein, so könnte man sagen, ästhetisch erzeugtes Glück, welches unser Leben ungemein bereichern kann.

So weiß also auch der Griesgram Schopenhauer, als welchen er sich uns wenigstens in seinen Schriften gern präsentiert, durchaus den Genuss zu schätzen, den die ästhetische Anschauung zu gewähren in der Lage ist.

Solche Passagen im Verein mit den düsteren Analysen Schopenhauers und dem Plädoyer für finale Willensverneinung vor allem waren es, die jenen nachhaltigen Eindruck auf den jungen Nietzsche gemacht haben, bekennt er sich doch beispielsweise in seiner ersten Schrift, der *Geburt der Tragödie aus dem Geiste der Musik*, zu der Ansicht, nur als „*ästhetisches Phänomen*" seien Dasein und Welt „ewig *gerechtfertigt*".[234]

Darüber hinaus sollte für seine weitere intellektuelle Entwicklung eine zweite zentrale Gedankenlinie Schopenhauers von enormer Bedeutung werden: dessen Ausführungen nämlich, die das Verhältnis von Wille und Intellekt betreffen.

Zu unserem alltäglichen Selbstbild gehört, dass eine jede und ein jeder von uns meint, sie oder er sei – wenn auch im je individuellen Fall mal mehr, mal weniger – resistent gegen Täuschung, Verführung und Manipulation. Für Schopenhauer hängt dieser Sachverhalt ganz entscheidend damit zusammen, dass zumindest wir Abendländer – sowie überhaupt die westlichen Zivilisationen und die von ihnen beeinflussten Gesellschaften – von einem ganz bestimmten Menschenbild verführt werden, von einem Menschenbild, demzufolge wir uns als primär *vernünftige* Wesen begreifen, die zudem über einen weitgehend freien Willen verfügen. Der Erzieher Schopenhauer sah es als eine seiner dringlichsten Aufgaben, an diesem Menschenbild entscheidende Korrekturen vorzunehmen. Diese Korrekturen verlangen uns nichts weniger als ein Umdenken hinsichtlich des Verhältnisses von Wille und Intellekt ab. Aristoteles war es, der die Formel prägte, der Mensch sei das „zoon logon echon", sei dasjenige Lebewesen, welches über Vernunft und – damit aufs Engste verschränkt – Sprache verfüge. In der lateinischen Fassung: Der Mensch sei das „animal rationale", sei das vernünftige Lebewesen, fand ein Selbstbild Ausdruck, welches die abendländische Welt nachhaltig und tief geprägt hat. Vernunft, Intelligenz, Geist, so lautete die Devise, seien das Primäre im Menschen, das Triebhafte, Instinktive und Affektive das Nachrangige, Sekundäre. Geknüpft hieran war die Auffassung, mittels seiner Vernunft, seines Intellekts, seines Geistes, sei der Mensch in der Lage, sein Triebleben, seine Affekte, seine Leidenschaften souverän in den Griff zu bekommen. Die antike Philosophenschule der Stoiker drückte dieses Verhältnis von Vernunft und Affekten mit der Formel aus, der Logos sei das *Hegemonikon* der Affekte, die Vernunft sei also das Leitende, das Führende im Haushalt der Seelenvermögen.

Weit gefehlt! – meinte nun Schopenhauer und nahm einen fundamentalen Perspektivenwechsel vor: Keineswegs, so schärft er ein, leitet, führt oder beherrscht gar die Vernunft die Affekte, Triebe und Leidenschaften. Keineswegs spielen die geistigen Vermögen im Konzert unserer Seelenkräfte die erste Geige. Vielmehr verhält es sich genau umgekehrt: Das Volitive, Triebhafte, die Suche, ja die Sucht nach Bedürfnisbefriedigung und Lustgewinn sind das Primäre im Menschen, sind die dominierenden Kräfte in der Psyche; das Vernünftige, ‚Logische' sowie die daran gekoppelte Erkenntnis der Außenwelt das Sekundäre, Nachrangige, Abgeleitete. Das Fundament des Menschen, so wird Schopenhauer nicht müde, immer wieder zu pointieren, ist das Triebhafte, ist das Unbewusste, aus dem heraus sich fortwährend Bedürfnisse und Wünsche entwickeln. Das, was wir als Bewusstsein bezeichnen, als Wahrnehmung und Erkenntnis der Realität, als Vernunft und Intellekt: All das wäre dem Triebhaft-Unbewussten, dem Volitiven, eindeutig nachgeordnet; im Aufbau der menschlichen Psyche kommt ihm eine nur sekundäre Rolle zu.

Sigmund Freud, stark beeinflusst durch diesen Wechsel der Perspektive, wird später ganz in diesem Sinne sagen, das *primäre* Ich sei das von Trieben, Bedürfnissen, Willensregungen, Wünschen und Leidenschaften bestimmte Ich. Mit der für ihn typischen Begrifflichkeit, die es bekanntlich zu beträchtlichem Ruhm gebracht hat, gesprochen: Die primäre Schicht im Menschen ist das „Es“. Das bewusste, vernünftige, auf Realitätserkenntnis gerichtete „Ich“ stellt demgegenüber eine nur sekundäre Instanz dar. Die Konsequenz aus diesem Perspektivenwechsel liegt auf der Hand: Gemessen an unseren Trieben, Wünschen, Willensregungen und Leidenschaften ist unser bewusstes Ich, ist unsere Vernunft, ist unser Intellekt, ist unser Geist ziemlich machtlos. Die Machtverhältnisse in unserem Seelenhaushalt werden damit geradezu dramatisch verschoben: Nicht die Vernunft ist das Hegemonikon der Affekte und der Begierden, sondern umgekehrt: Affekte und Begierden nehmen die Vernunft in Dienst, um ihre Ziele, Wünsche und Absichten rascher und effizienter realisieren zu können.

Bereits 1818, als sein Hauptwerk *Die Welt als Wille und Vorstellung* erschien, glaubte Schopenhauer Belege dafür, dass es sich bei dieser Auffassung um eine realistische Analyse der psychischen Struktur des Menschen handelte, in der Entwicklungsgeschichte des Lebendigen, und insbesondere natürlich der des Menschen, zu finden. Gemäß der in diesem Werk entfalteten Philosophie des Willens zum Leben werden ausnahmslos alle Vorgänge in der Natur von diesem Willen zum Leben gesteuert. Auf den untersten Stufen der Entwicklungsreihe, so vernahmen wir von Schopenhauer, wirkt der Wille als blinde, dumpfe – und das heißt: bewusst- und erkenntnislose – Kraft. In diesen unteren Bereichen erhalten sich die Lebewesen, indem sie die notwendige Nahrung auf Reize hin assimilieren. Mit steigender Entwicklungsstufe tritt nun die Individualität der Lebewesen immer deutlicher hervor. Im Menschen erreicht sie ihren bisher höchsten Ausprägungsgrad. Daher wird laut Schopenhauer die zur Selbsterhaltung unabdingbare Nahrung eine speziellere. Zudem kann auf dieser hohen Stufe der Eintritt eines Reizes nicht abgewartet werden – die Zufallshäufigkeit der auf Reize erfolgenden Nahrungsaufnahme wäre nämlich zu gering. Also muss das höhere Lebewesen seine Nahrung selbst aufsuchen und auswählen. Zu diesem Zweck hat der Wille zum Leben differenziertere Erkenntnisstrukturen hervorgebracht, hat er sich im Laufe der Evolution einen Intellekt geschaffen. Von dieser Warte aus betrachtet ist der Intellekt zunächst einmal ein bloßes Hilfsmittel zur Erhaltung des Individuums und der Art wie jedes andere Organ des Leibes auch. Unser Intellekt, unsere Erkenntnisstrukturen wären demnach biologisch bedingt: Ihnen käme allem zuvor die Funktion zu, die Erhaltung höherer Lebewesen, vornehmlich die des Menschen, sicherzustellen.

Für Schopenhauer bildet demzufolge der Wille – des Näheren, wie wir wissen, verstanden als Wille *zum Leben* – die Basis des Psychischen. Intellekt, Vernunft und Geist, Bewusstsein entstammen beziehungsweise entspringen diesem Willen. (Das bewusste Ich, wird Freud später schreiben, ist aus der Rindenschicht des Es entsprossen.) So gesehen handelt es sich bei Bewusstsein, Intellekt und Geist um etwas *entwicklungsgeschichtlich* Späteres, Sekundäres.

Unter *dynamischem* Aspekt ist damit zu verstehen gegeben: Alle Energie, Kraft und Bewegung des Lebens leitet sich aus der primären Instanz her. Intellekt, Vernunft, Geist beziehen all ihre Kraft ganz und gar aus dieser Basisschicht der menschlichen Natur. Damit ist klar, dass sie in charakteristischer Weise von der primären abhängig sind. Die Sphäre des Rationalen, Kognitiven, Bewussten besitzt, mit anderen Worten gesagt, keinerlei Autonomie: Sie ist nichts Selbstständiges, nichts, was auch unabhängig von der Basisschicht für sich existieren könnte. Vielmehr handelt es sich bei ihr um eine Art Derivat, um eine Ableitung, um etwas, das aus dem Willen, der kraftvollen Triebschicht, hervorgegangen ist. Zur Kennzeichnung dieses Verhältnisses von Wille und Intellekt hat Schopenhauer einmal die Metapher verwendet, der Wille sei der Herr im Haus und der Intellekt dessen Diener und Sklave. (Auch dieses Bild hat Freud aufgegriffen und es auf die griffige und viel zitierte Formel gebracht, das bewusste Ich sei nicht einmal Herr im eigenen Haus.)

Versuchen wir nun von hier aus Antworten auf die Frage zu finden: Wieso wird unser Geist so oft und so gern schwach? Wieso sind Intellekt und Vernunft so leicht verführ- und manipulierbar? Für Schopenhauer liegt die Erklärung auf der Hand: Das liegt daran, dass Intellekt und Vernunft auch hinsichtlich ihrer Leistungsfähigkeit als Erkenntnisorgane sekundär sind. Als evolutionäres Produkt des Willens, das will Schopenhauer uns damit sagen, fungieren Vernunft und Intellekt auch dann noch als Werkzeuge von Willensregungen – und zwar auch und gerade von Willensregungen, die uns selbst nicht bewusst sind –, wenn sie meinen, sie seien über die Ansprüche und Anfechtungen der Bedürfnisse, Wünsche, Leidenschaften, Affekte und Triebe erhaben.

Ohne Zweifel hat Schopenhauer damit eine extrem aufreizende These formuliert. Mit einer Fülle von Beispielen hat er sie zu illustrieren versucht. Diese Vielzahl an Beispielen können wir hier auf sich beruhen lassen – vornehmlich das Kapitel 19 des zweiten Bands von *Die Welt als Wille und Vorstellung*, dem er den bezeichnenden Titel *Vom Primat des Willens im Selbstbewusstsein* gegeben hat, ist diesbezüglich eine wahre Fundgrube – und begnügen wir uns mit seiner Zusammenfassung in eben diesem Kapitel: „Was dem Herzen widerstrebt, lässt der Kopf nicht ein. Manche Irrtümer halten wir unser Leben hindurch fest und hüten uns, jemals ihren Grund zu prüfen, bloß aus einer uns selber unbewußten Furcht, die Entdeckung machen zu können, daß wir so lange und so oft das Falsche geglaubt und behauptet haben.“ (Hiermit ist, nebenbei gesagt, treffend dasjenige Phänomen beschrieben, das unter der Bezeichnung ‚Lebenslüge‘ geläufig ist.) Und als Fazit für den alltäglichen Umgang mit uns selbst gibt er uns die Erkenntnis an die Hand: „So wird denn alltäglich unser Intellekt durch die Gaukeleien der Neigung betört und bestochen.“[235]

Zu all den von Schopenhauer in besagtem Kapitel 19 aufgelisteten Verführungen der geistig-rationalen Sphäre durch uns überwiegend unbewusste Willensregungen tritt bei Schopenhauer noch ein weiteres Moment hinzu. Selbst wenn unser Intellekt störungsfrei funktioniert und er – ausnahmsweise – einmal nicht den Sklaven des Willens spielen muss, bleibt er abhängig. Damit er überhaupt etwas erkennen kann, ist unser Intellekt zur Gewinnung seines Materials, seiner Inhalte, in nicht unerheblichem Maß auf die sinnliche Wahrnehmung, die sinnliche Anschauung, angewiesen. Aber in eben der liegen, wie man aufgrund der Ergebnisse wahrnehmungspsychologischer und sinnesphysiologischer Forschungen weiß, selbst schon genügend Fehlerquellen. Der Intellekt, so kann man sagen, bekommt also zum Teil schon verfälschte Daten vorgelegt, aus denen er dann seine Schlüsse zu ziehen und seine Erkenntnisse zu gewinnen versucht. Kein Wunder also, dass er so oft unzutreffende Urteile fällt und falsche Schlüsse zieht!

In direktem Zusammenhang hiermit steht ein weiterer Sachverhalt: Schopenhauer betont, wie wir zur Kenntnis nahmen, die – in einem biologisch grundlegenden Sinn – lebensnotwendige Funktion unseres Intellekts. Aber wir Menschen sind, wie natürlich auch Schopenhauer weiß, nicht nur zu primär zweckrational bestimmter Verstandeserkenntnis in der Lage. Zudem verfügen wir über Reflexionsfähigkeit und das Vermögen der Abstraktion, des abstrakten Denkens. Für Schopenhauer sind das Leistungen der Vernunft. Mithilfe dieser Vernunft sind wir zur Besonnenheit fähig: Wir können uns besinnen, wir können uns selbst zum Gegenstand des Erkennens, des Nachdenkens machen, wir können auf uns selbst reflektieren, wir können uns gleichsam bei unserem Denken zuschauen. Und: Die Vernunft setzt uns, wie Schopenhauer heraushebt, in die Lage, Zukunft und Vergangenheit zu überblicken, unser Handeln über den gegenwärtigen Augenblick hinaus zu planen und uns Rechenschaft von unseren eigenen Willensakten zu geben.[236]

Das alles scheint auf den ersten Blick ja durchaus erfreulich zu sein. Aber die ganze Angelegenheit hat eine unangenehme Kehrseite: Mit der Vernunft – wie überhaupt mit unseren Erkenntniskräften – wird zugleich der *Irrtum* möglich. Dadurch, dass wir über uns selbst nachdenken können, wird uns zugleich die Möglichkeit eröffnet, *uns auch selbst zu betrügen*. Die Sicherheit und Untrüglichkeit der Willensäußerungen, die sich auf niedrigeren Stufen der Objektivationsreihe des Willens feststellen lässt, geht beim Menschen mit seiner hypertrophen Vernunft fast ganz verloren. „Der Instinkt", so Schopenhauer wörtlich, „tritt völlig zurück, die Überlegung, welche jetzt alles ersetzen soll, gebiert [...] Schwanken und Unsicherheit: Der Irrtum wird möglich".[237] Demnach hätten wir einen hohen Preis dafür gezahlt, dass wir uns auf das evolutionäre Wagnis der Vernunft eingelassen haben.

Aber eben nicht nur der Irrtum wird möglich, sondern auch, wie wir gesehen haben, Verfälschungen, Selbsttäuschungen, bewusste und unbewusste Manipulationen unserer selbst und anderer. Unsere Vernunft, so scheint es, ist offenbar nur zu gern bereit, sich verführen zu lassen und nicht-sachangemessene Schlüsse zu ziehen, illusionäre Konzeptionen zu entwerfen, sich auf Wunschprojektionen einzulassen, die uns eine oftmals nur trügerische Sicherheit versprechen, sich am Ende aber als nichts anderes denn chimärisches Blendwerk erweisen.

Für Schopenhauer ergibt sich all dies ganz konsequent aus der dem Willen zum Leben dienstbaren Funktion von Intellekt und Vernunft. Da unsere Erkenntnisvermögen, so argumentiert er, vom Willen zum Leben im Zuge einer evolutionären Aufwärtsentwicklung hervorgebracht worden sind, um ihm dienstbar, um seine Sklaven zu sein, gehört es zu den Aufgaben des Intellekts, dem Willen beständig neue Motive zu liefern, damit der in seinem endlosen Drang nach Leben befriedigt werden kann.[238] Das täuschende Moment in der Tätigkeit des Intellekts liegt dabei in dem Umstand, dass der Intellekt dem von Ziel zu Ziel drängenden Willen immer neue, scheinbar lohnenswerte Motive vorgaukelt, auf die der Wille dann sein Streben richtet.

So ist unser Intellekt nicht nur ein Verführter; er ist zugleich selbst ein Verführer: Stellt er unserem Willen doch immer wieder neue Motive vor Augen, die es angeblich zu erstreben lohnt.

Können wir diesen Mechanismus anhalten, können wir diesen Teufelskreis durchbrechen? Nach Schopenhauer können wir es nicht nur nicht – wir sollten es tunlichst auch erst gar nicht versuchen. Denn was wäre die Konsequenz? Nun, wohl nur diese: Der Lebensprozess geriete ins Stocken, käme am Ende gar zum Stillstand. Diese Notbremse zu ziehen, das wäre freilich fatal – es sei denn, ganz entschiedene Naturen gingen noch einen Schritt weiter und würden den von Schopenhauer vorgezeichneten Weg der Askese beschreiten, um auf diese Weise der Welt gänzlich abzuschwören.

Für alle anderen aber gilt, wir müssen uns wohl notgedrungen mit der Einsicht anfreunden: Es ist eben der geschilderte Mechanismus, der uns am Leben erhält. Der Preis, den wir dafür zu zahlen haben? Nun, das ist nun einmal der, dass wir dadurch permanent der Gefahr ausgesetzt sind, uns von den vielfältigen Motiven, die die Welt so für uns bereithält, blenden, täuschen, manipulieren zu lassen, uns der Rastlosigkeit, ja der Hetze, die mit dem Wunsch nach steter Bedürfnisbefriedigung nur allzu oft gekoppelt ist, zu unterwerfen oder, sollte hin und wieder der umgekehrte Fall eintreten, dass die ersehnte Wunschbefriedigung allzu lange auf sich warten lässt, unter lähmender Langeweile zu leiden. „Zwischen Schmerz und Langeweile“, hat Schopenhauer diesen Sachverhalt einmal zusammengefasst, „wird jedes Menschenleben hin und hergeworfen“.[239] Not und Langeweile, hat er anderenorts geschrieben, sind die beiden „Pole“ des Menschengeschlechts. Auch wenn das wohl in dieser Radikalität der Formulierung übertrieben sein mag – ein Körnchen Wahrheit dürfte doch dabei sein.

All dieses im Verein mit dem unvoreingenommenen Blick auf die Struktur und die Bedingungen der Befriedigung unserer Wünsche und Bedürfnisse sollte uns, wenn wir es recht bedenken, hinsichtlich unserer gern und oft betonten Rationalität und Vernünftigkeit sowie unserer Glückserwartungen und Sinnansprüche bescheidener werden lassen. Gelänge das, dann hätte der Erzieher Schopenhauer einiges erreicht.

XI

Friedrich Nietzsche: Werteverlust und Nihilismus

Auch dem Erzieher Nietzsche ging es darum, die angenommene Vormachtstellung der Vernunft zu schwächen und eine Umwertung der Werte zu fordern.

Zunächst kritisiert er bereits vor nunmehr hundertvierzig Jahren den gängigen Bildungsbegriff. Nehme man heutzutage das Wort ‚Bildung' in den Mund, dann verbinde sich damit fast zwangsläufig der Gedanke an die sogenannte ‚klassische Bildung' und den Bildungsphilister, der sich auf seine – aus Nietzsches Sicht freilich bloß vermeintliche – Bildung einiges zugutehielt. Und vielleicht steigt erst recht heute vor unserem geistigen Auge das Bild eines etwas sonderbaren Zeitgenossen auf, der nichts mehr liebt, als in seiner Studierstube zu hocken und, gebeugt über dickleibige Bücher, sich mit tradiertem Wissen vollzustopfen. Jedenfalls spottete Nietzsche bereits damals, die als klassisch apostrophierte Bildung verleihe in erster Linie künstliche Gliedmaßen, wächserne Nasen und bebrillte Augen.

Aber Spott beiseite – Nietzsche hat sich seinerzeit sehr ernsthaft mit Problemen der Bildung und der Reform der damaligen Bildungsanstalten beschäftigt. Niedergeschlagen hat sich das in fünf öffentlichen Vorträgen, die er zwischen dem 16. Januar und dem 23. März 1872 in Basel unter dem Titel *Über die Zukunft unserer Bildungsanstalten* gehalten hat. In diesen Vorträgen verweist er auf die, so Nietzsche wörtlich, „lächerliche Improportionalität zwischen der Zahl der wahrhaft Gebildeten und dem ungeheuer großen Bildungsapparat",[240] und er beklagt, seine Zeit erblicke die „eigentliche Bildungsaufgabe" darin, „möglichst ‚courante' Menschen zu bilden, in der Art dessen, was man an einer Münze ‚courant' nennt. Je mehr es solche courante Menschen gäbe", so Nietzsches weiterer Seitenhieb auf die Bildungsbestrebungen seiner Zeit, „um so glücklicher sei ein Volk: und gerade das müsse die Absicht der modernen

Bildungsinstitute sein, Jeden so weit zu fördern als es in seiner Natur liegt, ‚courant' zu werden, Jeden derartig auszubilden, daß er von seinem Maß an Erkenntniß und Wissen das größtmögliche Maß von Glück und Gewinn hat".[241] Kurz und gut, Nietzsche moniert, die Tendenz seiner Zeit ziele auf „eine *rasche* Bildung, um schnell ein geldverdienendes Wesen werden zu können und doch eine so gründliche Bildung, um ein *sehr viel* Geld verdienendes Wesen werden zu können".[242] So aber werden Ziel und Zweck der Bildung auf den „Nutzen" reduziert, genauer gesagt: auf den Erwerb, den möglichst großen Geldgewinn. Dies gehöre unter „die beliebten nationalökonomischen Dogmen der Gegenwart".[243] Hierbei jedoch, das ist die einmal mehr, einmal weniger deutlich zutage tretende Botschaft dieser Vorträge, komme die Sorge um sich selbst, komme die Formung des Menschen zu kurz. Und dass dies beides zu kurz komme, das hängt für Nietzsche nicht zuletzt mit einem, wie den angeführten Zitaten unmissverständlich zu entnehmen ist, aus seiner Perspektive verschobenen Wertesystem zusammen. Daher beschließt er den fünften und letzten dieser Vorträge – in denen Nietzsche, nebenbei gesagt, immer wieder einmal in eine heute kaum noch goutierbare Deutschtümelei verfällt – mit der Forderung, eine zukünftige, „wahre Bildungsinstitution" müsse „in einer innerlichen Erneuerung und Erregung der reinsten sittlichen Kräfte" wurzeln.[244]

Nietzsche belässt es in den Basler Vorträgen bei dieser zwar nur grob umrissenen Zukunftsperspektive, die aber doch immerhin eine Besinnung auf die Werte, die einen Menschen bei seinem Bildungsgang – im weiten Sinn verstanden – leiten können oder sollen, anmahnt. Damit schlägt er bereits in seiner frühen Zeit ein Thema an, das ihn fortan nicht mehr zur Ruhe kommen lassen wird. Besonders in der zweiten Hälfte des darauffolgenden Jahrzehnts dämmert es Nietzsche mehr und mehr, dass eines der zentralen, wenn nicht gar das zentrale Problem der nächsten ein, zwei Jahrhunderte das sein werde, was er in einem Brief aus Turin vom 18. Oktober 1888 an seinen Freund, den Basler evangelischen Theologen Franz Overbeck, als „die große *Wertfrage*" bezeichnet.[245]

Und in der Tat: Kaum ein Thema war in den letzten Jahren in den Medien so präsent wie das der Werte. Vom „Wertewandel" ist da die Rede, vom „Verlust von Werten" – insbesondere, wie zu hören ist, bei Kindern und Jugendlichen –, ja gar vom „Werte*ver-*" und „-*zer*fall". So dramatisch scheint dieser Wandel zu sein, dass politische Parteien sich genötigt fühlen, sogenannte „Grundwertekommissionen" einzusetzen und Leitartikler und Kolumnisten gar einen „Kampf der Werte" und einen „Krieg der Werte" heraufbeschwören (so titelte beispielsweise *DIE ZEIT* am 21. Februar 2002 und am 8. Oktober 2009).

Aber anders als viele seiner Zeitgenossen, die, ohne sich wirklich bemüßigt zu fühlen, einmal eingehender den *Gründen* für solchen Wandel nachzugehen, den Verlust traditioneller Werte lediglich beklagen und bejammern, erblickte Nietzsche in solchem Wandel nicht nur so etwas wie eine historische Notwendigkeit, sondern auch die Chance, sich Gedanken über *neue* Werte zu machen. „Nie", so schreibt er in dem bereits erwähnten Brief mit Blick auf die Wertfrage, „gab es einen wichtigeren Augenblick in der Geschichte" – denn wir sind dahinter gekommen, was eigentlich der *Wert* jener Werte war, deren Verlust wir beklagen. Aber bei dieser Einsicht, so forderte Nietzsche, sollte man es nicht bewenden lassen. Denn wenn man dahinter gekommen ist, warum welche Werte dabei sind, sich zu entwerten, dann kann sich uns von dort her ein Horizont für neue Wertsetzungen eröffnen. Und so kann Nietzsche sich notieren: „Wir haben, irgendwann, *neue Werthe* nötig."[246]

Aber Nietzsche sah zugleich: Dieses „irgendwann" enthält ein nicht zu unterschätzendes Problem: Denn so, wie er die Sachlage beurteilt, tritt nicht gleichsam von selbst und sofort eine neue Wertordnung an die Stelle der alten. Nein es wird womöglich ein bis zwei Jahrhunderte oder noch länger dauern, bis sich der von ihm diagnostizierte Wertewandel vollzogen hat. Was aber geschieht in der Zwischenzeit? Nun, gibt Nietzsche darauf zur Antwort, dann kommt das herauf, was er als das *nihilistische Zeitalter* bezeichnet. Gemäß dem Zeitrahmen, den seine Prognose umreißt, befänden wir uns gegenwärtig exakt in diesem Zeitalter – Anlass genug also, sich einmal etwas eingehender mit seiner Voraussage eines nihilistischen Zeitalters zu beschäftigen und die Grundlinien dessen zu skizzieren, was für Nietzsche „Nihilismus" heißt und wie ihm aus seiner Sicht gegebenenfalls zu begegnen wäre. Zudem hat all das Implikationen für sein Bildungs- und Erziehungsprojekt, ist doch eine Reflexion auf die Wertfrage für ihn unabdingbarer Bestandteil nicht nur der Aufklärung der Menschen – der damaligen wie der heutigen – über ihre Lage, sondern zugleich auch ihrer künftigen Sorge um sich.

Werfen wir, um Nietzsches Überlegungen folgen zu können, einen kurzen Blick zurück auf Schopenhauer. In seinem Hauptwerk *Die Welt als Wille und Vorstellung* entwirft Schopenhauer, wie wir vernommen haben, ein Bild vom Menschen und der Welt, das durch und durch *pes-*

simistisch ist. Der vorherrschende Grundzug im Leben der meisten Menschen ist, wie Schopenhauer uns zu überzeugen versuchte, das *Leiden* und das *Elend*. Die große Mehrzahl der Menschen wird sich damit abfinden müssen, in ihrem Leben weder länger dauerndes Glück noch einen dauerhaften, schützenden Sinn zu finden. Das menschliche Dasein ist wesentlich Leiden; alles Streben nach dauerhaftem Glück, alle Versuche, dem Leben einen dauerhaft schützenden Sinn zu geben, sind letztlich zum Scheitern verurteilt. Glück und Sinn sind flüchtig, momentan, schnell vorübergehend. Das Leben von uns Menschen, hält Schopenhauer fest, gleicht einer Kreisbahn aus glühenden Kohlen mit einigen wenigen erkalteten Stellen. Letztere gewähren uns für den Augenblick Erholung, ja können uns sogar das Gefühl von Zufriedenheit oder Glück vermitteln. Aber ach, wie schnell geht der Wahn vorbei!

Dazu kommt für Schopenhauer: Hofft man angesichts dieser Sachlage nun auf ein besseres, jenseitiges Leben, so ist das für ihn nichts als Aberglaube. Das Jenseits, das den Menschen seit Jahrtausenden verheißen worden ist und in dem unser Sinnanspruch und unsere Glückserwartung eventuell erfüllt werden könnten, ist für ihn nichts weiter als eine ‚imaginäre Welt'. Und die Versuche, mit Gebeten und Opfern von Gott und den Göttern ein besseres jenseitiges Leben zu erbitten, ironisiert er als „fantastische Unterhaltungen mit einer erträumten Geisterwelt".

Mit diesen Überlegungen Schopenhauers beginnt im neunzehnten Jahrhundert eine Denktradition, die gegen Ende des Jahrhunderts in Nietzsche ihren vorläufigen Höhepunkt erreicht. Nietzsche hebt anerkennend hervor, durch Schopenhauer sei in seinem Jahrhundert auf eine, wie er sagt, „furchtbare Weise" die Frage auf uns gekommen: Hat denn das Dasein überhaupt einen Sinn? Und Nietzsche selbst meint, diese Frage werde ein paar Jahrhunderte brauchen, „um auch nur vollständig und in alle ihre Tiefe hinein gehört zu werden".[247]

Schopenhauer zog aus dem geschilderten Elend des Daseins, wie wir wissen, die Konsequenz, es sei bei Weitem besser, *nicht* zu sein als ein solches Leben weiterhin zu bejahen. Daher forderte er, zu resignieren, das heißt den Willen zum Leben in sich selbst still zu stellen, ihn abzutöten – beispielsweise durch Askese und freiwillige Selbstkasteiung –, um auf diese Weise der Welt abzuschwören. Gelingt mir das, dann „zerfließe" ich, wie Schopenhauer sagt, letztendlich „ins Nichts", dann gehe ich ein ins *Nirwana* der Buddhisten.

Nietzsche hingegen hält eine solche Sicht der Dinge, wie er wörtlich sagt, für „etwas Voreiliges, Jugendliches",[248] für ein Sich-Abfinden mit scheinbar Unabänderlichem. Letzten Endes, meint Nietzsche, ist Schopenhauer mit einem solchen ‚Lösungsvorschlag' selbst in christlich geprägten asketischen Wert- und Moralvorstellungen befangen geblieben und hat sich nicht wirklich davon freimachen können. Daher gilt es nach Nietzsche, darüber hinauszugelangen. Folgerichtig ist ihm der Pessimismus Schopenhauers nur eine Durchgangsstufe – eine Durchgangsstufe freilich zu einer noch radikaleren Sicht auf Welt und Dasein. Diese Sichtweise nennt Nietzsche „Nihilismus". Dies nun ist nicht so zu verstehen, als würde Nietzsche sich hinstellen und ein neues Zeitalter verkünden: das des Nihilismus eben. Vielmehr fasst er mit dieser Bezeichnung lediglich Tendenzen zusammen, die er zu seiner Zeit glaubt erkennen zu können und von denen er behauptet, sie würden während der nächsten ein, zwei Jahrhunderte immer deutlicher zutage treten.

Nihilismus kommt vom lateinischen *nihil* = nichts. In einem ersten Zugriff kann gesagt werden: Ein Nihilist im Sinne Nietzsches ist jemand, der misstrauisch geworden ist gegen *jeglichen* Sinn im Dasein; dem Nihilisten erscheint *alles* sinnlos und umsonst. Für ihn ist immer schon entschieden, dass die Antwort auf die Frage: ‚Hat denn das Dasein überhaupt einen Sinn?' mit einem klaren und entschiedenen ‚Nein' zu beantworten ist. Nihilismus, so hat Nietzsche einmal geschrieben, ist „das durchbohrende Gefühl des ‚Nichts'"[249], ist eine Erfahrung, die auf die Behauptung hinausläuft, schlechterdings nichts habe noch irgendeinen Sinn.[250]

Ein so verstandener Nihilismus ist für Nietzsche der vorherrschende Grundzug seines Zeitalters, das heißt der letzten zwei, drei Jahrzehnte des neunzehnten Jahrhunderts. In einer Aufzeichnung aus dem Zeitraum 1887–88 hat Nietzsche geschrieben: „Was ich erzähle, ist die Geschichte der nächsten zwei Jahrhunderte. Ich beschreibe, was kommt, was nicht mehr anders kommen kann: *die Heraufkunft des Nihilismus*. Diese Geschichte kann jetzt schon erzählt werden: denn die Nothwendigkeit selbst ist hier am Werke. Diese Zukunft redet schon in hundert Zeichen, dieses Schicksal kündigt überall sich an; für diese Musik der Zukunft sind alle Ohren bereits gespitzt. Unsre ganze europäische Cultur bewegt sich seit langem schon mit einer Tortur der Spannung, die von Jahrzehnt zu Jahrzehnt wächst, wie auf eine Katastrophe los: unruhig, gewaltsam, überstürzt: einem Strom ähnlich, der *ans Ende* will, der sich nicht mehr besinnt, der Furcht davor hat, sich zu besinnen."[251]

Wie man dieser Stelle entnehmen kann, ist der Nihilismus, wie Nietzsche die Sache sieht, kein Ereignis, das plötzlich und unerwartet eintritt. Vielmehr kündigt es sich schon seit Langem in allen Bereichen der Kunst, der Musik, der Politik, der Religion an. „Der Nihilismus", hat Nietzsche daher geschrieben, „steht vor der Thür". Und er fragt: „Woher kommt uns dieser unheimlichste aller Gäste?"[252] Seiner Überzeugung nach wäre es nun grundfalsch, anzunehmen, seine Ursachen seien in zeitgenössischen, politischen, sozialen oder ökonomischen Gegebenheiten zu suchen. Auch liegt dem Nihilismus seiner Ansicht nach keine plötzlich eintretende ‚physiologische Entartung' des Menschen zugrunde. Seinen wahren Grund hat der Nihilismus vielmehr darin, „*daß die obersten Werthe sich entwerthen*".[253] Der Nihilismus rührt also daher, dass Werte, die in der bisherigen Geschichte mehr oder weniger fraglos Geltung besaßen, ihre Gültigkeit zu verlieren drohen. Und zwar handelt es sich hierbei nicht um *irgendwelche* Werte, sondern um die *obersten*. Dazu gehören nach Nietzsche vor allem Werte wie das *Gute*, *Wahre*, *Schöne* und *Heilige*, ferner Werte wie *Sein* (im Sinne eines unveränderlichen, ewigen Seins), *Einheit* und *Zweck* (womit gesagt sein soll: Das menschliche Leben verliert zunehmend seine Zweckbestimmung, die nach christlicher Deutung darin besteht, Gott zu verherrlichen und sich auf die ewige Seligkeit vorzubereiten, wie es der Kirchenvater Augustinus formuliert hat).

Vornehmlich solche Werte waren es, die allem Tun und Leiden der Menschen bisher Sinn gegeben haben. Werden diese Werte aber hinfällig, dann gibt es *nichts* mehr, wofür es sich noch zu leben oder zu sterben lohnte; dann macht sich eine Einstellung breit, es sei doch ohnehin alles umsonst. Und genau damit ist für Nietzsche das Zeitalter des Nihilismus eingeläutet.

Angesichts dieser Feststellung stellt sich die Frage: Wie kommt es zur Entwertung der obersten Werte? Wieso werden Werte wie die genannten im neunzehnten Jahrhundert mehr und mehr fragwürdig? Mit anderen Worten: Wo sind nach Nietzsche die Gründe für die Heraufkunft des Nihilismus zu suchen?

Begeben wir uns also auf Spurensuche und blicken wir zurück ins Jahrhundert Nietzsches! Ausgestattet mit einem äußerst empfindlichen Sensorium, hat Nietzsche die Entwicklung der *Künste* zu seiner Zeit aufmerksam registriert. So konnten ihm die Veränderungen nicht entgehen, die sich beispielsweise in der Malerei abzeichneten. Bis etwa zur Mitte seines Jahrhunderts war die Malerei eine sich dem Bildungsgedanken verpflichtet fühlende ‚Ideenmalerei', die, getragen von der Vorstellung einer ‚schönen Einheit' des Kunstwerks, in wohlkomponierten Bildern die Wirklichkeit verschönt und idealistisch überhöht. Wichtig hierbei war nicht nur das Motiv, sondern auch die Form. In Paris gab es gar eine Institution, die darüber befand, was und wie gemalt wurde, was ‚schön' war und was nicht mit den vorgegebenen Standards in Einklang stand: die *Ecole des Beaux Arts*. Gegen solche Reglementierungen lehnte sich, zunächst in Frankreich, eine Gruppe von Künstlern auf, die mit einer zusammenfassenden Bezeichnung als ‚Impressionisten' bezeichnet werden. Ihnen ging es allem zuvor um die ‚Wahrheit des Blicks', um die ‚Wahrheit des Auges', um die ‚Bildung des Auges' – und eben nicht mehr länger um ‚Schönheit'. Eingehend studierten sie Licht und Schatten und versuchten, den Eindruck – die ‚Impression' – des Lichts gewissermaßen naturwissenschaftlich exakt auf die Leinwand zu übertragen. Der Einheitspunkt ihrer Kunst – sofern man hier überhaupt noch von einer Einheit sprechen kann – ist also das *Licht*: Das, was das Bild strukturiert, ist fortan das Licht mit seinen verschiedenen Facetten – und eben nicht mehr der Mensch mit seinen Weltverhältnissen, wie es die *Ecole des Beaux Arts* mit ihrem Schönheitskonzept vorgeschrieben hatte.

Insgesamt, so hält Nietzsche fest, ist die Kunst seiner Zeit – insbesondere auch die Musik – dabei, die ‚Schönheit' als ihr tragendes Grundkonzept zu verabschieden. Und das, wie Nietzsche meint, mit gutem Grund. Für das Schöne, so formuliert er als These, gebe es nämlich weder eine religiöse, noch eine metaphysische, noch eine ästhetische Begründung. So schreibt er etwa in der *Götzendämmerung*: „Im Grunde spiegelt sich der Mensch in den Dingen, er hält Alles für schön, was ihm sein Bild zurückwirft: das Urtheil ‚schön' ist seine Gattungs-Eitelkeit … Dem Skeptiker nämlich darf ein kleiner Argwohn die Frage in's Ohr flüstern: ist wirklich damit die Welt verschönt, dass gerade der Mensch sie für schön nimmt? Er hat sie *vermenschlicht*: das ist Alles. Aber Nichts, gar Nichts verbürgt uns, dass gerade der Mensch das Modell des Schönen abgäbe."[254]

Kurz und gut: So, wie Nietzsche die Angelegenheit beurteilt, verblasst die Strahlkraft des Schönen, wird ‚das Schöne' mehr und mehr entwertet. Was Wunder also, dass die weitere Entwicklung im zwanzigsten Jahrhundert zu einer zunehmenden Distanzierung vom ‚Schönen' geführt hat. Deutlich wird das zum Beispiel an Kunstwerken der Avantgardebewegungen, die erklärtermaßen *nicht* ‚schön' sein wollen.

In seinem 2007 erschienenen Buch *Leben lernen* hat der französische Philosoph Luc Ferry, der von 2002 bis 2004 französischer Bildungsminister war, Nietzsches These von der Entwertung des Schönen als zentraler Kategorie der Kunst anhand von Picasso und Schönberg zu veranschaulichen versucht. „Wenn du Picassos Bilder betrachtest oder Schönbergs Musik hörst", erklärt er seinem fiktiven Dialogpartner, „wirst du sehen, dass die Welt, die sie uns vorführen, genauso unstrukturiert, chaotisch, gebrochen und unlogisch ist, ohne diese ‚schöne Einheit', die die Perspektive und die Befolgung der Regeln der Harmonie den Kunstwerken der Vergangenheit verliehen haben. Sie können dir eine ziemlich genaue Vorstellung davon geben, was Nietzsche fünfzig Jahre vor ihnen zu denken versucht hat – und zeigen dir nebenbei, dass die Philosophie, in noch stärkerem Maße als die Kunst, ihrer Zeit schon immer voraus gewesen ist".[255]

Wie wir der vorhin zitierten Notiz Nietzsches entnehmen konnten, zählte Nietzsche zu den zentralen Werten, die sich seiner Diagnose zufolge zu entwerten beginnen, über das Schöne hinaus auch den des *Zwecks*, des *Ziels*. Und hier nun lautet seine zentrale These, entwertet würden Zwecke und Ziele im Leben der Menschen in ganz entscheidender Weise durch die *Technik*. In der *Genealogie der Moral* betont Nietzsche einmal im Blick auf Technik und Maschine, „unser ganzes modernes Sein, soweit es nicht Schwäche, sondern Macht und Machtbewusstsein ist", nehme sich „wie lauter Hybris und Gottlosigkeit aus". „Hybris", so Nietzsche dann weiter, „ist heute unsre ganze Stellung zur Natur, unsre Natur-Vergewaltigung mit Hilfe der Maschinen und der so unbedenklichen Techniker- und Ingenieur-Erfindsamkeit".[256] Hybris ist solche Naturvergewaltigung mittels der Maschinen für Nietzsche in erster Linie deswegen, weil die Technik sich einzig auf die *Mittel* konzentriert und die *Zwecke* und *Ziele* aus den Augen verliert. Technik wird von Nietzsche mithin begriffen als ein *Instrument*, das sich in den Dienst beliebiger Ziele und Zwecke stellen lässt, diese aber nicht selbst wählt. Technik gehört zur Ordnung des ‚Wenn – dann': Wenn du ‚x' willst, dann musst du ‚y' tun, fordert uns die Technik auf; sie selbst aber bestimmt nie, was man als Ziel oder Zweck wählen soll. Technik ist also Manifestation instrumenteller Vernunft.

An solche Überlegungen Nietzsches anknüpfend hat Martin Heidegger in seiner Spätphilosophie herausgearbeitet, der technische Fortschritt sei im zwanzigsten Jahrhundert zu einem automatischen und zweckfreien Prozess geworden, zu einer Art sich selbst genügender Mechanik, die im Begriff ist, sich der Verfügungsgewalt des Menschen vollständig zu entziehen. Der Sieg der Technik, so betrachtet, ist demzufolge gleichbedeutend mit einem Verschwinden der Ziele und Zwecke zugunsten einzig der Logik der Mittel.[257] Dieser Sieg im, wie wir heute feststellen können, globalen Maßstab kommt, mit der Begrifflichkeit Nietzsches gesagt, einer Desillusionierung der Welt gleich, eines Verschwindens des Sinns, des Ziels, des Zwecks, einer Verabschiedung der höheren Ideale – und zwar zugunsten einzig und allein des Willens zur Naturbeherrschung, also im Letzten eines Willens zur Macht. Von dieser Warte aus in Augenschein genommen, erweist sich der unaufhaltsame Siegeszug der Technik, dessen Anfänge Nietzsche ja noch miterlebte, für ihn als Symptom eines nihilistischen Zeitalters.

Wenden wir uns nun noch den Werten des Guten, Wahren, Heiligen und höchsten Seins zu! Diesbezüglich ist zunächst festzuhalten: Oberste Werte wie die genannten und ein höchstes Ziel sind den abendländischen Menschen seit zweitausend Jahren durch die Weltdeutung des Christentums vorgezeichnet worden. Das Christentum begreift Gott als allmächtig und allgütig; er hat die Welt und den Menschen geschaffen. Dieser Mensch kann sein Seelenheil letztlich nur in der Versöhnung mit Gott finden. Solche Versöhnung findet letztgültig aber nicht in *diesem* Leben statt, sondern in einem *jenseitigen*, in einem Leben also, das nicht von dieser Welt ist. Gott repräsentiert so betrachtet das höchste *Wahre* und *Gute*; der Glaube an ihn verleiht unserem Leben *Einheit* und *Sinn*.

Ein solcher Glaube und ein solches Gottvertrauen, meint Nietzsche, sind in der zweiten Hälfte des neunzehnten Jahrhunderts stark im Schwinden begriffen. Der Glaube büßt in zunehmendem Maße seine Verbindlichkeit ein; er wird ohnmächtig. Mehr und mehr Menschen sehen sich der Tatsache gegenüber, *dass Gott tot ist*, wie Nietzsches provozierende Formel lautet.[258]

Diese These vom Tod Gottes enthält mindestens drei wichtige Aspekte. *Erstens* zielt Nietzsche mit der Rede vom Tod Gottes auf die Umschreibung des Sachverhalts, dass das Christentum für immer mehr Menschen zunehmend an Glaubwürdigkeit einbüßt (so lautet jedenfalls seine Diagnose). Natürlich gibt es – und das verkennt Nietzsche auch gar nicht – nach wie vor gläubige Christen; und es wird sie auch in Zukunft noch geben. Aber das Christentum hat seine *geschichtliche Rolle* ausgespielt; es ist keine *geschichtliche Macht* mehr, das heißt, keine Macht mehr, die die Weltgeschichte entscheidend prägen könnte. Wenn dem aber so ist, dann ist auch für viele die Versöhnung des Menschen mit Gott nicht mehr länger das höchste Ziel. Dann gibt es für uns kein höchstes Ziel mehr, das unserem Dasein Sinn verleihen könnte. Dann ist unser Dasein sinnlos, weil es das oberste Ziel, auf das hin es ausgerichtet war, verloren hat. Dann ist alles in diesem Dasein vergeblich und umsonst.

Zweitens: Der diagnostizierte Tod Gottes bringt laut Nietzsche die Konsequenz mit sich: Ohne Gott und ohne sichere Wahrheit *vereinsamt* der Mensch; er ist nun allein auf sich selbst zurückgeworfen. Aber das Dasein, das er jetzt lebt, ist sinnlos, weil es ziel- und zwecklos ist. Diese Sinn- und Zwecklosigkeit des Daseins muss dem Menschen ein Grauen sein. In einer solchen Sinnlosigkeit hält man es auf die Dauer nicht aus; ohne irgendeinen Sinn, ohne irgendeinen Zweck kann man schlechterdings nicht leben. Was macht man also in einer solchen Situation? Nietzsches Antwort besagt: Man setzt *Götzen* an die Stelle des toten Gottes. Als Beispiele für solche Götzen der modernen Zeit sieht Nietzsche etwa die folgenden an:

- den Fortschritt der Menschheit (dies ist der Götze der Aufklärung, der durch Schlagworte wie Fortschritt, Optimismus sowie Vervollkommnung des Menschen und der Gesellschaft repräsentiert wird)
- das Glück einer größtmöglichen Zahl von Menschen (Nietzsche hat hierbei in erster Linie die utilitaristische Ethik im Blick, wie sie vornehmlich von britischen Moralphilosophen wie Jeremy Bentham und John Stuart Mill vertreten wurde; Nietzsche hat den Kernpunkt dieser Ethik einmal mit der Wendung glossiert: „Der Mensch strebt *nicht* nach Glück; nur der Engländer tut das“[259])
- die abendländische Kultur (insbesondere sofern sie mit dem Anspruch auftritt, allen anderen Kulturen überlegen zu sein)
- die nationale Machtentfaltung und die Betonung der nationalen Überlegenheit der Deutschen gegenüber anderen Völkern
- den Sozialismus (insofern er eine neue Heilserwartung schürt und eine befriedete Endzeit verheißt)

Nietzsche erkennt an, dass das durchaus berechtigte Ziele und Werte sein mögen; aber seiner Ansicht nach bedürfen sie selbst noch der Rechtfertigung. An sie alle nämlich kann man die Frage richten: Warum denn soll alles auf den Fortschritt der Menschheit oder auf das größte Glück der größten Zahl oder auf die abendländische Kultur oder auf die nationale Machtentfaltung der Deutschen ankommen? Warum soll man sich ausgerechnet dafür einsetzen? Ferner: Lässt sich vielleicht eines dieser Ziele als das höchste bezeichnen? Und wodurch ließe sich das rechtfertigen? Und außerdem: Mit welchem Recht und mit welchen Gründen kann man es einem anderen verwehren, ein anderes als das von uns proklamierte Ziel zum höchsten zu erklären?

So, wie Nietzsche die Sachlage beurteilt, haben wir keine plausiblen Antworten auf solche Fragen. Daher steht man auch dann, wenn man an die Stelle des toten Gottes Götzen wie die genannten gesetzt hat, in der Situation des Nihilismus: Mit all diesen Götzen ist es im Grunde genommen nichts. Bei ihnen allen handelt es sich lediglich um *Ersatzbildungen*, mit denen man sich über die verloren gegangenen Sinnstiftungen und Lebensziele hinwegzutrösten versucht.

Für Nietzsche heißt das alles: *Ohne* Werte ist es dem Menschen nicht möglich, zu leben. Aber da sich die traditionellen Werte entwertet haben, kann man nicht länger auf sie setzen und auf sie zurückgreifen. Aber auch die Ersatzbildungen – die neuen Götzen – halten nicht das, was sie zu versprechen scheinen. Daher bedarf es grundlegend *neuer* Werte. Die aber müssen erst noch geschaffen werden.

Drittens: Nietzsche versteht die These vom Tod Gottes im Sinne einer historischen Notwendigkeit. Damit ist gemeint: ‚Gott' als Inbegriff religiöser, moralischer und metaphysischer Transzendenz – das heißt als ein Wesen ‚hinter' oder ‚über' den sinnlich erfahrbaren Dingen – hat in dem Stadium, das das europäische Denken zur Zeit Nietzsches erreicht hat, für viele Menschen keine Funktion mehr. Der ungeheure Aufschwung der Naturwissenschaften im neunzehnten Jahrhundert gebiert den Optimismus, auf kurz oder lang restlos alles erklären zu können. Ja, so überschäumend gebärdet sich dieser Optimismus bei manchen, dass beispielsweise der Evolutionsbiologe Ernst Haeckel meinte, selbst Gott noch in die Evolutionsreihe einreihen zu können, indem er ihn als das ‚gasförmige Wirbeltier' klassifizierte.[260] Der Einzelne, darauf will Nietzsche hinaus, braucht sich nun nicht mehr länger von einem Gott und moralischen Verboten gängeln zu lassen, sondern kann sich als freies Wesen selbst als der bestimmen, der er sein will.

„Gott ist tot" bedeutet also: Mit den Wertvorstellungen und Sinngebungskonzepten der letzten zweitausend Jahre ist es nun endgültig vorbei. Für Nietzsche heißt das zugleich, dass nun *eine neue Epoche* anbricht. Für diesen Epochenwechsel hat er in seinem Buch *Also sprach*

Zarathustra das Bild des „großen Mittags“ geprägt. Der *Zarathustra* schließt mit den Worten: „Dies ist *mein* Morgen, *mein* Tag hebt an: *herauf nun, herauf, du grosser Mittag!* – – Also sprach Zarathustra und verliess seine Höhle, glühend und stark, wie eine Morgensonne, die aus dunklen Bergen kommt“.[261] Und sein „Gesetz wider das Christenthum“, mit dem er die nachgelassene Schrift *Der Antichrist* beschließt, leitet er mit den Worten ein: „Gegeben am Tag des Heils, am ersten Tage des Jahres Eins (– am 30. September 1888 der falschen Zeitrechnung).“[262]

Die Heraufkunft des Nihilismus aber einfach nur als durch den so verstandenen Tod Gottes verursacht anzusehen – das greift für Nietzsche zu kurz. Hier hat er versucht weiter und tiefer zu graben. Und als Resultat dieses Weiter- und Tiefergrabens zeigt sich ihm: Die Heraufkunft des Nihilismus wurde dadurch ermöglicht, dass die ihm vorausgehende Weltdeutung, die christlich-moralische, selbst schon – wenn auch in einem anderen Sinn – nihilistisch war. Und zwar war sie für Nietzsche insofern nihilistisch, als sie das *Leben*, die sinnlich erfahrbare Wirklichkeit – also das, was wir als die ‚Realität‘ bezeichnen – entwertete und allein ein Jenseits des Lebens, das heißt eine übersinnliche ideale Welt als Wert gelten ließ. Wert hat demnach nur jene übersinnliche, jenseitige Welt; die Welt hingegen, in der wir leben und die wir sinnlich erfahren, hat selbst keinerlei Wert; an ihr liegt nichts. Und der Nihilismus kam herauf, als diese jenseitige Welt als das entlarvt wurde, was sie in Nietzsches Augen in Wahrheit ist: nämlich ein *Nichts*, eine *Illusion*. Damit war all der Wert, den man ihr beigelegt hatte, vernichtet. Und übrig blieb die reale Welt – und die war nach christlichem Verständnis ohnehin ohne Wert und Sinn. So stehen wir jetzt endgültig vor dem Nichts – Jenseits nichts, Diesseits nichts, gar nichts: Der Nihilismus ist da.

Schärfen wir uns noch einmal ein: Laut Nietzsches Diagnose ist der Gottesglaube seit dem neunzehnten Jahrhundert in zunehmendem Maße im Schwinden begriffen. Gekoppelt damit ist die Tendenz, eine jenseitige Welt als ein Nichts zu entlarven, als eine Erfindung, als eine Projektion, die, wie Nietzsche die Angelegenheit beurteilt, letzten Endes einem geschwächten Lebensgefühl entspringt. Nietzsche erkennt und anerkennt sehr wohl die Motive, die Menschen dazu veranlassen, an eine solche jenseitige Welt zu glauben: Gelingt es ihnen damit doch, sich über die *Vergänglichkeit* hinwegzutrösten. Er will damit Folgendes zu bedenken geben: In der Welt, in der wir leben, entsteht alles nur, um irgendwann wieder zu vergehen; alles ist vergänglich, nichts hat wirklich Bestand. Sich in einer solchen Welt einzurichten, ist schwer; es kostet Kraft, da ja das, was man sich gerade aufgebaut hat, im nächsten Moment schon wieder hinfällig sein kann. Daher sehnen wir uns nach etwas, das wirklich und auf Dauer Bestand hat. Da es so etwas aber in unserer Welt nicht gibt, erfinden wir uns eine solche Welt des wahren, dauerhaften, beständigen Seins – eine „Hinterwelt", wie Nietzsche sie nennt –, eine „wahre" Welt, eine Welt des göttlichen Seins.

Wird diese jenseitige Welt nun als ein Traumgebilde entlarvt, das wir Menschen uns zurechtgelegt haben, wie Nietzsche es im Blick auf seine Zeit diagnostiziert, dann bleibt als einzige Wirklichkeit nur das *Diesseits* übrig. Aber das Diesseits ist nach christlichem Verständnis das Wert- und Sinnlose. Wenn wir also auf dieses Diesseits verwiesen sind, dann ist damit *alles* wert- und sinnlos. Dann lohnt sich nichts mehr, dann ist der Nihilismus da. In diesem Sinne hat Nietzsche einmal geschrieben: „Ein Nihilist ist der Mensch, welcher von der Welt, wie sie ist, urtheilt, sie sollte *nicht* sein, und von der Welt, wie sie sein sollte, urtheilt, sie existirt nicht."[263]

In Anbetracht dieser Überlegungen kann man natürlich fragen: Wodurch wurde der Glaube an die übersinnliche Welt als die einzig wahre Welt erschüttert? Nach Nietzsches Sicht der Dinge hat diesbezüglich ein Prozess stattgefunden, der durch Wandlungen historisch-kultureller Art vorangetrieben worden ist. So wird der wahren, jenseitigen Welt bereits im Zeitalter der Aufklärung – also insbesondere in der zweiten Hälfte des achtzehnten Jahrhunderts – ein Teil ihrer Glaubwürdigkeit entzogen. Weil wir von der jenseitigen Welt, so argumentierten die Aufklärer, keinerlei sinnliche Anschauung haben, ist sie streng genommen unbeweisbar – letzten Endes verflüchtigt sie sich zu einer bloßen Idee, zu einem bloßen Gedankending. „Die alte Sonne im Grunde", schreibt Nietzsche, „aber durch Nebel und Skepsis hindurch; die Idee sublim geworden, bleich, nordisch, königsbergisch".[264]

Einen weiteren wichtigen Markstein in diesem Prozess stellen die sich aufgrund ihrer eminenten Erfolge im neunzehnten Jahrhundert äußerst selbstbewusst gebenden Naturwissenschaften dar. Sie waren von der grundlegenden Einstellung getragen: Was nicht empirisch als Tatsache, als Faktum, nachgewiesen werden kann, ist für unser Weltverständnis und Weltverhältnis nicht von Belang. Eine jenseitige, vorgeblich „wahre" Welt nun ist uns, wie positivistisch orientierte Naturwissenschaftler des neunzehnten Jahrhunderts betonten, gänzlich unbekannt. Was uns aber gänzlich unbekannt ist, das vermag uns weder zu trösten noch zu irgendetwas zu verpflichten. Und so kam es, wie Nietzsche darlegt, dass die jenseitig-wahre Welt zu einer „Fabel", ja am Ende „abgeschafft" wurde.

Nach Abschaffung der wahren Welt bleibt nur die diesseitige Welt, die Welt des Werdens übrig. Aber da jahrtausendelang aller Wert auf die jenseitige Welt gehäuft und die diesseitige als wertlos angesehen worden ist, steht man nun nach Abschaffung der wahren Welt vor der Situation, dass es nun nichts mehr gibt, was es zu erstreben lohnte. Alles scheint umsonst, alles scheint sinnlos. Wir haben uns selbst von der Sonne losgekettet, die bislang unserem Dasein Sinn verliehen hatte. Wir leben im Zeitalter des Nihilismus: Die obersten Werte, die allem Tun und Leiden der Menschen Sinn gegeben haben, haben ihre Gültigkeit verloren, sie haben sich, wie Nietzsche sagt, „entwertet". Nichts in allem Geschehen hat jetzt für den Nihilisten noch Sinn und Wert. Es fehlt die Antwort auf die Frage: Wozu? Ein resignatives „Umsonst" wird zum Leitmotiv des nihilistischen Denkens.[265]

Jetzt aber kommt das Entscheidende – denn Nietzsche stellt die Frage: Muss es dabei bleiben? Müssen und können wir es dabei bewenden lassen? Ist das tatsächlich das letzte Wort? Nietzsches Antwort auf diese Fragen schlägt folgende Richtung ein. Dadurch, so meinte er, dass der Nihilist kein vorgegebenes Ziel mehr anerkennt, eröffnet er sich die Freiheit, sich selbst neue Ziele zu setzen. Diese Freiheit wird ihm gerade *durch* den Nihilismus eröffnet. Denn fortan gilt dem Menschen kein Ziel mehr als verbindlich, das er nicht selbst sich frei gesetzt hätte.

Daher begreift Nietzsche den Nihilismus als einen „Zwischenzustand". Und diesen Zwischenzustand charakterisiert er näher als einen „pathologischen". Damit meint er: Pathologisch ist der Nihilismus dann, wenn der Nihilist von der Entwertung *eines* Wertes – nämlich dem Glauben an Gott, an ein Jenseits, an eine wahre Welt – auf die Entwertung *aller* Werte schließt und aus dem Umstand, dass im Blick auf diesen Wert *bisher* alles umsonst gewesen ist, folgert, demnach könne das Dasein gar keinen Sinn mehr haben.

Ein solcher Nihilist ist für Nietzsche ein völlig unproduktiver Mensch. Er hat keinerlei Kraft, selbst Sinn und Werte zu schaffen. Diese Kraft ist bei ihm völlig verkümmert. Bei ihm macht sich Resignation breit: „Alles umsonst!" wird das Leitmotiv des Nihilisten. Ein solcher Nihilismus ist für Nietzsche ein „Symptom [...] wachsender *Schwäche*": „Die schöpferische Kraft, *Sinn* zu schaffen", lässt nach „und die Enttäuschung [wird] der herrschende Zustand".[266]

Diesem Nihilismus der Schwäche setzt Nietzsche einen *Nihilismus der Stärke* entgegen. Denn die ‚Abschaffung' der ‚wahren' Welt, das Abwerfen der Last der Transzendenz und des Jenseits kann nach Nietzsche gerade dazu führen, dass die Kraft zum Schaffen neuer Werte wächst. Der Nihilismus der Stärke kann getrost auf die bisherigen Weltdeutungen verzichten, ohne dass er in der Resignation versänke. Er hat genug Kraft, neue Werte zu schaffen und seinem Dasein einen neuen Sinn zu geben. Damit tritt die Menschheit in eine neue Epoche ein – mit Nietzsche gesprochen: in die Helle des Mittags, der Zeit des „kürzesten Schattens".[267]

Aber hier stellt sich jetzt natürlich sofort die Frage: Um welche neuen Werte handelt es sich hierbei? Bevor wir uns dem zuwenden, ist kurz noch auf etwas anderes hinzuweisen: Nietzsches Philosophie, die neue Werte setzen will, setzt also den Nihilismus voraus – aber sie selbst versteht sich *nicht* als Nihilismus. Gleichwohl vermag Nietzsche von sich zu behaupten, er sei „der erste vollkommene Nihilist Europas". Das will besagen: Nietzsche erkennt den Nihilismus als eine historische Entwicklung, er sieht, dass er eine notwendige Erscheinung im Gang der abendländischen Geistesgeschichte ist, er deckt mit schonungsloser Kritik seine Herkunft auf, treibt ihn auf die Spitze – und versucht ihn mit einer neuen Wertsetzung und Sinnstiftung zu überwinden. Daher kann Nietzsche schreiben, zwar sei er „der erste vollkommene Nihilist Europas", „der aber den Nihilismus selbst schon in sich zu Ende gelebt hat, – der ihn hinter sich, unter sich, außer sich hat".[268]

Von hierher können wir jetzt auf die Frage zurückkommen, an welche neuen Wertsetzungen und Sinnstiftungen Nietzsche denkt. Hierauf antwortet er vor allem in seinem Buch *Also sprach Zarathustra*, das er in den Jahren 1883 bis 1885 in vier Teilen veröffentlichte. Leitend ist für ihn der Gedanke: Wenn die wahre Welt abgeschafft ist, dann bleibt nur die *diesseitige* Welt übrig. Aber diese Welt ist keine scheinbare – denn scheinbar war sie ja nur im Licht der Gegenwelt des Jenseits. Ist diese jenseitige Welt als Fiktion, als Illusion entlarvt, dann wird zugleich damit der diesseitigen Welt der Charakter der Scheinbarkeit genommen. Sie ist jetzt *die einzige, die es gibt.*[269] Und diese Welt ist die Welt des immer neuen *Werdens*, ist die Welt des *Lebens*. Also gilt es fortan, alles „unter der Optik des Lebens" zu sehen. Daher lässt Nietzsche seinen Zarathustra sprechen: „Ich beschwöre euch, meine Brüder, *bleibt der Erde treu* und glaubt Denen nicht, welche euch von überirdischen Hoffnungen reden!"[270]

Als der *oberste Wert* kommt jetzt das *wirkliche Leben* in den Blick. Und dieses Leben „selbst zwingt uns", wie Nietzsche einmal geschrieben hat, „Werthe anzusetzen, das Leben werthet durch uns, *wenn* wir Werthe ansetzen".[271] So gesehen kann Nietzsche sagen: „Auch ich rede von ‚Rückkehr zur Natur', obwohl es eigentlich nicht ein Zurückgehn, sondern ein *Hinaufkommen* ist – hinauf in die hohe, freie, selbst furchtbare Natur und Natürlichkeit, eine solche, die mit grossen Aufgaben spielt, spielen *darf*."[272]

Dieses Leben nun begreift Nietzsche weder als einen wohlgeordneten *Kosmos* im antik-griechischen Sinn, noch als *ordo* im mittelalterlichen Verständnis. Aber es ist auch keine durch den menschlichen Willen entworfene Ordnung, wie Neuzeit und Moderne es sahen. Nein – Leben, Natur: Das ist, wie Nietzsche beides beschreibt, eine unreduzierbare Pluralität von Kräften, Instinkten, Trieben, von „Willensquanten", die unaufhörlich miteinander rivalisieren, ist, mit seinen Worten gesagt, ein dauernder Prozess von Kraftfeststellungen, ist ein ewiges Fluten von Entstehen und Vergehen, von Schöpfung und Zerstörung. Dieses Leben, diese Natur, das ist mit der berühmt-berüchtigten nietzscheschen Wendung gesagt, *Wille zur Macht* – und, wie er einmal hinzugefügt hat, „nichts außerdem".[273]

Welches nun sind die „großen Aufgaben", mit der, wie wir von Nietzsche vernahmen, diese „hohe, freie, selbst furchtbare Natur" spielt, ja spielen darf? Nun, hiermit spielt Nietzsche auf den von ihm so bezeichneten *großen* Menschen an, auf den gern und vielfach falsch verstandenen und missgedeuteten *Übermenschen*. Der Übermensch ist der als Natur aufs Höchste gesteigerte Mensch. Auch er ist ein Mensch, allerdings ein Mensch von größerer Macht und Fülle des Lebens, als er sie jetzt, im Zeitalter des Nihilismus, hat. Er ist es, der dem menschlichen Dasein neuen Sinn vermitteln, der neue Zwecke setzen, neue Ziele stecken kann. Daher kann Nietzsche seinen Zarathustra sprechen lassen: „Seht, ich lehre euch den Übermenschen! Der Übermensch ist der Sinn der Erde. Euer Wille sage: der Übermensch *sei* der Sinn der Erde."[274] Und an einer anderen Stelle: *„Todt sind alle Götter: nun wollen wir, dass der Übermensch lebe."*[275]

Für uns stellt sich von hierher die Frage: Was eigentlich hat es mit dieser Rede vom Übermenschen als dem neuen Sinn der Erde auf sich? Was genau hat sich Nietzsche darunter vorgestellt?

Sucht man nach Antworten auf diese Fragen, so wird man zunächst mit der Schwierigkeit konfrontiert, dass der Übermensch in Nietzsches Schriften nur unzureichend bestimmt ist, sowie dass Nietzsche in diesem Zusammenhang oft auf metaphorisch-bildliche Umschreibungen zurückgreift. Dennoch lassen sich die Grundlinien seines Konzepts vom Übermenschen einigermaßen deutlich skizzieren. Und wir werden uns zu fragen haben, was es im Hinblick auf die Wertfrage und die für Nietzsche hieran gekoppelte Sorge der künftigen Menschen um sich möglicherweise zu leisten imstande ist.

Zunächst einmal gilt es diesbezüglich zu sehen: Nietzsche begreift die Heraufkunft des Übermenschen nicht als eine plötzliche und sprunghafte Veränderung im Gang der Natur – er kann also nicht biologisch gezüchtet werden –, sondern als ein allmähliches Freiwerden von der Täuschung und Selbstentfremdung, die der Glaube an das Jenseits und die damit verbundenen Wertvorstellungen nach Ansicht Nietzsches mit sich gebracht hat. Der Übermensch ist demnach der Mensch, der wahrhaft von allem Jenseitigen frei geworden ist und sich damit die Möglichkeit eröffnet, selbst *neue* Werte zu schaffen. In diesem Sinne sagt Nietzsche vom Übermenschen, er sei „eine neue Kraft und ein neues Recht, eine erste Bewegung" – hin zu neuen Wertsetzungen.

Und zwar schafft dieser Mensch der Zukunft aus der *Überfülle* des Lebens heraus. Er ist also ein Mensch, in dem das *Leben* stark ist; er repräsentiert mithin ein gesteigertes Maß an Lebenskraft; er ist beseelt von dem tiefen Wunsch nach maximaler Lebensintensität, nach einem Leben, das nicht mehr schwach und unproduktiv, sondern – im Gegenteil – so intensiv und lebendig, so stark und schöpferisch wie nur eben möglich ist. Das Leben selbst aber ist für Nietzsche der stete Drang, Neues zu entwickeln, Neues zu versuchen. Leben ist schier unerschöpfliche Vielfalt, ist Pluralität.

Damit ist uns zu verstehen gegeben: Zwar nimmt der nach-nihilistische Mensch die Gottlosigkeit der Welt an, aber er versinkt nicht in der Resignation des Nihilismus der Schwäche. Vielmehr lässt er sich auf den Wagnis- und Experimentiercharakter des Lebens ein: Er *experimentiert* mit neuen Werten, er „wagt", wie Nietzsche sagt, neue Werte – auch um den Preis, dass er dabei vielleicht scheitert. Aber gerade das ist das *Über*menschliche an ihm, dass er angesichts eines solchen Scheiterns nicht resigniert, keinem Nihilismus der Schwäche anheimfällt. Der Mensch des nach-nihilistischen Zeitalters begreift sich vielmehr als ein Wesen, das sich jenseits von Gut und Böse im traditionellen Verständnis im Zuge einer Entwicklung selbst neu bestimmt. Anders gesagt: Als ein *schaffendes* Wesen sucht er in immer neuen Selbstübersteigungen eine Seinsweise des Menschen, der von herkömmlichen Wertvorstellungen und Weltdeutungen frei geworden ist. So gesehen ist der nach-nihilistische Mensch auf der Suche nach sich selbst. Und diese Suche nach sich selbst schließt die Suche nach, schließt das Wagnis und Experimentieren mit Werten ein, die einer Sichtweise, die alles „unter der Optik des Lebens" betrachtet, angemessen sind. Und da das Leben selbst *Vielfalt* ist, kann es sich bei den neuen Werten, die wir laut Nietzsche irgendwann nötig haben, nur um eine *Pluralität* von Werten handeln, um eine *Vielfalt* von Werten, deren Tragfähigkeit für unser Leben es experimentierend auszuloten gilt – und zwar in Kunst, Musik, Politik, Moral, Religion und der Sphäre des Sozialen gleichermaßen.

Nietzsches Kopplung des Wertproblems an den Entwurf eines Übermenschen hat sich die kritische Anfrage gefallen lassen müssen, ob damit wirklich ein tragfähiges Konzept für die von ihm geforderte neue Wertsetzung und die damit in engster Beziehung stehende Kultur der Existenz vorgelegt worden ist – nicht zuletzt auch deswegen, weil dieser Begriff von der Nazi-Ideologie in übelster Weise missbraucht worden ist. Und in der Tat: Hier bleibt vieles zu umrisshaft, zu unbestimmt, als dass sich von der Rede vom Übermenschen als dem neuen Sinn der Erde her *konkrete* Leitlinien ergäben. Zudem ist zu bedenken: Nietzsches Philosophie unterstützt, wie es der bereits erwähnte Luc Ferry auf den Punkt gebracht hat, „indem sie mit ihrem Hammer sämtliche Idole zertrümmert, indem sie uns unter dem Vorwand der Aufgeklärtheit sozusagen auf Gedeih und Verderb der Wirklichkeit, wie sie ist, ausliefert, ungewollt die ständige Bewegung des modernen Kapitalismus".[276]

Aufs Ganze gesehen ist wohl die Feststellung erlaubt: Die *Therapie* ist offensichtlich nicht Nietzsches stärkste Seite. Um so stärker – da ausgesprochen schonungslos – ist die *Diagnose*, die er seinem und unserem Zeitalter stellt. Wie auch immer man daher zu Nietzsches neuer Weltauslegung und seinen Überlegungen zur ‚Lösung' der „Wertfrage" stehen mag – eines kann man kaum bestreiten: Der Verdacht, das Dasein, so wie es bislang begriffen wurde, habe möglicherweise keinerlei Sinn und Wert, wird in seiner Beschreibung des Nihilismus auf eine wohl unübersteigbare Spitze getrieben. Radikaler als Nietzsche hat bis dahin kaum ein anderer Denker alle bisherigen Versuche – seien es religiöse, philosophische oder welche auch immer –, dem Dasein Sinn zu verleihen, verworfen. Nietzsches Prognose von der Heraufkunft des Nihilismus versucht uns auch noch die letzte Illusion zu nehmen, es ließe sich möglicherweise in einer der herkömmlichen Weltauslegungen doch noch ein Rest von Sinn und Wert entdecken. Mit all dem, so meint er, ist es schlechterdings nichts.

In diesem Sinne hat er einmal festgehalten: „Die Welt ist *das* nicht werth, was wir geglaubt haben: Man ist dahinter gekommen. Der Pessimist giebt uns sogar zu verstehn, dies eben sei ihr Rest von Werth, den sie für uns behalte, *daß* wir dahinter kommen können – und sie *das* nicht werth sei was wir geglaubt haben. Die Welt wäre dergestalt ein Mittel, sich die Welt zu verleiden, sich selber bestmöglich zu ‚entweltlichen'." Eine solche Konsequenz hält Nietzsche jedoch für einen „Unsinn, der sich endlich nach unseligen Umschweifen zu begreifen beginnt, eine etwas langgesponnene Komödie der Irrungen, die sich beschämt ins Nichts verliert".[277] Statt sich die Welt im Angesicht des Nichts, das heißt angesichts des Verlusts traditioneller Sinn- und Wertvorstellungen, zu verleiden, käme es nach Nietzsche also gerade darauf an, sich nicht ins Nichts zu verlieren, sondern sich ihm zu stellen und sich auf das Wagnis der Erprobung neuer Werte einzulassen. Für den Nietzsche der 1880er Jahre stellt nicht zuletzt das ein unverzichtbares Moment der Formung des künftigen Menschen dar. Jede Bildungs- und Erziehungsbemühung, die dem Menschen Hilfestellung bei der Daseinsbewältigung und Kultivierung seiner Existenz zu geben verspricht, hat Nietzsche zufolge diesem Umstand Rechnung zu tragen. Daher ist es nur konsequent, wenn sein Zarathustra das Unterfangen, den jetzt lebenden Menschen den Übermenschen zu lehren und sie anzuleiten, sich auf den Weg zu begeben, der zu dieser aus Nietzsches Sicht neuen, höheren Existenzweise führt, aufs Engste mit dem Problem der Entwertung traditioneller Werte verknüpft. Auch wenn der Übermensch ein fragwürdiges und wenig tragfähiges Konzept sein mag, so sollte das doch nicht verkennen lassen, dass der philosophische Erzieher Nietzsche mit der engen Verzahnung von Wertverlust und Nihilismus mit dem Bildungs- und Erziehungsproblem im späten neunzehnten Jahrhundert eine Perspektive eröffnet hat, deren Bedeutung und Tragweite offenbar erst im ausgehenden zwanzigsten und zu Beginn des einundzwanzigsten Jahrhunderts so recht deutlich wird.

XII

Bertrand Russell: Auf dem Weg zum idealen Charakter

Einen ebenso beeindruckenden Weitblick wie Nietzsche hat auch Bertrand Russell sowohl als Erziehungspraktiker wie auch in seinen ganz konkreten Leitlinien eines bildungstheoretischen Programms bewiesen. Seine Autobiografie beginnt er mit einem Bekenntnis unter der Überschrift „Wofür ich gelebt habe". Dort heißt es gleich zu Beginn: „Drei einfache, doch übermächtige Leidenschaften haben mein Leben bestimmt: das Verlangen nach Liebe, der Drang nach Erkenntnis und ein unerträgliches Mitgefühl für die Leiden der Menschheit." „Nach Liebe trachtete ich", erklärt Russell, einmal, „weil sie Verzückung erzeugt", dann auch, „weil sie von der Einsamkeit erlöst", und schließlich, „weil ich in der liebenden Vereinigung, in mystisch verkleinertem Abbild, die Vorahnung des Himmels erschaute, wie er in der Vorstellung der Heiligen und Dichter lebt".

„Mit gleicher Leidenschaft", fährt Russell fort, „habe ich nach Erkenntnis gestrebt. Ich wollte das Herz der Menschen ergründen. Ich wollte begreifen, warum die Sterne scheinen. Ich habe die Kraft zu erfassen gesucht, durch die nach den Pythagoreern die Zahl den Strom des Seins beherrscht. Ein wenig davon, wenn auch nicht viel, ist mir gelungen".

Und in diesem Bekenntnis heißt es weiter: „Liebe und Erkenntnis, soweit sie erreichbar waren, führten empor in himmlische Höhen. Doch stets brachte mich das Mitleid wieder zur Erde zurück. Widerhall von Schmerzensgeschrei erfüllt mein Herz: Verhungernde Kinder, gefolterte Opfer von Unterdrückern, hilflose alte Menschen, ihren Kindern zur verhaßten Bürde geworden – die ganze Welt der Verlassenheit, der Armut, des Leids, all das macht ein hohnvolles Zerrbild aus dem, was Menschenleben eigentlich sein soll. Es verlangt mich danach, dem Übel zu steuern, allein ich vermag es nicht und so leide auch ich."[278]

Aber eben dieses Leiden wird Russell zum Antrieb, zu den drängenden Fragen der Zeit Stellung zu nehmen und Visionen von einer anderen – besseren – Welt zu entwerfen. Dabei ist es nicht das Mitgefühl mit den Leiden der Menschen allein, was ihn hierzu bewegt; hinzu kommt eine Reihe weiterer Faktoren. Von besonderem Gewicht ist für ihn der Umstand – und es sollte vielleicht darauf hingewiesen werden, dass Russell diese Überzeugung bereits zu Beginn der 1950er Jahre zum Ausdruck gebracht hat –, dass der unaufhaltsame Fortschritt technischen Könnens in ein Stadium eingetreten ist, in dem der Fortbestand der Menschheit insgesamt gefährdet ist.[279] Russell wertet dies durchaus als Novum in der Menschheitsgeschichte. Wir werden lernen müssen, schreibt er in *Moral und Politik*, „nicht an einzelne Menschengruppen zu denken, sondern an *den* Menschen. Noch nie war der Mensch als solcher in Gefahr; noch nie drohte der Konkurrenzkampf einzelner Gruppen alle zu vernichten".[280] Ursächlich mitverantwortlich für diese Gefahr ist seiner Überzeugung nach das Faktum, dass dem immensen Zuwachs an Technik kein nennenswerter Zuwachs an „Weisheit" gegenübersteht. Dies ist aus seiner Sicht um so verhängnisvoller, als es in einer von der Technik bestimmten Welt allem zuvor der Weisheit bedarf, damit den negativen Auswirkungen technischen Könnens gegengesteuert werden kann.[281] Zu solchen negativen Auswirkungen rechnet er vor allem, dass Wissenschaft und Technik die uns zur Verfügung stehenden Mittel zur gegenseitigen Schädigung vermehren.[282] Ferner verweist er darauf, dass Industrialisierung und Technisierung der Arbeits- und Lebenswelt in zunehmendem Maße das spontane Handeln des Einzelnen unterbinden und Regelmäßigkeit, Eintönigkeit und Langeweile erzeugen, was zu einer meist unbewussten Unzufriedenheit führt, die ihrerseits wiederum eine Zunahme aggressiver und kriegerischer Instinkte zur Folge haben kann.[283] Die ökonomischen Notwendigkeiten, die die Mehrzahl der Menschen zwingen, sich solcher Mechanisierung anzupassen, führen dazu, dass der Einzelne mehr die Absichten Anderer ausführt als die eigenen. Die Folge ist: Seine Eigeninitiative geht verloren, und er ist bestenfalls noch zu einem gewissen Grad an passivem Vergnügen fähig.[284] Aber nicht nur die menschliche Lebenswelt hat sich durch die Industrialisierung gewandelt. Hinzu kommt eine tief greifende Wandlung selbst der materiellen Umwelt. Bereits 1917 und dann verstärkt wieder seit den vierziger Jahren hat Russell auf das Problem der Ressourcenverknappung hingewiesen[285] und vor den Gefahren gewarnt, die unserem Planeten durch Übervölkerung drohen.[286]

Als weiteren Faktor führt Russell an, Hand in Hand mit dem Zuwachs an technischem Können werde die soziale Ordnung komplexer und komplizierter,[287] was eine zunehmende Einschränkung der Freiheit des Einzelnen zur Folge habe[288] und es dem Individuum zusehends schwieriger erscheinen lasse, ein selbstbestimmtes, lebenswertes Leben zu führen. Mit der mehr und mehr überhandnehmenden Zentralisierung und Organisierung der menschlichen Gesellschaft sieht er die Tendenz verbunden, in immer größer werdendem Maß den Menschen dem System anzupassen, statt umgekehrt das System dem Menschen.[289] Für Russell liegt hier insofern ein Konfliktpotential, als er eine tiefe Kluft zwischen unserer Lebensart, unseren staatlichen und kulturellen Einrichtungen und unserem Wissen auf der einen Seite und unseren guten und bösen Instinkten auf der anderen erkennt: Während sich nämlich, bedingt durch Industrialisierung und Organisierung, sowohl unsere Lebensweise als auch unsere Institutionen und unser Wissen von Grund auf gewandelt haben, sind unsere Instinkte und die uns zum Handeln antreibenden Impulse zu einem Gutteil noch genau die gleichen wie zu der Zeit, als die biologische Entwicklung des menschlichen Gehirns ihren vorläufigen Abschluss erreichte.[290]

„Unser Zeitalter ist düster", hat Russell unter dem Eindruck des Zweiten Weltkriegs und angesichts der atomaren Bedrohung geschrieben und damit die Situation, in die sich die Menschen seiner Ansicht nach im Zwanzigsten Jahrhundert hineingestellt sahen – und, so ließe sich *cum grano salis* wohl ergänzen, auch im Einundzwanzigsten noch immer hineingestellt sehen –, auf eine knappe Formel gebracht. Zugleich aber hat er der Hoffnung Ausdruck verliehen, dass vielleicht gerade die Ängste, die sein und unser Zeitalter den Menschen einflößt, zu einem „Quell der Weisheit" werden.[291] In einer Vielzahl von Schriften, die in einem Zeitraum entstanden sind, der sich über nahezu ein halbes Jahrhundert erstreckt, hat er in immer erneuten Anläufen die Ursachen für die bedrohliche Situation zu ergründen versucht und Perspektiven eröffnet, wie seiner Meinung nach die Menschheit am ehesten der, wie er sagt, „Verzweiflung" zu entrinnen und sich „die Hoffnung auf eine Zukunft" lebendig zu erhalten vermag, „die besser ist als alles, was je gewesen ist".[292]

Im Zentrum all dieser Schriften Russells – angefangen mit den *Grundlagen für eine soziale Umgestaltung* aus dem Jahre 1916 bis zu dem 1961 publizierten Buch, das im Titel fragt *Hat der Mensch noch eine Zukunft?* – steht das Glück des Individuums. In ihnen allen kreist Russells Denken um die Frage, wie dem Einzelnen in einer zusehends von Technik und Wissenschaft dominierten Welt ein glückliches Leben möglich ist. Und da für Russell, wie er in seinem Buch *Eroberung des Glücks* darlegt, ein glückliches Leben „im allerhöchsten Maße dasselbe wie ein gutes Leben" ist,[293] dokumentiert sich in all seinen Schriften zur Ethik, Sozialphilosophie, Politik und Erziehung letzten Endes nichts anderes als seine Suche nach einem guten und glücklichen Leben.

Für Russell ist menschliches Glück ohne eine gewisse Harmonie von Instinkt, Verstand und Geist kaum realisierbar. Aber seine Überlegungen bleiben nicht beim Glück des Einzelnen stehen; vielmehr stellen sie gerade auf eine soziale Integration derjenigen Haltungen und Handlungsweisen ab, die das Glück des Individuums befördern und sichern. Daher erachtete er es für unumgänglich, diejenigen gesellschaftlichen Mächte und Institutionen in die Betrachtung einzubeziehen, die entscheidend zur Förderung eines guten und glücklichen Lebens beitragen können. Für Russell sind das insbesondere Religion, Familie und Erziehung. Da sie alle aber nur zu oft weniger glücksfördernden, sondern mehr glücksverhindernden Einfluss ausüben, kommt es Russell wesentlich darauf an, Perspektiven für eine Umgestaltung zu entwickeln.

Russells Suche nach dem guten und glücklichen Leben erhält eine besondere Note durch den Umstand, dass er sich nicht nur am Schreibtisch auf diese Suche begibt, sie nicht nur auf theoretischem Weg angeht. Wie bei kaum einem anderen Philosophen zuvor ist sein Denken aufs Engste verknüpft mit praktischem Engagement. Immer und immer wieder im Laufe seines langen, beinahe 98 Jahre währenden Lebens sieht man ihn unmittelbar an der Gestaltung der politisch-sozialen Welt mitwirken: wie er versucht, sich Ereignissen entgegenzustemmen, die sich für die Menschheit verhängnisvoll auswirken können; wie er mit den Großen und Mächtigen seiner Zeit das Gespräch sucht, um sie zur Zusammenarbeit und zu internationalen Abkommen zu veranlassen; wie er bei unzähligen Kundgebungen und in Radio- und Fernsehvorträgen unermüdlich warnend und mahnend seine Stimme erhebt; wie er bei Streiks und Massendemonstrationen in der ersten Reihe steht – und man nimmt zur Kenntnis, dass er sich selbst durch die für ihn damit verbundenen Konsequenzen wie Gefängnisstrafen und Verweigerung von Lehrstühlen nicht davon abhalten lässt, für seine Sache zu kämpfen. Seine Aufenthalte in Berlin im Jahre 1895, um die deutsche Sozialdemokratie zu studieren und Kontakte zu den führenden deutschen Sozialisten zu knüpfen; sein Engagement für das Frauenwahlrecht; seine wiederholten Kandidaturen bei Unterhauswahlen; seine Aktivitäten in der pazifistischen Bewegung während des Ersten Weltkriegs, die ihm 1916 eine Verurteilung zu einer Geldstrafe und 1918 zu sechs Monaten Gefängnis einbrachten; seine Reise mit einer Labour-Delegation 1920 in die Sowjetunion, um den Bolschewismus vor Ort kennenzulernen; die zusammen mit seiner zweiten Frau Dora Black 1927 in die Wege geleitete Gründung einer Reformschule; die sich in den 1950er Jahren zunehmend verstärkenden Aktivitäten gegen atomare Aufrüstung und Atomkriegspolitik, die beispielsweise 1955 zum sogenannten *Einstein-Russell-Manifest*, in den Folgejahren zu den *Pugwash-Konferenzen*, die auf eine Entspannung in den Ost-West-Beziehungen hinarbeiteten – und deren Engagement 1996 mit dem Friedensnobelpreis ausgezeichnet wurde –, 1958 zur Gründung der *Campaign for Nuclear Disarmement* führten und 1961 eine Anklage gegen ihn und seine vierte Frau Edith Finch wegen Aufrufs der Öffentlichkeit zum Widerstand gegen die Staatsgewalt und eine Verurteilung zu zwei Monaten Gefängnis zur Folge hatten; seine Versuche, 1962 in der Kuba-Krise und im indisch-chinesischen Grenzkonflikt zu vermitteln; und schließlich die Gründung des *Vietnam-Tribunals* im Jahre 1966, das Kriegsverbrechen der USA im Vietnamkrieg untersuchen sollte – dies alles sind Stationen seines Lebens, die eindrucksvoll dokumentieren, dass sich Russell nicht zu schade war, das, was der Philosoph in ihm aufgrund reiflicher Überlegung als richtig erkannte und für gut befand, in die Tat umzusetzen. Auch wenn dabei nicht immer alles so verlief, wie Russell es sich wünschte und manches für ihn persönlich mit unerfreulichen Begleiterscheinungen verbunden war: Der Optimismus und die Hoffnung, mit all dem zur Schaffung einer besseren Welt beitragen zu können, ist ihm, wie er im Postskriptum zu seiner Autobiografie bekennt, nie abhandengekommen: „Mag ich mir auch", schreibt er dort, „den Weg in eine Welt freier und glücklicher menschlicher Wesen kürzer vorgestellt haben als er in Wahrheit ist, war es doch kein Irrtum, zu glauben, daß eine solche Welt möglich wäre, und daß es dafürsteht, mit der Absicht zu leben, sie näherzubringen. Ich lebte in der Verfolgung einer Vision, persönlich wie sozial. Sich um das zu sorgen, was edel, schön und gütig ist; Momenten der Einsicht nachzugeben, um Weisheiten mitzuteilen, wenn andermal die Welt ihr Recht fordert, das war die persönliche Vision. Die soziale Vision: sich vorzustellen, welche Gesellschaft zu schaffen wäre, eine Gesellschaft nämlich, in der Individuen in Freiheit heranwachsen und wo Haß, Gier und Neid aussterben, weil man ihnen keine Nahrung gibt. Das ist es, woran ich glaube, und trotz all ihrer Greuel ließ mich die Welt unerschüttert".[294]

Da bei der Realisierung solcher Visionen nach Überzeugung Russells der Erziehung, der Formung des Menschen, eine äußerst bedeutsame Rolle zukommt, sollten wir uns nun seinen diesbezüglichen Überlegungen zuwenden.

In einem an eine Gruppe von Schülern und deren Lehrer adressierten Brief vom 18. März 1962 schreibt der fast neunzigjährige Russell: „Ich finde es bedauerlich, dass Erziehung von den meisten Schuloffiziellen noch immer mehr als Indoktrination denn als Aufklärung begriffen wird. Ich selbst bin überzeugt, dass Erziehung subversiv sein muss, wenn sie einen Sinn haben soll. Ich meine damit, sie muss alle die Dinge infrage stellen, die wir für wahr halten, alle akzeptierten Postulate einer Prüfung unterziehen, sich in jedes Tabu einmischen und ein Bedürfnis nach Fragen und Zweifeln wecken. Ohne das ist die Anleitung, vorwiegend Daten zu memorieren, eine Sache ohne Inhalt. Der Versuch, den Jungen eine konventionelle Mittelmäßigkeit aufzuzwingen, ist verbrecherisch."[295] Wie in einem Brennpunkt sind in dieser Äußerung die zentralen Aspekte der Überlegungen, die Russell hinsichtlich des Themenkomplexes Erziehung angestellt hat, gesammelt. Zwischen diesem Brief und Russells erster Veröffentlichung zu Fragen der Erziehung liegen ziemlich genau fünfzig Jahre. Der erste Aufsatz zu diesem Thema aus seiner Feder nämlich stammt aus dem Jahre 1913: Für die Mai-Nummer des kurz zuvor gegründeten *New Statesman* hatte Russell den Artikel *Science as an Element of Culture* beigesteuert. In den folgenden Jahrzehnten intensivierte sich sein Interesse an pädagogischen Fragen. Es fand seinen Niederschlag in zwei Büchern, die sich eingehend mit grundlegenden Problemen der Erziehung beschäftigen – *On Education, especially in Early Childhood* aus dem Jahre 1926 und *Education and the Social Order*, das 1932 erschien –, einer Reihe von Aufsätzen und Zeitungsartikeln, in denen die in diesen Schriften vertretenen Thesen weiterverfolgt und nach verschiedenen Seiten hin differenziert wurden, und schließlich in der Gründung einer eigenen Schule, der Beacon Hill School.

Leitend auch bei all diesen Aktivitäten ist für Russell der Blick auf das Glück des Einzelnen, der Gesellschaft, in der er lebt, ja letztlich des ganzen Menschengeschlechts. Was, so fragt er, vermag Erziehung diesbezüglich zu leisten? Nun, grundlegend ist festzuhalten, dass er deren Rolle sehr hoch veranschlagt, denn auch, ja gerade sie ist dazu aufgerufen, den Einzelnen zu der Einsicht zu führen, dass er, da ja sein Handeln in der Regel auf andere bezogen ist, am ehesten dann ein gutes und glückliches Leben erreichen wird, wenn seine Begierden, Wünsche und Ansprüche mit denen anderer in möglichst weitgehendem Maße verträglich sind.

Mit diesem Hinweis auf Begierden, Wünsche und Ansprüche des Menschen eröffnet sich der Blick auf die Quellen menschlichen Handelns, denen Russell bereits in seiner Schrift *Grundlagen für eine soziale Umgestaltung* nachgespürt hat – und zwar veranlasst durch die Erfahrungen des Ersten Weltkriegs, die weitreichende Konsequenzen für seine Überlegungen zur Erziehung und Bildung, zur Sorge um sich selbst mit sich brachten.

Welche Einsichten in die Ursprünge menschlichen Handelns nun sind es, die ihm durch jene Kriegsjahre erschlossen wurden? Russells diesbezügliche Kernthese besagt, alles menschliche Handeln und Verhalten entspringe aus zwei Quellen: dem *triebhaften Impuls* (impulse) und dem *Begehren* (desire) im Sinne bewussten Wollens und Wünschens.[296] Von einem triebhaften Impuls initiiert sind für Russell all diejenigen Akte, die ohne bewussten Zweck vollzogen werden und die zu vollziehen man fast unwiderstehlich gezwungen ist. Zu ihnen zählt er vornehmlich die Reflexe, dann aber auch solche Handlungen, zu denen sich Menschen „im Banne der Leidenschaft" hinreißen lassen, Handlungen also, die bei einiger Überlegung wohl unterblieben wären.[297] Und das Kennzeichen des Begehrens erblickt er darin, dass es sich an einem erstrebenswerten Zustand orientiert und nach Mitteln sucht, diesen Zustand herbeizuführen.

Nach Russells Ansicht lassen sich die Impulse – auf die er sich in dieser Schrift vornehmlich konzentriert – in zwei Gruppen einteilen. Bei diesen beiden Gruppen handelt es sich um die Gruppe der *possessiven* und die der *kreativen* Impulse. Die Impulse der ersten Gruppe sind darauf gerichtet, etwas zu erwerben oder bereits Erworbenes zu bewahren. Beides ist, wie Russell anmerkt, nicht voneinander zu trennen.[298] Mit einer solchen „Sucht nach Besitz"[299] geht für ihn eine Einstellung der Feindseligkeit gegen andere einher. Ja, er meint sogar, eine solche Einstellung gehöre geradezu zum Wesen der possessiven Impulse.[300] Für ihn beweist sich das zum Beispiel darin, dass nur allzu oft das Streben nach Besitz und Gewinn gekoppelt ist mit dem Streben, einem anderen einen Verlust zuzufügen. So gesehen ist es plausibel, wenn er sich zu der Überzeugung bekennt, all die Phänomene, die man mit Begriffen wie Wettstreit, Neid, Überheblichkeit, Gewaltanwendung und Grausamkeit beschreiben kann, ließen sich letzten Endes auf possessive Impulse zurückführen.[301]

Die Impulse der zweiten Gruppe – die kreativen – sind, mit Russell gesprochen, solche, „die der Welt Werte schenken, wie Wissen, Kunst und Güte, Dinge, die nicht persönliches Besitztum eines Menschen sein können".[302] Als das typische Beispiel für solch kreative Impulse führt er den Künstler an. Generell gilt von den kreativen Impulsen, dass hier der Gewinn des einen nicht der Verlust eines anderen ist. Sogar das Gegenteil ist der Fall: Wer beispielsweise eine bedeutende wissenschaftliche Entdeckung macht oder ein Gedicht verfasst, bereichert nicht nur sich selbst, sondern auch andere. Hier impliziert die Vermehrung des Wissens oder die Bereicherung der Kunst einen Gewinn für alle, die davon betroffen oder berührt werden – und eben nicht nur für den, der zufällig im Besitz des Wissens oder des Könnens ist.[303]

Von diesen Überlegungen her leuchtet es ein, dass die Sphäre der Impulse für Russell einen zutiefst ambivalenten Zug aufweist. Manchmal führen die Impulse „zu Vernichtung und Tod, doch andre Male zu den höchsten Dingen, die es auf der Welt gibt. Blinder Impuls ist die Quelle des Krieges, aber er ist auch die Quelle von Wissenschaft, Kunst und von Liebe".[304] Welchen Weg die Impulse nun im Einzelfall einschlagen – ob sie sich mehr in Richtung auf Besitz und die damit zusammenhängenden Phänomene äußern oder eher zu kreativem Verhalten tendieren –, ist nach Russells Überzeugung weder von Anfang an noch ein für alle Mal festgelegt. Er bestreitet damit keineswegs, dass es genetische Dispositionen gibt, die den Einzelnen eher zu einem so bestimmten Handeln veranlassen können als zu einem andersgearteten. Aber nach seiner Einschätzung unterliegt selbst diese elementare anthropologische Schicht einem starken Einfluss durch äußere Umstände und durch den Lebensweg. Die Richtung, in die die Impulse sich äußern, wäre demnach veränderbar, formbar: Ursprünglich auf Besitz ausgerichtete Impulse beispielsweise können durch Einflussnahme von außen – zum Beispiel durch entsprechende politische und soziale Einrichtungen sowie durch Erziehung – oder durch biografische Erfahrungen in Richtung auf schöpferische Impulse umgelenkt werden. Sicherlich ist auch der umgekehrte Fall denkbar, nämlich dass ursprünglich kreative Impulse durch entsprechende Erfahrungen und Beeinflussungen in Besitzstreben und die damit möglicherweise einhergehenden, für andere negativen Begleiterscheinungen umgeformt werden können. Für wünschenswert hält Russell natürlich den ersten Fall.

Im Licht dieser die Quellen des menschlichen Handelns herausstellenden Ausführungen ist es nur zu verständlich, wenn Russell es als vordringlichste Aufgabe aller Erziehung ansieht, die kreativen Impulse zu stärken und die possessiven, also die konflikterzeugenden, zu beschneiden. *Dass* Erziehung dies grundsätzlich leisten kann, ist seine feste Überzeugung. Hier wie sonst kaum bekundet sich bei ihm ein ungeheurer Optimismus. „Erziehung", hat er einmal prägnant formuliert, „ist der Schlüssel zu der neuen Welt".[305] Unbestreitbar also ist für ihn, dass sich die geforderte Einsicht und ein entsprechendes Verhalten durch erprobte Erziehungsmethoden fördern lassen. Aber ebenso unbestreitbar ist für ihn auch, dass die traditionelle Pädagogik vor dieser Aufgabe weitgehend versagt hat. Und dies liegt für ihn in erster Linie daran, dass sie nicht ‚subversiv' oder nicht ‚subversiv' genug ist, kommt es ihr üblicherweise doch darauf an, die jungen Menschen zu *orthodoxen* Ansichten und dementsprechendem Verhalten zu erziehen. Zwar mag das, was jeweils als die rechtmäßige Lehre gilt, unterschiedlichster Observanz sein; entscheidend ist für Russell allemal, dass das Moment der Orthodoxie im Vordergrund steht – und das auf Kosten eines freien, unabhängigen, das für wahr Gehaltene infrage stellenden Denkens. Statt dass Erziehung „kreativ" wäre, wie Russell sich ausdrückt, also dass sie freies Denken erzeugte, das Beispiel „großherzigen Fühlens" gäbe und zu geistigem Wagnis anspornte, wird sie in der Realität stattdessen in der Regel als Mittel angesehen, den Status quo durch Einprägen von Vorurteilen festzuschreiben.

Russell hat sich in diesem Kontext vor allem drei Themenkreisen zugewandt, die für ihn von besonderer Tragweite sind. Ein erster fasst den Zusammenhang von Erziehung und Wirtschaftssystem ins Auge. Kritisch beäugt wird von ihm insbesondere die Tendenz, die jungen Menschen zur Gleichförmigkeit zu erziehen. In den modernen Industriegesellschaften rührt dies nach Russells Ansicht daher, dass aus ökonomischer Sicht zum Funktionieren des Industrialismus mit seiner Großorganisation ein gewisses Maß an Gleichförmigkeit in materieller Hinsicht unabdingbar ist. Entsprechend sieht er Erziehung häufig darauf ausgerichtet, eine Art ‚Maschinenmenschen' heranzubilden, „leicht lenkbare Bürger zu schaffen", deren persönliche Urteilskraft unterdrückt wird und „die zahm gegenüber ihren Herrschern und wild gegenüber ‚dem Feind' sind".[306] Aber er fragt sich, ob die Gleichförmigkeit in der genannten Hinsicht nicht zugleich bestehen kann mit Mannigfaltigkeit, Individualität und Spontaneität auf den nicht-materiellen Gebieten des Lebens. Für Russell besteht kein Zweifel, dass dies grundsätzlich möglich ist, ja dass es sogar unabdingbar ist für den Fortbestand und die Weiterentwicklung der bislang erreichten Stufe der Kultur. Denn die Produktion von Maschinenmenschen hat unweigerlich geistige Sklaverei und intellektuelle Verkümmerung zur Folge. Und diese wird „alles töten, was auf dem Gebiet der Kunst und des Denkens und schließlich auch der menschlichen Gefühle wertvoll ist, und sie tötet unvermeidlich die Lebensfreude, die nicht bestehen kann, wo die Spontaneität gestorben ist".[307] Abhilfe kann hier nur geschaffen werden, wenn „der mechanistische Standpunkt" aus der Erziehung eliminiert wird.

Ein noch weitergehender Vorschlag Russells zielt auf eine Änderung des wirtschaftlichen Systems, war er doch zeit seines Lebens überzeugt, das ökonomische System der westlichen Industrienationen versage hinsichtlich aller vier Ziele, die seiner Ansicht nach ein Wirtschaftssystem verfolgen sollte, das den Bedürfnissen des Individuums und der Gesellschaft gleichermaßen gerecht zu werden versucht. „Erstens", so führt er in seiner Schrift *Politische Ideale* aus, „sollte es die größtmögliche Produktion von Gütern und die Förderung des technischen Fortschritts anstreben; zweitens sollte es eine gerechte Verteilung sicherstellen; drittens sollte es Sicherheit gegen Verarmung gewähren; und viertens sollte es die Freimachung schöpferischer Triebe und die Verminderung der Besitztriebe anstreben".[308] Von diesen Zielen hält Russell das vierte für das wichtigste. In Anbetracht seiner Überlegungen zur Reform von Institutionen dürfte dies kaum verwundern. Das dritte Ziel, die Sicherung gegen Verarmung, erachtet er hauptsächlich als Mittel zum Zweck – nämlich zur Freisetzung kreativer Impulse – für wichtig. Erst wenn diese vier Ziele realisiert wären, ließen sich die Missstände, unter denen die Erziehung traditionell leidet, von Grund auf beseitigen. So läuft sein reformpädagogischer Ansatz in letzter Konsequenz auf eine Umstrukturierung des wirtschaftlichen Systems der westlichen Industrienationen hinaus.

Mit unserer Art des Wirtschaftens geht für Russell ein zweites Übel einher, an dem auch die herkömmliche Erziehung krankt und das er nicht müde wird anzuprangern: das Konkurrenzideal. Und zwar glaubt Russell vornehmlich zwei schädliche Wirkungen dieses Ideals erkennen zu können. Zum einen bringt es die Konsequenz mit sich, dass die jungen Menschen internationale Angelegenheiten aus dem Blickwinkel von Konkurrenz mit und Respekt vor anderen Nationen wahrzunehmen lernen, sodass der Gedanke der Kooperation in den Hintergrund gedrängt wird. Und zum anderen führt es zu einem ausgedehnten Konkurrenzsystem, das die leitende Strategie nicht nur für das Verhalten im Klassenzimmer, sondern auch bei der Bewerbung um ein Stipendium, bei der Arbeitssuche und der beruflichen Tätigkeit wird. Es ist nicht zuletzt diese sich am Ideal der Konkurrenz ausrichtende Erziehung, die dazu führt, dass der Jugend Erziehung in einem Maß aufgebürdet wird, „das für die Phantasie und den Intellekt, ja, sogar für die physische Gesundheit schädlich ist".[309]

Wie aber ließe sich – einmal abgesehen von der Umstrukturierung der ökonomischen Formationen der Industriegesellschaften – dieses Konkurrenzsystem innerhalb des Erziehungswesens selbst aufbrechen und umgestalten? Nun, da ist als Erstes Russells Forderung zu nennen, der Wissenserwerb müsse mit geringer emotionaler Belastung verbunden sein. Für ihn besteht kein Zweifel, dass emotionale Belastung die Hauptursache einer schädlichen Erschöpfung von Fantasie und Intellekt, aber auch der körperlichen Verfassung ist. Die Realisierung dieser Forderung – und darüber ist sich Russell völlig im Klaren – läuft im Letzten auf grundlegende Änderungen im Prüfungs- und Stipendiensystem hinaus. Zweitens plädiert er für die Eliminierung all jenes Unterrichts, der keinem nützlichen Zweck dient. Um ihn hier nicht misszuverstehen, muss darauf hingewiesen werden, dass er nicht meint, Kinder und junge Menschen sollten nur solches Wissen erwerben, das als ‚brauchbar' bezeichnet wird und womit nur zu oft gemeint ist: das sich in ökonomischer Hinsicht rechnet. Vielmehr will er damit nur sagen, sie sollten bestimmte Dinge nicht nur deshalb lernen, weil dies immer geschah ohne dass damit hinsichtlich der Bildung und Orientierung im Leben ein Nutzen verbunden wäre. Und drittens hält er es für erforderlich, dass sich Unterricht weniger an dem Gesichtspunkt richtiger Antworten auf Fragen ausrichtet, sondern geleitet ist von dem Bestreben, den Geist und die Technik des Erforschens der Dinge zu lehren. Bereits 1916 hat er in einem ursprünglich in *Atlantic Monthly* publizierten Aufsatz mit dem Titel *Education as a Political Institution*, der dann als Kapitel V in die *Grund-*

lagen für eine soziale Umgestaltung aufgenommen wurde, seine diesbezügliche Sichtweise auf den Punkt gebracht: „Das Examinations-System und die Tatsache, daß der Unterricht hauptsächlich als Training für einen Lebensunterhalt betrachtet wird, führt die Jugend dazu, das Wissen von einem rein utilitaristischen Standpunkt aus zu betrachten, als den Weg zum Gelde, nicht als ein Tor zur Weisheit."[310] Diese Feststellung dürfte wohl auch heute noch von unverminderter Aktualität sein.

Darüber hinaus erblickt Russell als die entscheidende Strategie, die gegen das Konkurrenzsystem in Anschlag gebracht werden kann, die *Kooperation*. Kooperation – das heißt für Russell: Bereits in der Jugend müsse die Idee gemeinsamer Unternehmungen stärker als die des Wettbewerbs gefördert werden. Nur dann sieht er eine Chance, das Leben der Menschen glücklicher und erfüllter zu gestalten. Um möglichen Missverständnissen gleich vorzubeugen: Russell will damit mitnichten für den Verzicht auf jeglichen Wettbewerb, jegliche Konkurrenz, jegliche produktive Rivalität plädieren. Dies war ihm völlig klar: Ohne Wettbewerb verliert eine Gesellschaft jegliche Dynamik. Würde sie den Wettbewerb grundsätzlich ächten, so würde sie sich in eins damit um die Chance jeden weiteren Fortschritts – sei es gesellschaftlichen, technischen oder künstlerischen – bringen. Wettbewerb und Konkurrenz müssen also sein. Aber sie dürfen nach Russells Dafürhalten nicht solche Formen annehmen, die die Möglichkeiten zur Zusammenarbeit mehr und mehr beschränken, bis sie am Ende gänzlich versiegen. Vielmehr sollte es sich seiner Ansicht nach so verhalten, dass die Idee der Kooperation, der gemeinsamen Unternehmung, wie er sich ausdrückt, stärker als die auf Konkurrenz bezogene gefördert wird. Da Russell das insbesondere im Blick auf junge Menschen formuliert, enthält seine Vorstellung zugleich ein Plädoyer dafür, das Lernen von Zusammenarbeit zu einem Bestandteil der Erziehung zu machen.

Der dritte Komplex von Strukturen, der die herkömmliche Erziehung kennzeichnet und den Russell als Orthodoxie erzeugend brandmarkt, betrifft die Rolle des Glaubens in der Erziehung. Generell gilt diesbezüglich für ihn: Ein im Einzelnen wie auch immer gearteter Glaube in der Erziehung hat dann, wenn man ihn so gelten lässt, wie er ist und ohne dass man ihn einer intellektuellen Untersuchung unterzieht, wahrscheinlich schädliche Auswirkungen. Speziell hat er diese Aussage auf diejenige Art des Religionsunterrichts gemünzt, dem die Kinder in christlichen Ländern ausgesetzt sind. In seinem Buch, das den Zusammenhang von Erziehung und Gesellschaft zum Thema hat – *Education and the Social Order* – hat er insgesamt fünf Argumente gegen den traditionellen Religionsunterricht in Anschlag gebracht.[311] Erstens schätzt er die Religion als eine konservative Kraft ein, die einen Großteil dessen, was in der Vergangenheit schädlich war, konserviert. Zweitens kritisiert er, dass die Religion an die Angst appelliert. Zwar liefert die christliche Religion durchaus Gründe, die den Menschen die Furcht, zum Beispiel vor dem Tod, nehmen sollen; aber gerade dabei versäumt sie es nach Russells Einschätzung, jene Tugend zu lehren, die *Mut* heißt. Drittens entzündet sich seine Wendung gegen die Unterweisung in christlicher Religion an dem Sachverhalt, dass sie unsere diesseitige Welt im Hinblick auf die nachfolgende, jenseitige, als unwichtig erachtet, was zur Verteidigung von Praktiken führt, die in der Welt, in der wir jetzt leben, übermäßiges Elend verursachen, welches aber verklärt wird mit einem Glücksversprechen, dessen Realisierung in einem nachfolgenden Leben, im ‚Himmel', ansteht. Viertens hält er die Wirkung der Religionslehre auf die persönliche Moral für schlecht. Denn wenn man jungen Menschen über Jahre hinweg Autoritätsgläubigkeit einimpft, dann wird das unweigerlich zu einem Verlust von Selbstvertrauen, Eigeninitiative und selbstbestimmtem Entscheiden und Handeln führen. Und fünftens schließlich gewichtet Russell im Blick auf die traditionelle religiöse Erziehung den Umstand, dass sie intellektuelle Unparteilichkeit für schlecht hält. Denn diese stellt, wie Russell die Sachlage sieht, einen ersten, unverzichtbaren Schritt auf dem Weg dar, der zu einem Denken führen kann, das in der Lage ist, Orthodoxie aufzubrechen.

Bereits in dem erwähnten Artikel *Education as a Political Institution* hat Russell seine Kritik an traditionellen, auf orthodoxes Denken und Verhalten zielenden Erziehungskonzepten auf die Formel gebracht: „Erziehung ist als Regel die stärkste Macht aufseiten des Bestehenden und ein Widerstand gegen fundamentale Änderungen; bedrohte Institutionen bemächtigen sich, solange sie noch die Macht dazu haben, der Erziehungsmaschinerie und prägen Achtung vor ihrer Vortrefflichkeit in die noch bildsamen Gemüter der Jugend". „Reformer", fährt er fort, „versuchen dann ihrerseits, ihre Widersacher aus der vorteilhaften Stellung zu vertreiben". Das Fatale dabei aber ist allzu oft: „An das Kind denkt keine der beiden Parteien. […] Würde man an die Kinder selbst denken, so würde die Erziehung nicht danach trachten, einen Bestandteil dieser oder jener Partei aus ihnen zu machen, sondern sie instand zu setzen, verstandesmäßig zwischen den Parteien zu wählen. Man würde danach trachten, sie zum Selbstdenken anzuleiten und nicht zu denken, wie ihre Lehrer denken. [...] Wir sollten sie erziehen, um ihnen das Wissen und die geistige Fähigkeit zu geben, die zur Bildung unabhängiger Meinungen notwendig ist".[312]

Im Umriss wird damit das Ideal eines Menschenbilds sichtbar, an dem sich nach Russells Meinung alle Erziehung zu orientieren hat. Ins Grundsätzliche gewendet ist damit gesagt, dass der Konzipierung von Erziehungsmethoden eine Reflexion auf die Art Mensch, die man heranbilden will, vorangehen muss. Eine solche Reflexion hat Russell vor allem in seinem Buch *On Education, especially in Early Childhood* angestellt. Im zweiten Kapitel dieser Schrift hat er unter dem Titel „Die Ziele der Erziehung" das Bild eines „idealen Charakters" entworfen, der sich durch vier Merkmale auszeichnet: Vitalität, Mut, Empfindungsfähigkeit und Intelligenz.[313] Russell beansprucht hiermit nicht, den nach seiner Ansicht idealen Charakter vollständig und in einer allen Hinsichten gerecht werdenden Art und Weise umrissen zu haben. Aber immerhin ist er überzeugt, die vier genannten Merkmale stellten eine Basis dar, ohne die der „ideale Charakter" undenkbar sei.

Sehen wir uns also diese vier Merkmale einmal im Einzelnen an! Die Vitalität hält Russell eher für ein physiologisches denn ein geistiges Merkmal, das wahrscheinlich immer da vorhanden ist, wo die Gesundheit nichts zu wünschen übrig lässt. Sie drückt sich in einem gesteigerten Lebensgefühl aus, erhöht die Freude, fördert das Interesse an unpersönlichen Gegenständen und der äußeren Welt und führt von der Beschäftigung mit sich selbst weg. Damit ist genau sie es, die dem Einzelnen dabei hilft, sich eine laut Russell nicht unwesentliche Quelle des Glücks zu erschließen: die Hinwendung zu Gegenständen, die außerhalb des Ichs liegen, die Konzentration des Interesses auf das Ich transzendierende universelle Werte. So wurzelt die Vitalität zwar in der Physis des Menschen, ist aber auf mannigfache Weise mit der Psyche und der geistigen Sphäre verknüpft.

Bei dem zweiten Merkmal, dem Mut, unterscheidet Russell grundlegend zwei Formen. Da gibt es zunächst einmal denjenigen Mut, der aus der Unterdrückung oder Verdrängung von Angstgefühlen resultiert. Diese Art des Muts ist häufig anzutreffen, nämlich immer dort, wo von dem Einzelnen erwartet wird etwas zu tun, das ihn ängstigt, sodass er nach außen hin unbeschadet und ohne Gesichtsverlust die Situation nur meistern kann, wenn er die Angst unterdrückt oder verdrängt. Im Letzten sind es demnach Scham und Schande, die diese Form von Mut hervorbringen. Diese Praxis aber zeitigt zumeist üble Folgen für die Psyche des Betreffenden. Es dürfte klar sein, dass es nicht diese Form von Mut ist, die Russell als Merkmal des idealen Charakters im Sinn hat. Der Mut, den er meint, speist sich aus ganz anderen Quellen. Hier sind die entscheidenden Faktoren die folgenden. Schon Gesundheit und Vitalität tun gute Dienste, sind aber nicht unbedingt erforderlich. Eher nötig scheinen Übung und Geschicklichkeit in heiklen und gefährlichen Situationen. Die allein entscheidende Funktion aber kommt etwas Fundamentalerem zu: einer Kombination aus Selbstachtung und unpersönlicher Lebensauffassung. Der Mensch, der sich selbst achtet, ist alles andere als ein Spiegel dessen, was seine Nachbarn fühlen und denken; er lebt gleichsam „von innen heraus" und erkennt, dass sein Ich nur ein kleiner Teil der Welt ist. Zu dieser Erkenntnis kommt er aber allem zuvor dadurch, dass er vielem, was er nicht selbst ist – also zum Beispiel der äußeren Welt, dem Wissen und der Kunst – einen Wert zuerkennt. Auf diese Weise sind Selbstachtung und unpersönliche Lebensauffassung aufs Engste miteinander verschränkt. Und aus dieser Verschränkung resultiert das, was Russell als den wahren Mut bezeichnet. „Ein solcher Mut", schreibt er, „ist positiv und instinktiv, nicht negativ und repressiv. Es ist Mut in dem positiven Sinn wie ich ihn für eins der wichtigsten Ingredienzien in einem vollkommenen Charakter halte".[314]

Wenden wir uns nun dem dritten Moment eines idealen Charakters zu: der Empfindungsfähigkeit. Ein Mensch beweist für Russell dann Empfindungsfähigkeit, wenn Stimuli Emotionen in ihm hervorbringen. Aber mit einer solchen allgemeinen Definition ist noch nicht viel gewonnen; vor allem ist damit noch nichts darüber entschieden, ob diese Eigenschaft eine gute ist oder nicht. Die Intensität allein vermag hier nicht weiterzuhelfen. Vielmehr bemisst sich diese Entscheidung daran, ob die emotionale Reaktion zu den betreffenden Stimuli passt oder nicht. Russell argumentiert diesbezüglich entwicklungsgeschichtlich. Kinder gehen in den ersten Monaten ihrer Entwicklung sehr rasch von den reinen Sinnesfreuden, wie sie ihnen etwa Nahrung und Wärme vermitteln, über zu den Freuden, die aus der Zustimmung ihrer Umgebung resultieren. Die nächste Stufe bei der Entwicklung der Empfindungsfähigkeit stellt die Sympathie – im Sinne von Mitgefühl – dar. Und hier unterscheidet Russell eine rein physische von einer abstrakten Sympathie. Die erste liegt beispielsweise dann vor, wenn ein Kind weint, bloß weil eines seiner Geschwister weint. Sie ist die Basis für Erweiterungen, die durch Erziehung in die Wege geleitet werden können. In einem ersten Schritt kann die physische Sympathie dahin gehend erweitert werden, dass man Mitgefühl empfindet, auch wenn der Leidende nicht der Gegenstand besonderer Zuneigung ist. Und die zweite Erweiterung zielt darauf, dass man sie selbst dann empfindet, wenn man von erlittenem Leid erfährt, ohne dass dieses augenblicklich in irgendeiner Weise direkt spürbar ist. Diese zweite, erweiterte Form der Sympathie, des Mitempfindens, ist es, die Russell als die abstrakte bezeichnet. Von ihr sagt er, sie sei eben so selten wie wichtig. Selten, weil bei den meisten Menschen Sympathie nicht durch einen abstrakten Stimulus erregt wird. Und wichtig, weil nach seinem Dafürhalten ein großer Teil des Elends in der Welt verschwinden würde, wenn mehr Menschen als bisher über diese abstrakte Form von Sympathie verfügen würden. Dazu aber ist eine Erziehung vonnöten, die darauf abzielt, die Empfindungsfähigkeit zur Reaktion auf abstrakte Stimuli zu veranlassen.

Diese Überlegungen weisen vor auf das vierte Merkmal eines für Russell idealen Charakters: die Intelligenz, denn eine abstrakte Sympathie im herausgestellten Sinn ist im Grunde ja nichts anderes als eine von Erkenntnis getragene Empfindungsfähigkeit. Russell geht in diesem Zusammenhang davon aus, unsere weitverzweigte moderne Welt könne ohne Intelligenz weder bestehen noch Fortschritte machen. Unter ‚Intelligenz' versteht er dabei „wirkliches Wissen und die Aufnahmefähigkeit für Wissen", was beides eng miteinander verbunden ist.[315] Er verweist hier auf den Sachverhalt, dass, je mehr ein Mensch gelernt hat, es desto leichter für ihn ist noch mehr zu lernen – ein Faktum, das Gregory Bateson mit dem Begriff des *Deutero-Lernens* bezeichnet hat. Für Russell folgt daraus, Intelligenzförderung sei nicht möglich, ohne dass man Kenntnisse vermittle oder dafür sorge, dass Kenntnisse erworben werden.

Die instinktive Grundlage des intellektuellen Lebens erblickt er in der Neugierde, freilich in einer Neugierde von einer besonderen Art. Nicht jede Art von Neugierde ist gleich hoch einzuschätzen: „Die Art Neugierde, die einen veranlaßt, durch die verhängten Fenster des Nachbarn zu schauen zu versuchen, hat keinen besonders hohen Wert. Das weitverbreitete Interesse an Geschwätz und Gerede wurzelt nicht in der Liebe zu Kenntnis, sondern in der Bosheit: über die geheimen Tugenden eines Menschen schwatzt niemand, nur über dessen geheime Laster."[316] Wert hat eigentlich nur diejenige Art von Neugierde, die „in einer echten Liebe zur Kenntnis wurzelt“. Bei ihr ist die Verbindung mit anderen Interessen nicht direkt und offensichtlich, sondern nur durch einen gewissen Grad von Intelligenz erkennbar. Und diesbezüglich vertritt Russell die Auffassung, Neugierde in Bezug auf allgemeine Dinge zeige einen höheren Grad von Intelligenz als Neugierde in Bezug auf besondere Tatsachen, sodass man die Regel aufstellen kann (die man allerdings nicht zu wörtlich nehmen sollte): „je umfangreicher die Allgemeinheit, desto größer die Intelligenz, die dabei eine Rolle spielt“. Aber auch unabhängig von dieser Regel gilt: „Soll Neugierde Frucht bringen, dann muss sie mit einer gewissen Technik zur Erwerbung von Wissen verbunden sein.“ Unabdingbar sind zudem diejenigen Tugenden, die er die intellektuellen nennt und wozu er vorrangig Aufgeschlossenheit und Unvoreingenommenheit zählt – Tugenden, die durch eine entsprechende Erziehung hervorgebracht werden können.[317]

Aus all diesen Überlegungen zieht er das Fazit: Würde bei jungen Menschen das Körperliche – wozu er auch das Sexuelle rechnet –, das Gefühlsleben und ‚das Geistige‘ in sorgsamer Weise behandelt, dann könnten die genannten vier Eigenschaften eines idealen Charakters – Vitalität, Mut, Empfindungsfähigkeit und Intelligenz – zu einem Allgemeinbesitz gemacht werden. Eine sich an diesen Eigenschaften orientierende Erziehung – und hierin bekundet sich erneut Russells pädagogischer Optimismus – könnte dem Unglücklichsein beziehungsweise Sich-unglücklich-Fühlen vieler Menschen entgegenarbeiten und so die Summe der Zufriedenheit und des Glücks in der Welt beträchtlich vermehren.

In dem Essay *Erziehung und Disziplin* hat Russell die bislang zur Sprache gebrachten Zwecke der Erziehung zu einem einzigen Zweck zusammengefasst: dem der *Zivilisation*. Er differenziert diesen Begriff nach seiner individuellen und seiner sozialen Bedeutung: „Zivilisation besteht, wenn wir ihre individuelle Seite betrachten, sowohl aus intellektuellen wie aus ethischen Werten: intellektuell gesehen aus einem gewissen Mindestmaß an Allgemeinwissen, Beherrschung der Technik des jeweiligen Berufs und der Gewohnheit, sich an augenscheinlichen Gewissheiten eine Meinung zu bilden; ethisch gesehen aus Unparteilichkeit, Wohlwollen und ein wenig Selbstbeherrschung. Und ich sollte noch eine Eigenschaft hinzufügen, die weder intellektuell noch ethisch, aber vielleicht psychologisch ist: Wohlbehagen und Lebensfreude.“ Und unter sozialem Aspekt ist mit Zivilisation gemeint: Sie fordert „Achtung vor den

Gesetzen, Gerechtigkeit dem Mitmenschen gegenüber, Zielsetzungen, die ständiges Unrecht einem Teil der Menschen gegenüber ausschließen, und kluge Wahl der Mittel, die dem Erreichen der Ziele dienen sollen".[318]

In erster Linie geht es Russell in diesem Kontext um das Problem: Wenn all das Zweck der Erziehung sein soll, dann muss nicht nur die Frage beantwortet werden, wie sich all das verwirklichen lässt, sondern auch die, welches Maß an Freiheit sich dabei höchstwahrscheinlich am wirksamsten erweisen wird. Grundsätzlich ist er der Auffassung, statt nach Gehorsam und Disziplin zu streben, sollte man Unabhängigkeit und Impulsivität zu bewahren versuchen. „Was den Gehorsam in Schulen notwendig erscheinen läßt", schreibt er 1916 – und seitdem hat sich in dieser Hinsicht augenscheinlich nicht viel geändert –, „sind die großen Klassen und überarbeiteten Lehrer, die falsche Sparsamkeit verlangt".[319] Ausführungen Russells in anderen Schriften bestätigen den Eindruck, den diese frühe Stellungnahme vermittelt, nämlich dass er eine größtmögliche Freiheit in der Erziehung befürwortet. Zwei Argumenten legt er dabei besonderes Gewicht bei. Zum einen dem, dass mangelnde Freiheit Konflikte mit den Erwachsenen hervorruft, die eine weit tiefere psychologische Wirkung haben als gemeinhin angenommen wird. Und zum Zweiten macht er sich die Anschauung zu eigen, der Zwang in der Erziehung habe eine Verkümmerung der Originalität und des intellektuellen Interesses zur Folge.[320]

Indessen griffe man fehl, würde man Russell in Anbetracht solcher Äußerungen einfach zu den Vertretern einer dezidiert antiautoritären Erziehung rechnen. Dem Konzept der antiautoritären Erziehung, wie es von Alexander S. Neill theoretisch vertreten und in seiner Summerhill School in die Praxis umgesetzt worden war, stand er durchaus kritisch gegenüber. In einem Brief an den Schriftsteller H. G. Wells vom 24. Mai 1928 macht er gegen Neill – mit dem Russell übrigens recht gut bekannt war und in dessen Schule er sich vor Eröffnung seiner eigenen eine Woche lang aufgehalten hatte – geltend, dieser gestatte „eine derartige Freiheit, daß seine Kinder nicht das notwendige Training erhalten und immer ins Kino gehen, wenn sie anderweitig interessiert werden könnten, etwas Wertvolleres zu tun. Das Fehlen von Möglichkeiten für aufregende Vergnügen hier ist, meiner Meinung nach, ein wichtiger Faktor bei der Entwicklung des intellektuellen Interesses der Kinder".[321] Und in einem Artikel, den er 1931 für den *Spectator* verfasst hatte, betont er: „Ich gehöre nicht zu denen, die an eine absolute Freiheit des Kindes glauben. Die Bildung guter Gewohnheiten kann nicht ganz spontan erfolgen, und zumindest vom achten Lebensjahr an haben die Kinder einen Bedarf an mehr Wissen als die meisten von ihnen erlangen würden, wenn sie zwischen Unterricht und Spiel frei wählen könnten. Ich bin auch nicht der Meinung, dass die Misshandlung jüngerer Kinder durch ältere toleriert werden sollte. Innerhalb dieser Grenzen jedoch ist Raum für erheblich mehr Freiheit als bisher üblich." Und dann führt er einige Beispiele für diejenigen Freiheiten an, an die er hierbei denkt: „Es sollte von früher Jugend an physische Abenteuerlust geben, selbst wenn sie kleinere körperliche Verletzungen und ein geringes Risiko größeren Schadens mit sich bringen mag. Es sollte nicht zuviel Belehrung über Umgangsformen geben, da diese zu sozialer Furchtsamkeit führt. Es sollte keinerlei Einschränkung der freien Rede geben. [...] Wenn das Kind Phantasien nachhängt, die die Schicklichkeit der Erwachsenen schockieren, darf man ihm nicht mit einem erschrockenen ‚Still-Still!' begegnen."[322] Das wichtigste Verdienst einer so verstandenen Freiheit ist aus Russells Sicht, dass sie das Aufkommen übler Leidenschaften *verhindern* kann, statt bloß deren Manifestation in unpassenden Augenblicken zu unterbinden.

Als Russell diesen Artikel schreibt, äußert er sich nicht mehr nur als Theoretiker, sondern auch als Praktiker, der auf eine mehrjährige Erfahrung in einer eigenen Schule zurückgreifen konnte. Denn am 21. September 1927 hatte er zusammen mit seiner zweiten Frau, Dora Black, in Beacon Hill, einem im Süden Englands zwischen Chichester und Petersfield gelegenen Ort, eine eigene Schule gegründet. Zu diesem Zweck hatte Russell von seinem älteren Bruder Frank das sogenannte ‚Telegraph House' – das zur Zeit Georges III. als Signalstation gedient hatte – gemietet. Nach seiner Trennung von Dora im Jahre 1932 wurde die Schule von ihr allein weitergeführt. Sie bestand, allerdings mit mehrmaligem Ortswechsel, bis 1943, als sie auf Veranlassung des Kriegsministeriums geschlossen werden musste. In seiner Autobiografie gibt Russell als Motiv für die Gründung einer eigenen Schule an, Dora und er hätten darin die beste Möglichkeit gesehen, ihre eigenen Kinder so zu erziehen, wie sie beide es für richtig hielten. Er schreibt: „Wir wußten von keiner bestehenden Schule, die uns in irgendeiner Weise befriedigte. Wir wollten eine ungewöhnliche Kombination: auf der einen Seite waren uns Prüfungen und religiöse Erziehung und viele Freiheitsbeschränkungen zuwider, die in den konventionellen Schulen als selbstverständlich gelten; andererseits konnten wir nicht mit den meisten ‚modernen' Erziehern übereinstimmen, die den Schulunterricht für unwichtig hielten und ein *völliges* Fehlen von Disziplin befürworteten.“[323]

Aber schon recht schnell erhielt der pädagogische Optimismus der Russells durch die Realitäten einen Dämpfer: Zu den immer wieder auftretenden Finanzproblemen gesellte sich die Schwierigkeit, dass die Schule übermäßig viele Problemkinder hatte, was für die Russells die Konsequenz mit sich brachte, die Kinder ständig überwachen zu müssen, wenn sie keinen Unterricht hatten, um Destruktivität und Grausamkeit zu verhindern. Im Rückblick gesteht Russell ein, manches an den Prinzipien, nach denen die Schule geleitet wurde, sei falsch gewesen. So könnten, meint er später, kleinere Kinder in einer Gruppe nicht ohne ein gewisses Maß an Ordnung und Routine glücklich sein. Und außerdem sei es verkehrt gewesen, dass mehr Freiheit vorgespiegelt wurde, als tatsächlich vorhanden gewesen sei.

Joe Park, der eine größere Studie über Russells pädagogische Theorie und Praxis verfasst hat, meint, alles in allem könne man das Experiment Beacon Hill School durchaus als Erfolg werten. Der Lehrplan sei fortschrittlich gewesen und die angewandten Methoden hätten sich nicht von denen unterschieden, die in anderen progressiven Schulen der damaligen Zeit angewandt wurden.[324] Und Jürg Frick gelangt bei seiner Analyse des von den Russells initiierten Schulmodells zu dem Fazit, es sei „offenkundig erfolgreicher“ gewesen als Russell dies in der Rückschau zugeben konnte oder wollte. Genaugenommen habe Russell weder die Theorie noch die Praxis der Beacon Hill School als Fehlschlag angesehen; kapituliert habe er hauptsächlich vor den damit verbundenen finanziellen und ehelichen Problemen. Die von Frick durchgeführte detaillierte Untersuchung der praktischen Umsetzung der pädagogischen Vorstellungen der Russells ergibt nämlich ebenso wie der Blick auf die Beurteilung der Schule durch ehemalige Schülerinnen und Schüler, dass die Beacon Hill School „in einem hohen Maße eine breite intellektuelle Förderung sowie Vorurteilslosigkeit und kooperatives Verhalten bei den Kindern“ erreichte[325] – und damit exakt diejenigen Ziele realisierte, die im Zentrum von Russells reformpädagogischen Ansichten stehen und an denen sich seiner Überzeugung nach jegliche Formung von Menschen zu orientieren hat.

Rückblick

Lassen wir abschließend die vorgestellten philosophischen Bildungskonzepte kurz Revue passieren, so wird ersichtlich, dass sie alle von einem weiten Bildungsbegriff geleitet sind. Nicht um beruflich verwertbare Fertigkeiten und Qualifikationen, nicht um Bildung im Sinne von Aus- und Weiterbildung und der Vorbereitung aufs Berufs- und Erwerbsleben geht es ihnen. Vielmehr steht bei ihnen allen die Formung des Menschen in einem möglichst umfassenden Sinn im Zentrum. Bildung, so gaben die Sophisten der abendländischen Geistes- und Kulturgeschichte mit auf den Weg, hat es mit der Befreiung von Vorurteilen und dem Einüben von *Areté*, von ‚Tugend', zu tun. Bildung, so waren Sokrates und Platon überzeugt, ist im Kern eine Formung des Menschen, die auf die Umsetzung der Möglichkeiten menschlicher Existenz in ein ‚tugendhaftes' Handeln zielt, das sich im Kontext einer Gemeinschaft mit anderen realisiert. Einen ähnlich gelagerten Zielpunkt streben, wenn auch mit unterschiedlicher Akzentsetzung, die Bildungstheorien John Lockes und Jean-Jacques Rousseaus an. Seneca begreift Bildung ganz zentral als Einübung in eine philosophische Haltung, die sich im Angesicht all der Widrigkeiten und Fährnisse, die das Leben so mit sich bringt, zu bewähren hat. Pico della Mirandolas Bildungstheorie stellt auf die Freiheit ab, sein Leben selbst zu gestalten und es dergestalt zu modellieren, dass jeder Einzelne seinen Beitrag zu einer universalen Friedensordnung leisten kann. In eine ähnliche Richtung denkt auch der Bildungstheoretiker Immanuel Kant, wenn er auf die Autonomie des Menschen, auf seine ‚Selbstgesetzgebung' pocht und als Ergebnis von Aufklärung und philosophischer Bildung einen Nationen übergreifenden „ewigen Frieden" intendiert. Der von ihm inspirierte Friedrich Schiller greift den Gedanken der notwendigen Moralisierung des Menschen auf. Allerdings hält er ihn im Rahmen seiner ästhetisch ausgerichteten Bildungstheorie nicht primär durch Vernunftkultur für realisierbar, sondern in erster Linie durch den Umgang mit Kunst. Schopenhauers philosophisches Bildungsprojekt zentriert sich um das Thema, was eigentlich unser Handeln und Verhalten antreibt und steuert. Seine Antwort, so haben wir gesehen, läuft auf eine Umgewichtung der bisher angenommenen Machtverhältnisse in unserem mentalen Haushalt hinaus: Nicht die Vernunft ist es, die unser Denken, Handeln und Verhalten bestimmt, sondern die vielfältigen Regungen eines uns zumeist unbewusst bleibenden Willens zum Leben. Jede Bildungsbemühung, die von Erfolg gekrönt sein will, muss daher dem Willen zum Leben Rechnung tragen. Friedrich Nietzsche, der diesen Gedanken aufgegriffen und weiter ausgeführt hat, koppelt ihn mit der Wertfrage und rückt damit ein Thema in den Brennpunkt der Bildungsdebatte, das in den letzten Jahren zunehmend brisanter geworden ist. Und Bertrand Russell schließlich, der ja nicht nur Bildungstheoretiker, sondern auch Erziehungspraktiker war, entwirft ganz konkrete Leitlinien eines bildungstheoretischen Programms, das sich an der Frage orientiert, welche die Menschheit wohl seit Urzeiten umtreibt: Was ist das gute Leben und wie ist es realisierbar?

In diesen bildungstheoretischen Konzepten gelangt ein Verständnis von Bildung zum Ausdruck, das die engen, oftmals nur zu beschränkten Vorstellungen, die dem Bildungsbegriff in gegenwärtigen Diskussionen anhaften, überschreitet und das wiederzugewinnen auch und gerade aktuellen bildungstheoretischen Debatten nur zum Vorteil gereichen könnte. Das in diesem Buch nachgezeichnete Panorama von Bildungskonzepten eröffnet Dimensionen, welche die abendländische Geistes- und Kulturgeschichte entscheidend und nachhaltig geprägt haben und die – vielleicht nicht zuletzt auch aus diesem Grund – auch in Zukunft unbedingt offen gehalten werden sollten.

Anmerkungen

1 Siehe zu dieser Thematik insgesamt Wilhelm Schmid: *Philosophie der Lebenskunst. Eine Grundlegung.*
2 Michel Foucault: *Sexualität und Wahrheit.* Bd. 3: *Die Sorge um sich.*
3 Ebd., S. 1413.
4 Ebd., S. 1419.
5 Ebd., S. 1427.
6 Ebd., S. 1575.
7 Bärbel Frischmann: *Die Bedeutung der Philosophie für die Bildung*, S. 18.
8 Ebd., S. 15.
9 *Das Geschichtswerk des Herodot von Halikarnassos*, VI, 117; S. 526.
10 Ebd., VIII, 97; S. 695.
11 Wilhelm Nestle: *Vom Mythos zum Logos. Die Selbstentfaltung des griechischen Denkens.*
12 Alkidamas, Fragm. 3; hier zitiert nach *Die Sophisten*, S. 342.
13 Werner Jaeger: *Paideia. Die Formung des griechischen Menschen.* 3 Bde., Berlin 1934–45.
14 Siehe z. B. *Die Sophisten*, S. 37; Nestle: *Vom Mythos zum Logos*, S. 269.
15 Platon: *Protagoras*, 320 d ff.; *Sämtliche Werke*, Bd. I, S. 61 ff.
16 Ebd., 321 a; S. 62.
17 Ebd., 321 b; S. 62.
18 Ebd.
19 Ebd., 321 c; S. 62.
20 Xenophon: *Memorabilien*, I, 3: hier zitiert nach Walther Kranz: *Die griechische Philosophie*, S. 114 f.
21 Platon: *Der Staat*, 352 d; S. 43.
22 Platon: *Laches*, 190 d; *Sämtliche Werke*, Bd. I, S. 164.
23 Ebd., 181 b; S. 155.
24 Ebd., 190 e; S. 164.
25 Ebd., 191 d; S. 165.
26 Ebd., 199 e; S. 174.
27 Werner Jaeger: *Paideia*, 2. Bd., S. 145.
28 Platon: *Apologie*, 21 d; *Sämtliche Werke*, Bd. I, S. 13.

29 Ebd., 22 e; S. 14.
30 Ebd., 23 b; S. 14.
31 Platon: *Kriton* 46 b–c; *Sämtliche Werke*, Bd. I, S. 38.
32 Ebd., 49 d; S. 41 f.
33 Jaeger: *Paideia*, 2. Bd., S. 122.
34 Ebd.
35 Platon: *Laches*, 185 e; *Sämtliche Werke*, Bd. I, S. 159.
36 Platon: *Nomoi*, 788 c; *Sämtliche Werke*, Bd. VI, S. 158.
37 Platon: *Siebenter Brief*, 325 b–326 b; *Sämtliche Werke*, Bd. I, S. 302 f.
38 Platon: *Der Staat*, 473 c–d; S. 213.
39 Siehe ebd., 439 d ff.; S. 164 ff.
40 Siehe ebd., 434 a; S. 155.
41 Jean-Jacques Rousseau: *Emil oder über die Erziehung*, S. 13.
42 Platon: *Der Staat*, 376 c; S. 75.
43 Ebd., 378 e; S. 79.
44 Ebd., 398 a; S. 104.
45 Ebd., 403 c; S. 113.
46 Ebd., 412 a; S. 125.
47 Ebd., 424 a; S. 140.
48 Ebd., 424 b; S. 140.
49 Ebd., 491 e; S. 237.
50 Ebd., 451 e; S. 179.
51 Ebd., 455 d; S. 184 f.
52 Ebd., 491 c; S. 236.
53 Ebd., 518 c f.; S. 273 f.
54 Ebd., 521 c; S. 278.
55 Ebd., 533 b; S. 296.
56 Ebd., 536 e; S. 302.
57 Ebd., 590 d; S. 382.
58 Seneca: *Philosophische Schriften*, Bd. III, S. 305.
59 Ludwig Giesz: *Seneca – Vom Glück der Resignation*, S. 20.
60 Ebd., S. 21.
61 Ilsetraud Hadot: *Seneca und die griechisch-römische Tradition der Seelenleitung.*
62 Seneca: *Philosophische Schriften*, Bd. III, S. 99 f.
63 Ebd., Bd. IV, S. 327.
64 Ebd., Bd. IV, S. 329.
65 Ebd., Bd. II, S. 114.
66 Ebd., Bd. II, S. 115.
67 Ebd., 17. Brief, Bd. III, S. 56.
68 Ebd., Bd. II, S. 123.
69 Ebd., Bd. II, S. 54.

70 Ebd., Bd. II, S. 55.
71 Epikur: *Von der Überwindung der Furcht*, S. 138.
72 Seneca: *Philosophische Schriften*, Bd. II, S. 4.
73 Ebd., Bd. II, S. 7.
74 Ebd., Bd. II, S. 7 f.
75 Ebd., Bd. II, S. 53.
76 Ebd., Bd. II, S. 56.
77 Ebd., Bd. III, S. 221 f.
78 Ebd., Bd. II, S. 9.
79 Ebd., Bd. II, S. 10.
80 Ebd., Bd. II, S. 91.
81 Ebd., Bd. I, S. 14.
82 Ebd., Bd. II, S. 140.
83 Ebd., Bd. II, S. 128 f.
84 Ebd., Bd. III, S. 167.
85 Ebd., Bd. II, S. 127.
86 Ebd.
87 Ebd.
88 Ebd., Bd. II, S. 129.
89 Ebd., Bd. II, S. 125.
90 Ebd., Bd. IV, S. 320.
91 Ebd., Bd. III, S. 226.
92 Ebd., Bd. III, S. 110 f.
93 Ebd., Bd. III, S. 188 f.
94 Ebd., Bd. III, S. 58.
95 Ebd., Bd. I, S. 169.
96 Ebd., Bd. I, S. 119.
97 Ebd., Bd. I, S. 124.
98 Ebd., Bd. I, S. 121.
99 Ebd., Bd. III, S. 19.
100 Giovanni Pico della Mirandola: *De Dignitate Hominis*, S. 27.
101 Ebd., S. 29.
102 Paul Oskar Kristeller: *Acht Philosophen der italienischen Renaissance*, S. 58.
103 Pico: *De Dignitate Hominis*, S. 33.
104 Ebd., S. 41 f.
105 Ebd., S. 43.
106 Eugenio Garin: *Der italienische Humanismus*, S. 128.
107 Kristeller: *Acht Philosophen der italienischen Renaissance*, S. 58.
108 Ebd.
109 Thomas Schneider: *Locke, John*, S. 459.
110 Ebd.
111 Francis Bacon: *Neues Organ der Wissenschaften*, S. 107.

112 John Locke: *Versuch über den menschlichen Verstand*, Bd. I, S. 107 ff.
113 Siehe ebd., S. 366 ff.
114 Siehe ebd., S. 397 ff.
115 Alexander Schwan: *John Lockes Grundlegung des freiheitlichen Rechts- und Verfassungsstaates*, S. 192.
116 John Locke: *Bürgerliche Gesellschaft und Staatsgewalt*, S. 97.
117 Ebd., S. 113.
118 Ebd., S. 185.
119 Ebd., S. 117.
120 Ebd., S. 118.
121 Ebd., S. 189.
122 Ebd., S. 197.
123 Ebd., S. 255.
124 Schwan: *John Lockes Grundlegung des freiheitlichen Rechts- und Verfassungsstaates*, S. 200.
125 John Locke: *Ein Brief über Toleranz*, S. 13 f.
126 Ebd., S. 19.
127 John Locke: *Gedanken über Erziehung*, S. 107.
128 Ebd., S. 59.
129 Ebd., S. 45.
130 Ebd., S. 51.
131 Ebd., S. 34.
132 Ebd., S. 41.
133 Paul Hazard: *John Locke und sein Zeitalter.*
134 Jean-Jacques Rousseau: *Schriften in zwei Bänden*, Bd. 1, S. 483.
135 Jean-Jacques Rousseau: *Abhandlung über die Wissenschaften und Künste*, ebd., Bd. 1, S. 29.
136 Ebd., S. 37.
137 Ebd., S. 43.
138 Ebd.
139 Ebd., S. 45.
140 Ebd., S. 46 f.
141 Ebd., S. 47.
142 Ebd., S. 50.
143 Ebd., S. 51.
144 Ebd., S. 52 f.
145 Siehe ebd., S. 55 ff.
146 Ebd., S. 31.
147 Jean-Jacques Rousseau: *Vorrede zu ‚Narcisse'*, *Schriften*, Bd. 1, S. 161.
148 Ebd., S. 157 f.
149 Zitiert nach Jean-Jacques Rousseau: *Diskurs über die Ungleichheit*, S. 318, Anm. 385.

150 Ebd., S. 71.
151 Ebd., S. 105.
152 Ebd., S. 173.
153 Ebd., S. 205.
154 Jean-Jacques Rousseau: *Vom Gesellschaftsvertrag oder Prinzipien des Staatsrechts,* In: *Kulturkritische und politische Schriften in zwei Bänden,* I. Bd., S. 382.
155 Rousseau: *Diskurs über die Ungleichheit,* S. 319.
156 In: *Schriften in zwei Bänden,* Bd. 2, S. 569.
157 Susan Neiman: *Das Böse denken,* S. 102.
158 Ebd., S. 92.
159 Jean-Jacques Rousseau: *Emil oder über die Erziehung,* S. 9.
160 Ebd., S. 5.
161 Ebd., S. 11.
162 Ebd., S. 72.
163 Ebd., S. 190.
164 Ebd., S. 257.
165 Ebd., S. 212.
166 Ebd.
167 Ebd., S. 172.
168 Ebd., S. 57.
169 Ebd.
170 Ebd., S. 442.
171 Ebd., S. 394.
172 Ebd., S. 25.
173 Immanuel Kant: *Gesammelte Schriften.* Handschriftlicher Nachlaß, Bd. 20, S. 44.
174 Immanuel Kant: *Kritik der reinen Vernunft,* A 838 f./B 866 f. In: *Werke in sechs Bänden,* Bd. II, S. 700.
175 Immanuel Kant: *Beantwortung der Frage: Was ist Aufklärung?,* A 482; *Werke,* Bd. VI, S. 53.
176 Immanuel Kant: *Über Pädagogik,* A 7; *Werke,* Bd. VI, S. 699.
177 Kant: *Beantwortung der Frage: Was ist Aufklärung?,* A 485; *Werke,* Bd. VI, S. 55.
178 Ebd., A 491; *Werke,* Bd. VI, S. 59.
179 René Descartes: *Die Prinzipien der Philosophie,* S. XLIII, Schreiben Descartes' an Picot.
180 Karl R. Popper: *Objektive Erkenntnis,* S. 61.
181 Immanuel Kant: *Prolegomena zu einer jeden künftigen Metaphysik, die als Wissenschaft wird auftreten können,* A 13; *Werke,* Bd. III, S. 118.
182 Siehe David Hume: *Eine Untersuchung über den menschlichen Verstand,* 7. Abschnitt: Von der Idee der notwendigen Verknüpfung.

183 Kant: *Kritik der reinen Vernunft*, B XVI f.; *Werke*, Bd. II, S. 25.
184 Siehe ebd., A 50 ff./ B 74 ff.; *Werke*, Bd. II, S. 97 ff.
185 Ebd., A 51/B 76; *Werke*, Bd. II, S. 98.
186 Ebd., A VII, *Werke*, Bd. II, S. 11.
187 Siehe hierzu Kants Schriften: *Grundlegung zur Metaphysik der Sitten* und die *Kritik der praktischen Vernunft*.
188 Siehe insbesondere seine Schrift *Vom ewigen Frieden*.
189 Kant: *Die Religion innerhalb der Grenzen der bloßen Vernunft*, A 18 ff./ B 20 ff.; *Werke*, Bd. IV, S. 675 ff.
190 Friedrich Schiller: *Über die ästhetische Erziehung des Menschen in einer Reihe von Briefen*, S. 20 f.
191 Ebd., S. 19.
192 Ebd., S. 30.
193 Ebd., S. 93 (23. Brief).
194 Siehe ebd., S. 58 f. (14./15. Brief).
195 Friedrich Schiller: *Über Anmut und Würde*. In: *Werke*, 2. Bd., S. 531 f.
196 Schiller: *Über die ästhetische Erziehung des Menschen*, S. 60.
197 Ebd., S. 63.
198 Siehe Johan Huizinga: *Homo ludens*, S. 20.
199 Schiller: *Über die ästhetische Erziehung des Menschen*, S. 95.
200 Ebd., S. 128.
201 Ebd., S. 112.
202 Huizinga: *Homo ludens*, S. 7.
203 Ebd., S. 9.
204 Ebd., S. 10.
205 Siehe ebd., S. 156.
206 Arthur Schopenhauer: *Zur Lehre vom Leiden der Welt. Parerga und Paralipomena, 2. Bd.* In: *Sämtliche Werke*, Bd. V., S. 354.
207 Friedrich Nietzsche: *Autobiographisches aus den Jahren 1856–1869*. In: *Werke in drei Bänden*, 3. Bd., S. 133.
208 Friedrich Nietzsche: *Unzeitgemäße Betrachtungen III: Schopenhauer als Erzieher*. In: *Sämtliche Werke. Kritische Studienausgabe* (= KSA), Bd. 1, S. 360.
209 Ebd., S. 363.
210 Arthur Schopenhauer: *Cholera-Buch (1832)*. In: *Der handschriftliche Nachlaß in fünf Bänden*, Bd. 4, I, S. 96.
211 Arthur Schopenhauer: *Reisetagebücher*, S. 144 f.
212 Arthur Schopenhauer: *Gespräche*, S. 22.
213 Arthur Schopenhauer: *Die Welt als Wille und Vorstellung, 1. Band*. In: *Sämtliche Werke*, Bd. I, S. 151.
214 Ebd., S. 166.
215 Ebd., S. 164.
216 Ebd.

217 Ebd., S. 170.
218 Ebd., S. 181.
219 Arthur Schopenhauer: *Zur Philosophie und Wissenschaft der Natur. Parerga und Paralipomena, 2. Bd.* In: *Sämtliche Werke*, Bd. V, S. 170.
220 Schopenhauer: *Die Welt als Wille und Vorstellung, 1. Bd.*; *Sämtliche Werke*, Bd. I, S. 222.
221 Ebd., S. 218.
222 Ebd.
223 Arthur Schopenhauer: *Metaphysik der Natur. Philosophische Vorlesungen Teil II*, S. 175 f.
224 Schopenhauer: *Die Welt als Wille und Vorstellung, 1. Bd., Sämtliche Werke*, Bd. I, S. 454.
225 Ebd., S. 240.
226 Ebd., S. 425.
227 Ebd., S. 240.
228 Ebd., S. 241.
229 Ebd.
230 Ebd., S. 557.
231 Ebd., S. 558.
232 Ebd., S. 256.
233 Ebd., S. 257.
234 Friedrich Nietzsche: *Die Geburt der Tragödie*, KSA, Bd. 1, S. 47.
235 Schopenhauer: *Die Welt als Wille und Vorstellung, 2. Bd., Sämtliche Werke*, Bd. II, S. 281.
236 Schopenhauer: *Die Welt als Wille und Vorstellung, 1. Bd., Sämtliche Werke*, Bd. I, S. 224.
237 Ebd., S. 224 f.
238 Ebd., S. 269.
239 Ebd., S. 432.
240 Friedrich Nietzsche: KSA, Bd. 1, S. 665.
241 Ebd., Bd. 1, S. 667 f.
242 Ebd., Bd. 1, S. 668.
243 Ebd., Bd. 1, S. 667.
244 Ebd., Bd. 1, S. 749.
245 Friedrich Nietzsche: *Werke in drei Bänden*, Bd. 3, S. 1324.
246 Nietzsche: KSA, Bd. 13, S. 190.
247 Nietzsche: *Die fröhliche Wissenschaft*, 5. Buch, Aph. 357; KSA, Bd. 3, S. 600.
248 Ebd., S. 601.
249 Nietzsche: KSA, Bd. 13, S. 89.
250 Siehe Nietzsche: KSA, Bd. 12, S. 126.
251 Nietzsche: KSA, Bd. 13, S. 189.
252 Nietzsche: KSA, Bd. 12, S. 125.

253 Nietzsche: KSA, Bd. 12, S. 350.
254 Nietzsche: *Götzen-Dämmerung: Streifzüge eines Unzeitgemäßen, 19*; KSA, Bd. 6, S. 123.
255 Luc Ferry: *Leben lernen*, S. 190.
256 Nietzsche: *Zur Genealogie der Moral*, KSA, Bd. 5, S. 357.
257 Siehe Luc Ferry: *Leben lernen*, S. 251.
258 Siehe Nietzsche: *Die fröhliche Wissenschaft*, 3. Buch, Aph. 125; KSA, Bd. 3, S. 480 ff.
259 Nietzsche: *Götzen-Dämmerung: Sprüche und Pfeile 12*; KSA, Bd. 6, S. 61.
260 Ernst Haeckel: *Die Welträtsel*, Kap. 15, S. 132.
261 Nietzsche: KSA, Bd. 4, S. 408.
262 Nietzsche: KSA, Bd. 6, S. 254.
263 Nietzsche: KSA, Bd. 12, S. 366.
264 Nietzsche: *Götzen-Dämmerung: Wie die ‚wahre Welt' endlich zur Fabel wurde*; KSA, Bd. 6, S. 80.
265 Nietzsche: KSA, Bd. 12, S. 366.
266 Nietzsche: KSA, Bd. 12, S. 367.
267 Nietzsche: *Götzen-Dämmerung: Wie die ‚wahre Welt' endlich zur Fabel wurde*; KSA, Bd. 6, S. 81.
268 Nietzsche: KSA, Bd. 13, S. 190.
269 Siehe Nietzsche: *Ecce Homo. Wie man wird, was man ist*; KSA, Bd. 6, S. 374.
270 Nietzsche: *Also sprach Zarathustra, Vorrede 3*; KSA, Bd. 4, S. 15.
271 Nietzsche: *Götzen-Dämmerung: Moral als Widernatur 5*; KSA, Bd. 6, S. 86.
272 Nietzsche: *Götzen-Dämmerung: Streifzüge eines Unzeitgemäßen 48*; KSA, Bd. 6, S. 150.
273 Nietzsche: KSA, Bd. 11, S. 611.
274 Nietzsche: *Zarathustra, Vorrede 3*; KSA, Bd. 4, S. 14.
275 Nietzsche: *Zarathustra I: Von der schenkenden Tugend 3*; KSA, Bd. 4, S. 102.
276 Ferry: *Leben lernen*, S. 253.
277 Nietzsche: KSA, Bd. 12, S. 174.
278 Bertrand Russell: *Autobiographie I: 1872–1914*, S. 7 f.
279 Siehe Bertrand Russell: *Moral und Politik*, S. 137.
280 Ebd., S. 184.
281 Ebd.
282 Bertrand Russell: *Können die Menschen rational sein?* In: *Skepsis*, S. 46.
283 Bertrand Russell: *Maschinen und Gefühle.* In: *Skepsis*, S. 69–74.
284 Bertrand Russell: *Grundlagen für eine soziale Umgestaltung*, S. 13.
285 Bertrand Russell: *Politische Ideale*, S. 35; Ders.: *Macht und Persönlichkeit*, S. 97 f.; Ders.: *Neue Hoffnung für unsere Welt*, S. 45 ff.
286 Russell: *Macht und Persönlichkeit*, S. 124; Ders.: *Neue Hoffnung für unsere Welt*, S. 45 ff; Ders.: *Religion und Moral.* In: *Warum ich kein Christ bin*, S. 219.

287 Bertrand Russell: *Moral und Politik*, S. 12.
288 Russell: *Macht und Persönlichkeit*, S. 43 ff.
289 Ebd., S. 125.
290 Ebd., S. 23.
291 Russell: *Moral und Politik*, S. 138.
292 Ebd.
293 Bertrand Russell: *Eroberung des Glücks*, S. 170; ähnlich auch Ders.: *Neue Hoffnung für unsere Welt*, S. 16.
294 Bertrand Russell: *Autobiographie III: 1944–1967*, S. 346.
295 Bertrand Russell: *Briefe aus den Jahren 1950–1968*, S. 118.
296 Bertrand Russell: *Grundlagen für eine soziale Umgestaltung*, S. 5.
297 Russell: *Moral und Politik*, S. 153.
298 Russell: *Grundlagen für eine soziale Umgestaltung*, S. 1.
299 Ebd., S. 163.
300 Bertrand Russell: *Politische Ideale*, S. 73.
301 Ebd., S. 20.
302 Russell: *Grundlagen für eine soziale Umgestaltung*, S. 1; vgl. auch S. 163 f.
303 Russell: *Politische Ideale*, S. 75 f.
304 Russell: *Grundlagen für eine soziale Umgestaltung*, S. 9.
305 Bertrand Russell: *Erziehung ohne Dogma*, S. 214.
306 Bertrand Russell: *Freiheit ohne Furcht*, S. 43.
307 Ebd.
308 Russell: *Politische Ideale*, S. 35.
309 Russell: *Erziehung ohne Dogma*, S. 109.
310 Russell: *Grundlagen für eine soziale Umgestaltung*, S. 113.
311 Russell: *Erziehung ohne Dogma*, S. 74–77.
312 Russell: *Grundlagen für eine soziale Umgestaltung*, S. 101.
313 Russell: *Erziehung ohne Dogma*, S. 200 ff.
314 Ebd., S. 205.
315 Ebd., S. 208.
316 Ebd.
317 Ebd., S. 210.
318 Bertrand Russell: *Erziehung und Disziplin*. In: *Lob des Müßiggangs*, S. 223 f.
319 Russell: *Grundlagen für eine soziale Umgestaltung*, S. 109.
320 Russell: *Erziehung ohne Dogma*, S. 22.
321 Russell: *Autobiographie II: 1914–1944*, S. 277.
322 Russell: *Erziehung ohne Dogma*, S. 269.
323 Russell: *Autobiographie II: 1914–1944*, S. 230 f.
324 Joe Park: *Bertrand Russell On Education*, S. 123 f.
325 Jürg Frick: *Menschenbild und Erziehungsziel*, S. 236.

Literatur

Bacon, Francis: *Neues Organ der Wissenschaften*. Übersetzt und hrsg. von Anton Theobald Brück. Darmstadt 1981.

Baker, Dora: *Giovanni Pico della Mirandola. 1463–1494. Sein Leben und sein Werk*. Dornach 1983.

Brandt, Reinhard: *Schulphilosophie und Weltbürgertum. Was Kant wollte, was er vermocht hat, und was von ihm heute noch zu lernen ist*. In: Süddeutsche Zeitung, Nr. 1, 2. Januar 2004, S. 15.

Bröcker, Walter: *Nietzsche und der europäische Nihilismus*. In: Zeitschrift für philosophische Forschung, Bd. 3, 1948/49, S. 161–177.

Cassirer, Ernst: *Individuum und Kosmos in der Philosophie der Renaissance* (1927). In: *Gesammelte Werke*. Hamburger Ausgabe. Hrsg. von Birgit Recki. Bd. 14, Hamburg 2002, S. 1–220.

Decher, Friedhelm: *Bertrand Russells eudämonistische Ethik*. In: prima philosophia, Bd. 7, 1994, S. 161–178.

Ders.: *Bertrand Russell. Auf der Suche nach dem guten und glücklichen Leben*. Cuxhaven & Dartford/Kent 1996.

Ders.: *„Der Mensch ist nur da ganz Mensch, wo er spielt". Überlegungen zu Kunst, Kultur und ästhetischer Bildung im Anschluss an Schiller*. In: Über Land. Evangelische Perspektiven zu Land und Ökologie, Jg. 15, 2007, Heft 2, S. 3–8.

Ders.: *„Wir haben, irgendwann, neue Werte nötig …" Nietzsches Diagnose eines nihilistischen Zeitalters und unsere Gegenwart*. In: Marburger Forum (www.marburger-forum.de), Jg. 5 (2004), Heft 4.

Descartes, René: *Die Prinzipien der Philosophie*. Übersetzt und mit Anmerkungen versehen von Artur Buchenau. 8., durchgesehene Aufl., Hamburg 1992.

Epikur: *Von der Überwindung der Furcht. Katechismus – Lehrbriefe – Spruchsammlung – Fragmente*. Eingeleitet und übertragen von Olaf Gigon. 3. Aufl., München 1986.

Ferry, Luc: *Leben lernen. Eine philosophische Gebrauchsanweisung*. Aus dem Französischen von Lis Künzli. München 2009.

Fischer, Wolfgang: *Über Sokrates und die Anfänge des pädagogischen Denkens*. In: Fischer, Wolfgang/Löwisch, Dieter-Jürgen (Hrsg.): *Philosophen als Päda-*

gogen. Wichtige Entwürfe klassischer Denker. 2., ergänzte Aufl., Darmstadt 1998, S. 1–25.

Ders.: *Immanuel Kant I.* In: Fischer, Wolfgang/Löwisch, Dieter-Jürgen (Hrsg.): *Philosophen als Pädagogen*, S. 125–139.

Foucault, Michel: *Sexualität und Wahrheit.* Bd. 3: *Die Sorge um sich.* In: Ders: *Die Hauptwerke.* Frankfurt/Main 2008, S. 1369–1582.

Frick, Jürg: *Menschenbild und Erziehungsziel. Pädagogische Theorie und Praxis bei Bertrand Russell.* Bern/Stuttgart 1990.

Frischmann, Bärbel: *Die Bedeutung der Philosophie für die Bildung.* In: Burckhart, Holger/Sikora, Jürgen (Hrsg.): *Praktische Philosophie – Philosophische Praxis.* Darmstadt 2005, S. 13–20.

Garin, Eugenio: *Der italienische Humanismus.* Bern 1947.

Giesz, Ludwig: *Seneca – Vom Glück der Resignation.* In: Ders.: *Philosophische Spaziergänge. Zwölf vorsichtige Antworten auf die Frage, wie man sich denn im Leben einzurichten hätte.* Stuttgart 2001, S. 20–37.

Hadot, Ilsetraud: *Seneca und die griechisch-römische Tradition der Seelenleitung.* Berlin 1969.

Haeckel, Ernst: *Die Welträtsel. Gemeinverständliche Studie über monistische Philosophie.* Leipzig o. J.

Harley, David: *Beacon Hill and the Constructive Uses of Freedom.* PH. D. diss., University of Toronto 1980.

Hazard, Paul: *John Locke und sein Zeitalter.* Hamburg 1947.

Heidegger, Martin: *Die Technik und die Kehre.* Pfullingen 1976.

Ders.: *Überlieferte Sprache und technische Sprache.* Hrsg. von H. Heidegger. Sankt Gallen 1989.

[Herodot:] *Das Geschichtswerk des Herodot von Halikarnassos.* Aus dem Griechischen von Theodor Braun. Frankfurt/Main/Leipzig 2001.

Holmsten, Georg: *Jean-Jacques Rousseau in Selbstzeugnissen und Bilddokumenten.* Reinbek 1980.

Huizinga, Johan: *Homo ludens. Vom Ursprung der Kultur im Spiel.* Reinbek 1961.

Hume, David: *Eine Untersuchung über den menschlichen Verstand.* Aus dem Englischen von Raoul Richter. Durchgesehen und überarbeitet von Lambert Wiesing. Kommentar von Lambert Wiesing. Frankfurt/Main 2007.

Jaeger, Werner: *Paideia. Die Formung des griechischen Menschen.* 3 Bde., Berlin 1934–45.

Kant, Immanuel: *Werke in sechs Bänden.* Hrsg. von Wilhelm Weischedel. Darmstadt 1983.

Ders.: *Gesammelte Schriften.* Hrsg. von der Deutschen Akademie der Wissenschaften. Handschriftlicher Nachlaß, Bd. 20, Berlin 1942.

Kranz, Walther: *Die griechische Philosophie.* Birsfelden/Basel o. J.

Kristeller, Paul Oskar: *Acht Philosophen der italienischen Renaissance. Petrarca, Valla, Ficino, Pico, Pomponazzi, Telesio, Patrizi, Bruno.* Weinheim 1986.

Locke, John: *Bürgerliche Gesellschaft und Staatsgewalt. Sozialphilosophische Schriften.* Hrsg. von Hermann Klenner. Aus dem Englischen übersetzt von Klaus und Udo Szudra. Leipzig 1980.

Ders.: *Ein Brief über Toleranz.* Übersetzt, eingeleitet und in Anmerkungen erläutert von Julius Ebbinghaus. 2., verbesserte Aufl., Hamburg 1966.

Ders.: *Gedanken über Erziehung.* Übersetzt und hrsg. von Heinz Wohlers. Bad Heilbrunn 1962.

Ders.: *Über die Regierung.* In der Übersetzung von Dorothee Tidow mit einem Nachwort hrsg. von Peter Cornelius Mayer-Tasch. Stuttgart 1974.

Ders.: *Versuch über den menschlichen Verstand.* 4., durchgesehene Aufl. in zwei Bänden, erweitert um eine Bibliographie von Reinhard Brandt. Hamburg 1981.

Lodge, R. C.: *Plato's Theory of Education.* London 1947.

Löwisch, Dieter-Jürgen: *Immanuel Kant II.* In: Fischer, Wolfgang/Löwisch, Dieter-Jürgen (Hrsg.): *Philosophen als Pädagogen*, S. 140–153.

Martens, Ekkehard: *Die Sache des Sokrates.* Stuttgart 1992.

Martin, Gottfried: *Platon in Selbstzeugnissen und Bilddokumenten.* Reinbek 1978.

Ders.: *Sokrates in Selbstzeugnissen und Bilddokumenten.* Reinbek 1978.

Maurach, Gregor (Hrsg.): *Seneca als Philosoph.* Darmstadt 1975.

Neiman, Susan: *Das Böse denken. Eine andere Geschichte der Philosophie.* Übersetzt von Christiana Goldmann. Frankfurt/Main 2004.

Nestle, Wilhelm: *Vom Mythos zum Logos. Die Selbstentfaltung des griechischen Denkens.* 2. Aufl., Stuttgart 1975.

Nietzsche, Friedrich: *Sämtliche Werke.* Kritische Studienausgabe. Hrsg. von Giorgio Colli/Mazzino Montinari. München/Berlin/New York 1980.

Ders.: *Werke in drei Bänden.* Hrsg. von Karl Schlechta. 8. Aufl., München 1977.

Park, Joe: *Bertrand Russell on Education. A comprehensive treatment based upon interviews with Russell and research in his writings and the sources of thought.* London 1964.

Pico della Mirandola, Giovanni: *De Dignitate Hominis.* Lateinisch und Deutsch. Eingeleitet von Eugenio Garin. Bad Homburg/Berlin/Zürich 1968.

Ders.: *Oratio de hominis dignitate. Rede über die Würde des Menschen.* Lat./dt. Auf der Textgrundlage der Editio princeps hrsg. und übersetzt von Gerd von der Gönna. Bibliographisch ergänzte Ausgabe, Stuttgart 2009.

Platon: *Der Staat.* Übersetzt und erläutert von Otto Apelt. 10., durchgesehene Aufl., Hamburg 1979.

Ders.: *Sämtliche Werke.* 6 Bde. Hrsg. von Walter F. Otto/Ernesto Grassi/Gert Plamböck. Hamburg 1975.

Popper, Karl Raimund: *Objektive Erkenntnis. Ein evolutionärer Entwurf.* 4., verb. und ergänzte Aufl., Hamburg 1984.

Rousseau, Jean-Jacques: *Diskurs über die Ungleichheit.* Kritische Ausgabe des integralen Textes. Mit sämtlichen Fragmenten und ergänzenden Materialien nach den Originalausgaben und den Handschriften neu ediert, übersetzt und kommentiert von Heinrich Meier. Paderborn u. a. 1984.

Ders.: *Emil oder über die Erziehung.* Vollständige Ausgabe. In neuer deutscher Fassung besorgt von Ludwig Schmidts. 7., unveränderte Aufl., Paderborn u. a. 1985.

Ders.: *Kulturkritische und politische Schriften in zwei Bänden.* Hrsg. von Martin Fontius. Berlin 1989.

Ders.: *Schriften in zwei Bänden.* Hrsg. von Henning Ritter. München 1978.

Ruhloff, Jörg: *Jean-Jacques Rousseau.* In: Fischer, Wolfgang/Löwisch, Dieter-Jürgen (Hrsg.): *Philosophen als Pädagogen*, S. 93–109.

Russell, Bertrand: *Autobiographie I–III.* 3 Bde. Frankfurt/Main 1974–1978.

Ders.: *Briefe aus den Jahren 1950–1968.* Frankfurt/Main 1970.

Ders.: *Eroberung des Glücks.* Frankfurt/Main 1977.

Ders.: *Erziehung ohne Dogma. Pädagogische Schriften.* Hrsg. von Achim von Borries. München 1977.

Ders.: *Erziehung und Disziplin.* In: Ders.: *Lob des Müßiggangs.* Wien/Hamburg 1957, S. 223–233.

Ders.: *Freiheit ohne Furcht. Erziehung für eine neue Gesellschaft.* Hrsg. von Achim von Borries. Reinbek 1975.

Ders.: *Grundlagen für eine soziale Umgestaltung.* München 1921.

Ders.: *Hat der Mensch noch eine Zukunft?* München 1963.

Ders.: *Macht und Persönlichkeit.* Stuttgart u. a. 1967.

Ders.: *Neue Hoffnung für unsere Welt.* Darmstadt/Genf 1952.

Ders.: *Moral und Politik.* Frankfurt/Main 1988.

Ders.: *Politische Ideale.* Darmstadt 1989.

Ders.: *Skepsis.* Frankfurt/Main 1964.

Ders.: *Unpopuläre Betrachtungen.* Zürich 1973.

Ders.: *Warum ich kein Christ bin.* Reinbek 1989.

Schiller, Friedrich: *Über Anmut und Würde.* In: *Werke.* Hrsg. von Paul Stapf, Wiesbaden o. J., 2. Bd. S. 502–547.

Ders.: *Über die ästhetische Erziehung des Menschen in einer Reihe von Briefen (1795).* Mit einem Nachwort von Käte Hamburger. Stuttgart 1983.

Schmid, Wilhelm: *Philosophie der Lebenskunst. Eine Grundlegung.* 5., korrigierte Aufl., Frankfurt/Main 1999.

Schneider, Thomas: *Locke, John.* In: *Metzler Philosophen-Lexikon.* Hrsg. von Bernd Lutz. Stuttgart 1989, S. 459–464.

Schopenhauer, Arthur: *Der handschriftliche Nachlaß in fünf Bänden.* Hrsg. von Arthur Hübscher. München 1985.

Ders.: *Gespräche.* Hrsg. von Arthur Hübscher. Stuttgart 1971.

Ders.: *Metaphysik der Natur. Philosophische Vorlesungen Teil II.* Hrsg. und eingeleitet von Volker Spierling. München 1984.

Ders.: *Reisetagebücher.* Hrsg. von Ludger Lütkehaus. Zürich 1988.
Ders.: *Sämtliche Werke.* Textkritisch bearbeitet und hrsg. von Wolfgang von Löhneysen. Darmstadt 1974.
Schwan, Alexander: *John Lockes Grundlegung des freiheitlichen Rechts- und Verfassungsstaates.* In: Hans J. Lieber (Hrsg.): *Politische Theorien von der Antike bis zur Gegenwart.* Wiesbaden 2000, S. 190–206.
Seneca, Lucius Annaeus: *Philosophische Schriften.* Vollständige Studienausgabe. 4 Bde. Übersetzt, mit Einleitungen und Anmerkungen versehen von Otto Apelt. Hamburg 1993.
[Sophisten:] *Die Sophisten.* Ausgewählte Texte. Griechisch/Deutsch. Hrsg. und übersetzt von Thomas Schirren/Thomas Zinsmaier. Stuttgart 2003.
Stenzel, Julius: *Platon als Erzieher.* Leipzig 1928.
Toussaint, Stéphane: *Giovanni Pico della Mirandola. Synthetische Aussöhnung aller Philosophien.* In: *Philosophen der Renaissance.* Hrsg. von Paul Richard Blum. Darmstadt 1999, S. 65–76.
Xenophon: *Memorabilien.* Übertragen von P. M. Laskowsky. München 1960.

Personenregister